AF617241

Andrés Villena Oliver

LAS ÉLITES QUE DOMINAN ESPAÑA

Una historia alternativa desde 1939

PRIMERA EDICIÓN: febrero de 2026
SEGUNDA EDICIÓN: febrero de 2026
TERCERA EDICIÓN: marzo de 2026
CUARTA EDICIÓN: abril de 2026
QUINTA EDICIÓN: abril de 2026

Calle San Bernardo 97-99, entresuelo 8
28015 Madrid

ISBN: 979-13-87839-26-0
DEPÓSITO LEGAL: M-3149-2026
THEMA: JKVK, KCS
DISEÑO DE CUBIERTA: Lino Escurís y Nieves Facorro
INFOGRAFÍA: Yolanda Clemente
MAQUETACIÓN: María O'Shea
CORRECCIÓN: Isabel Bolaños y Melina Grinberg
IMPRESIÓN: Kadmos

El papel utilizado para la impresión de este libro ha sido fabricado a partir de madera procedente de bosques y plantaciones tratados con los más altos estándares de sostenibilidad, lo que garantiza una gestión de los recursos responsable con el medio ambiente y las personas.

IMPRESO EN ESPAÑA - PRINTED IN SPAIN

Las tipografías son League Gothic y Baskerville.

Índice

Las redes de influencia

El pasado sigue presente. Nuestro primer ministro, Pedro Sánchez Pérez-Castejón, ha contado con José Luis Rodríguez Zapatero como asesor informal. Con el expresidente Zapatero gobernaron tanto el exministro de Fomento, José Blanco, como el de Industria, Miguel Sebastián. Ambos influyeron en la progresión política de un entonces joven Sánchez, miembro del equipo de economistas que lanzó al candidato ZP a la victoria electoral en 2004. Mientras Blanco dirige una empresa de lobby llamada Acento, en la que comparte el mando con el exministro de Sanidad del PP Alfonso Alonso, Sebastián ejerce como profesor en la Universidad Complutense de Madrid y como consejero por delegación estatal de la multinacional Indra.

Pero hay más vías para realizar este viaje en el tiempo. Nadia Calviño, ministra económica de Sánchez, fue directora general con Pedro Solbes, ministro de Economía y Hacienda con Zapatero y con Felipe González. Calviño, miembro del cuerpo de los Técnicos Comerciales y Economistas del Estado —como Solbes y el actual ministro, Carlos Cuerpo— es hija de José María Calviño, quien fuera presidente de Radio Televisión Española y una de las manos derechas del exvicepresidente Alfonso Guerra.

Hoy, según dicen, hay dos PSOE en disputa. No obstante, los puentes entre estos son o eran al menos múltiples. Rodríguez Zapatero era, en 1993, diputado del grupo parlamentario socialista dirigido por Carlos Solchaga, el principal ministro económico del felipismo. Amigo y excompañero de Miguel

Boyer, Solchaga constituye un perfil mixto relacionado con grandes empresas, asesorías empresariales y bancos como el antiguo Vizcaya —hoy integrado en el BBVA—.

Los antiguos Bilbao y Vizcaya, las matrices del actual BBVA, hunden sus raíces en la burguesía vasca, que durante el franquismo dio un importante salto industrial. Algunas de estas familias han tenido influencia en el principal partido de las clases medias, el Partido Nacionalista Vasco, aunque otras se mantuvieron alejadas de esta tendencia política. Uno de sus puntales empresariales, y al mismo tiempo político, fue Pedro Luis Uriarte, consejero del BBV y exdirigente del ente autonómico vasco, donde coincidió con Solchaga durante la transición.

Las burguesías periféricas son claves en esta historia. Si Felipe González contó con numerosos economistas como Solchaga y Boyer, también lo hizo con los profesores de la Universidad de Barcelona Narcís Serra y Ernest Lluch, relacionados con uno de los principales centros de pensamiento de la élite catalana, el Círculo de Economía, que fue presidido por un exministro del PP, Josep Piqué, y al que también pertenecieron líderes como Pere Duran —fundador de Gas Natural— o Jordi Pujol, líder de Convergencia i Unió, la coalición hegemónica en Cataluña hasta 2003.

Es imposible separar el presente democrático del pasado autoritario. La amplia experiencia de Solchaga, que comenzó durante el franquismo, le llevó, junto a Boyer, a trabajar con dinosaurios de la tecnocracia, que, como José María López de Letona o Claudio Boada, habían dirigido la etapa tardoindustrial de la dictadura y ocuparon en los ochenta puestos clave en la gran banca que iba a afrontar su reconversión. Era lo que se denominó la *beautiful people*, la red público-privada que dirigió el país hasta mediados los años noventa.

Algo distinta de la *biuti* era la red del PP, que se asentó políticamente en 1996. La oligarquía económica y financiera española, en buena medida procedente del Estado y víctima de las privatizaciones, ha ofrecido muchos puestos de trabajo a sus exministros. El ejemplo más llamativo quizá sea José María Aznar, empleado temporalmente en Endesa —mientras que Felipe González lo fue en Gas Natural—. Parte del equipo económico aznarista, formado por Luis de Guindos y Rodrigo Rato, ha tenido distintos destinos: De Guindos es aún el vicepresidente del Banco Central Europeo y estuvo en Endesa, como Aznar, y en Lehman Brothers; Rato pasó por casi todas las empresas privatizadas para después instalarse en prisión, adonde, quizá, algún día le siga su compañero Cristóbal Montoro, exministro de Hacienda de Aznar y Rajoy.

Por último, cabe hacer mención al crecimiento de la fuerza ultraderechista Vox. Llaman la atención sus recurrentes contactos con la Comunidad de Madrid, desde donde la expresidenta Esperanza Aguirre financió DENAES, una fundación en defensa de la nación española presidida por Santiago Abascal, ayudado en dicho cometido por Iván Espinosa de los Monteros, cuyo linaje conecta a todas las derechas. Carlos Espinosa de los Monteros, su padre, fue presidente de la Marca España, secretaría de Estado creada por un gobierno presidido por Mariano Rajoy. Uno de sus ancestros, Eugenio Espinosa de los Monteros, estuvo presente en el encuentro en Hendaya entre Franco y Hitler. El actual liderazgo del PP, disputado por Isabel Díaz Ayuso y por Alberto Núñez Feijóo, no puede ser ajeno a sus relaciones con Vox ni a su pasado franquista. No en vano, el PP es una refundación de la Alianza Popular, fundada en la transición por siete ministros franquistas, entre estos, dos muy citados en esta historia: Manuel Fraga y Laureano López Rodó.

Mapa: las redes de influencia

Políticos (●) y empresarios (▲) forman un entramado de nodos y relaciones que dirige los designios del país.

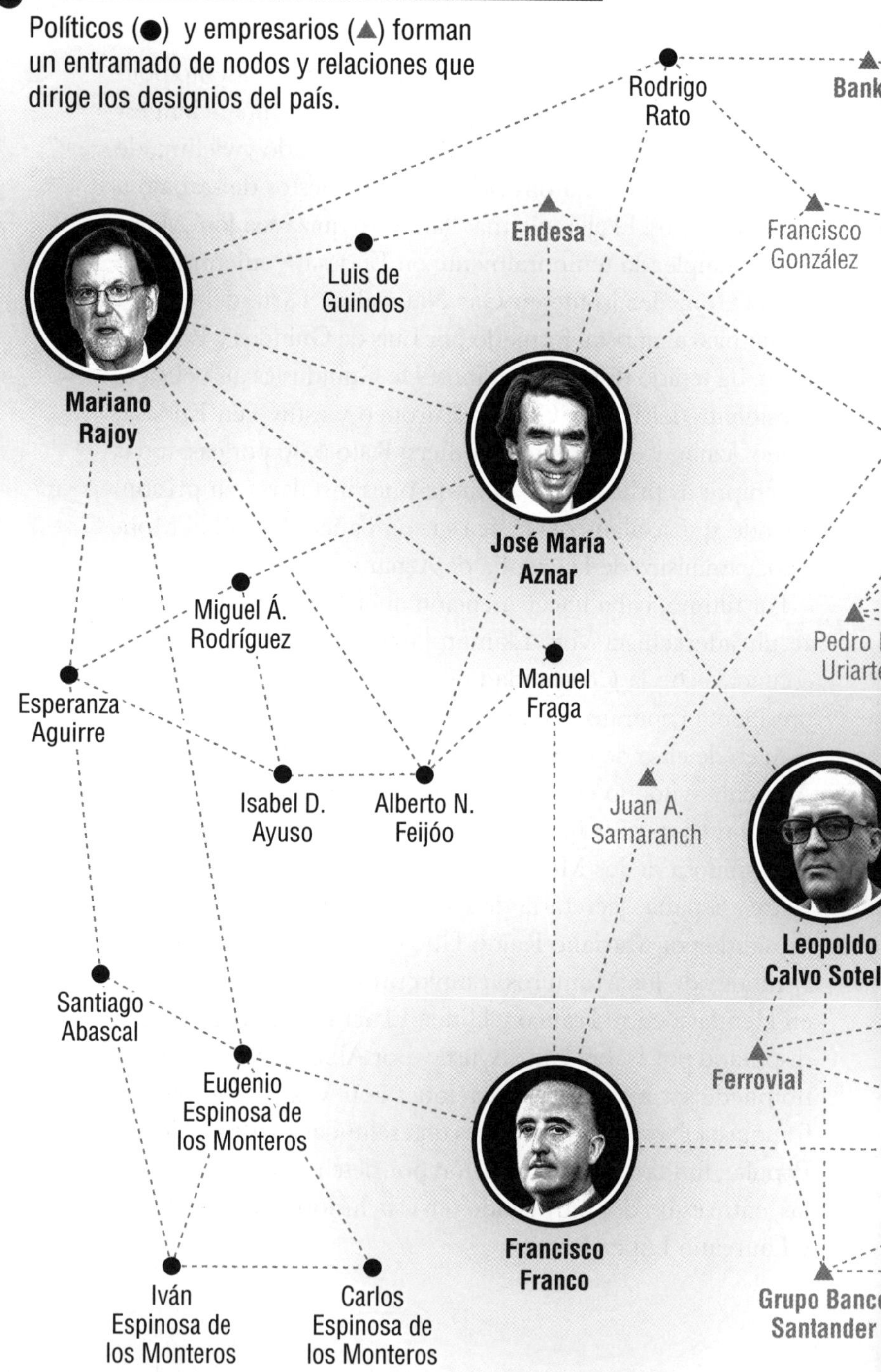

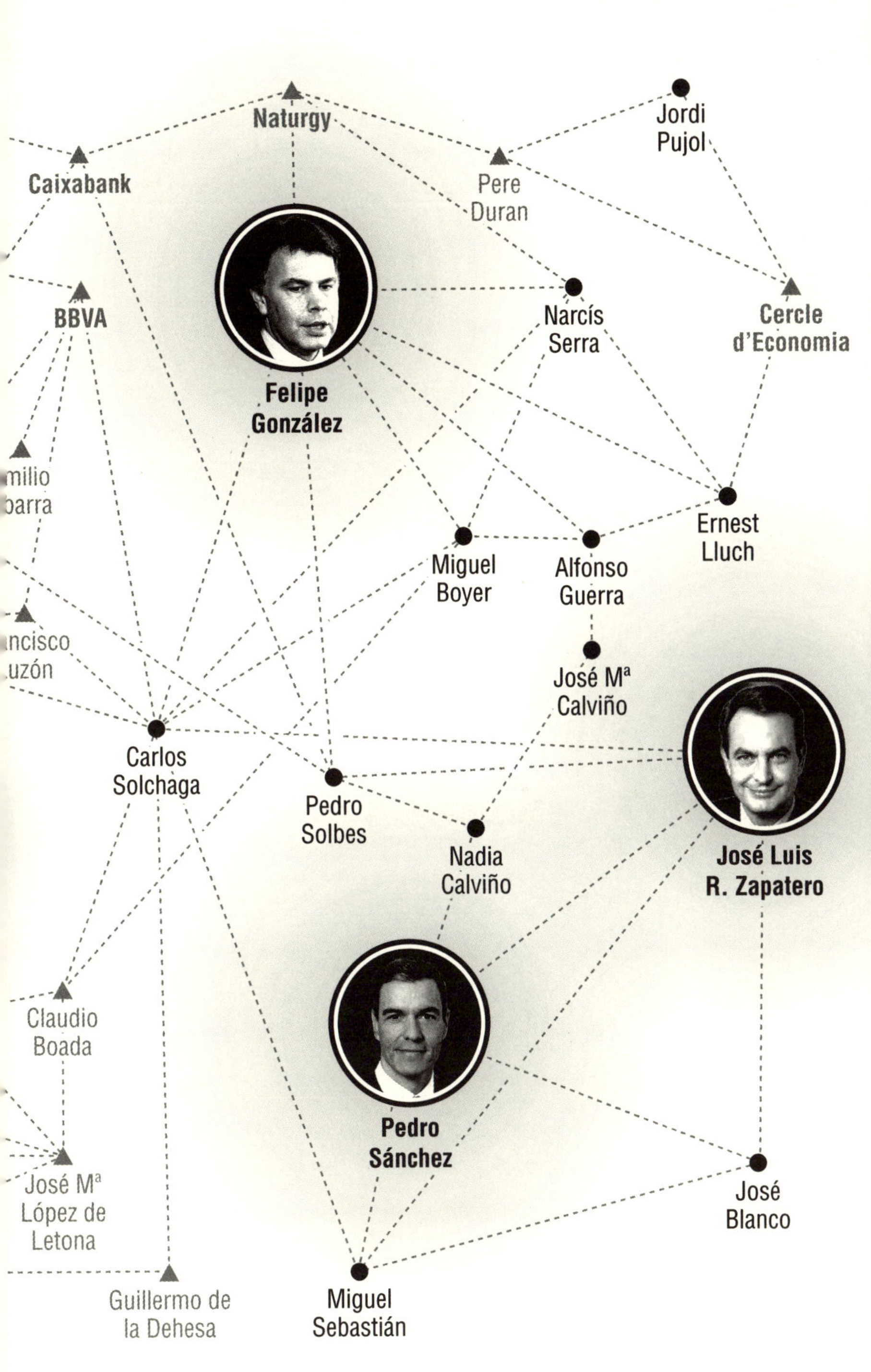

Naturgy
Jordi Pujol
Caixabank
Pere Duran
Narcís Serra
Cercle d'Economia
BBVA
Felipe González
milio
barra
Ernest Lluch
Miguel Boyer
Alfonso Guerra
ncisco
uzón
José Mª Calviño
Carlos Solchaga
Pedro Solbes
Nadia Calviño
José Luis R. Zapatero
Claudio Boada
Pedro Sánchez
José Mª López de Letona
José Blanco
Guillermo de la Dehesa
Miguel Sebastián

Introducción:
Una historia sobre el poder para salir de la neblina

Es para estar asustados. La actualidad mundial se ha convertido en un gigantesco cómic de terror. Un tebeo poblado por supervillanos que esgrimen, orgullosamente, el saludo a la romana, y que emiten proclamas propias de una parodia política. La ultraderecha espera su momento para ganar las elecciones que tenga pendientes en cualquier plaza europea. Y, de fondo, las guerras, las amenazas climáticas y las pandemias nos observan confundidos y divididos, esperando al próximo bombardeo. Otro tanto sucede en nuestro país. Obstruyendo cualquier explicación sensata más allá de las consignas, los titulares chillones y las descalificaciones de los adversarios, presenciamos un sonoro enfrentamiento, un griterío ensordecedor de unos contra otros. Los partidos políticos colisionan así en un espectáculo teatralizado en el que han de ganarse la gracia de los jueces, de los medios de comunicación y de las grandes empresas que pilotan la economía, además de captar la atención y el favor de los votantes. No parece quedar espacio para el diálogo. Nos queda poco tiempo para olvidar a nuestros enemigos y preguntarnos con honestidad por qué la democracia parece fracasada. Por qué las estructuras de mando petrifican cualquier intento de cambiar las cosas. Y qué hace que países como el nuestro sean lugares tan poco acogedores para el progreso.

El presente trabajo ofrece un respiro a tanta agitación digital y contribuye a un debate sosegado que podría tener lugar cuando el estruendo amaine. Se propone ofrecer una historia de nuestro país que se aleje de todo combate maniqueo, y que se centre en el papel que juegan las diversas élites nacionales e internacionales. Se trata de los grupos de poder que han adoptado las decisiones más importantes en el curso de los cincuenta o sesenta años previos, y que, en muchas ocasiones, siguen siendo determinantes. Su historia no comienza hoy, ni empezó hace diez años. Analizarla nos permite entender mucho más de lo que las portadas de los medios nos gritan a diario.

Redes, dinero y discurso

Para entrar en esta historia, conviene dar un primer paso: no olvidaremos a sus protagonistas, ni sus nombres y apellidos, pero subrayamos tres elementos que van a estar continuamente presentes: las redes de poder, el dinero o capital, y el discurso legitimador que hace toda dominación aceptable. Dichos elementos conforman un sistema que tiende a la estabilidad, y que en España se mantiene desde el final de la guerra civil hasta la actualidad de nuestra democracia.

En primer lugar, las redes de poder son el conjunto de vínculos y lazos entre nuestros gobernantes, los dirigentes políticos, los altos cargos estatales y los tecnócratas de un lado y otro de la puerta giratoria, esa frontera difusa entre el sector público y el de las grandes empresas privadas por la que tantas personas transitan. Esta noción sirve para enfocar el papel del Estado como supremo árbitro de la economía y la política nacional, y extender su estudio a sus relaciones con las grandes corporaciones. De esta manera se supera la dicotomía Estado-mercado, esa separación imaginaria entre el capital privado y la Administración Pública, analizando el Leviatán, el Estado, como algo más que una élite de políticos y una gran masa de funcionarios públicos; el Estado es también un ámbito de relaciones entre personas de distinto grado técnico que, además, cruza con frecuencia los confines entre lo público y lo privado.

En segundo lugar, el capital, que agrupa a las grandes empresas nacionales e internacionales que han establecido con nuestras redes de poder acuerdos e intercambios clave desde los años cincuenta. Con el capital nos referimos a las grandes corporaciones industriales, financieras y de servicios, pero también a entidades de un menor tamaño, pero con incidencia económica y política significativa. Redes de poder y capital interaccionan profundamente; si las primeras tienden a la perpetuación de sus mandatos y de sus posiciones, la segunda categoría registra una conducta que responde a la maximización del beneficio económico a corto y largo plazo. Mientras que las primeras se restringen normalmente a un ámbito nacional, las segundas cuentan con un grado de flexibilidad añadido y en expansión, sobre todo cuando la libertad de capitales y la globalización han servido para hacer de la empresa capitalista una entidad difusa y sin patria.

Y en tercer lugar, un componente ideológico, discursivo, mítico o de creencias sin el que los dos anteriores no podrían subsistir. La dominación se ejerce a través de la fuerza, pero esta no es suficiente en ningún caso. Se hace también necesario el consenso, convencer y persuadir a los dominados. Y esto se logra con un conjunto de ideas y enunciados que todos acabamos por creernos. España necesita ser periódicamente salvada y rescatada de sus demonios interiores. Las versiones dominantes de la historia todavía mantienen que nuestro país es una nación inevitablemente atrasada y con una tendencia al enfrentamiento fratricida. Por todo ello, es mejor dotarnos de unas élites fiables que, pese a tender a mandatos autoritarios, podrán mantenernos a raya y liberarnos de nuestro canibalismo político.

Este componente ideológico se mantiene como una persistente sombra sobre los asuntos de nuestro país y su influencia no depende precisamente de la veracidad de sus postulados. Se compone de los discursos que señalan la necesidad que la nación tiene de ser intervenida frente a cada desafío para evitar males mayores. La salvación nacional es un sustrato ideológico del que no hemos logrado aún desprendernos. Dicho discurso mantiene importantes líneas de continuidad a lo largo del periodo analizado, así como modificaciones que se deben a la alteración de las circunstancias históricas, pero también a la necesidad de lograr la complicidad y el consenso con las cambiantes audiencias electorales y con los distintos grupos de poder. Se trata de un discurso prefabricado y parcial, concebido y difundido desde las mencionadas altas instancias del poder, legitimado y reproducido a través de los distintos medios de comunicación de masas, así como desde otro tipo de instancias socializadoras, como la escuela, la familia o la universidad. No podemos olvidar, por supuesto, el papel culturalmente hegemónico y creciente de las grandes plataformas, los feudos de la red, para imponer y recordar los sentidos comunes mayoritarios, y para multiplicar el impacto de las ideologías y creencias dominantes.

La combinación de estas tres fuentes de poder —tecnocrático, capitalista y discursivo— nos permite observar un campo de fuerzas que se propone como explicación alternativa a la promovida por cada partido o conjunto de ideologías más o menos excluyentes. Un sistema que además puede explicar el poder y la desigualdad en nuestro país.

Este planteamiento subraya una nueva narrativa que puede enseñarnos cómo se gobierna España. Desde el discurso de salvación nacional de los tecnócratas del llamado Plan de Estabilización, aprobado en 1959, y considerado el inicio del milagro económico, la presente obra analiza las formas de legitimidad de los gobiernos del último período autoritario, el de la transición, los de los progresistas y conservadores de la etapa dorada de la democracia, transcurrida entre 1982 y 2004, y los de las fases más recientes.

La narrativa dominante es una cortina verbal que oculta la irracionalidad de las principales operaciones económicas y medidas políticas, que han provocado en numerosas ocasiones un expolio de recursos, y una especialización productiva perjudicial a largo plazo, cuyas consecuencias llegan hasta el presente. Señala, además, un déficit democrático y un enorme quebranto en la separación de poderes.

La eterna salvación de España no parece estar nunca en nuestras manos, sino que se convierte de manera periódica en la propiedad privada de pequeños grupos bien estructurados que adoptan medidas muchas veces dolorosas y de difícil explicación sincera: tanto grandes empresarios como tecnócratas suelen figurar en esos grupos. La composición de dichos grupos es volátil y variada: sus conexiones con el capital nacional e internacional permiten el establecimiento de distintas redes de intercambio; su homogeneidad interna, con la procedencia común de muchos de sus miembros, es compatible con la renovación y la introducción periódica de nuevos elementos, favoreciendo una circulación elitista que consolida a los grupos dominantes, en ocasiones absorbiendo energías sociales contestatarias. Su ramificación a distintas áreas de la sociedad, como los partidos políticos, el Ejército, la Iglesia, la gran empresa, los cuerpos de altos funcionarios, o incluso y recientemente, algunas vertientes de los movimientos sociales, representa una aplicación de la mencionada circulación de las élites, lo que añade fuentes de legitimidad adicionales a la élite dominante. Y su discurso emancipador varía sus argumentos en función de la fuerza política en el poder, de las circunstancias y del periodo, pero contiene un innegable factor común: descarta la emancipación, por gradual que esta fuera, del pueblo español, al que se juzga incapaz de adquirir cuotas superiores de autogobierno y al que se adjudica un pasado trágico y autodestructivo. Un enfermo social y político al que se exige una entrada periódica en una unidad de cuidados intensivos de la que salir regenerado.

Una pequeña caja de herramientas

Para entender este mapa, partimos de las élites, es decir, de un grupo reducido de personas que toman las decisiones que más nos afectan. Esas personas ocupan posiciones clave en las que se relacionan con amigos, compañeros de escuela, parientes, amantes, colaboradores, y también futuros adversarios. De todo ello podemos deducir que forman redes sociales, es decir, vínculos, lazos y conexiones que determinan estructuras que van cambiando con el paso del tiempo.

Para comprender cómo funcionan las élites, es preciso que salgamos cuanto antes del retrato individualizado para observar la conducta del conjunto. Una vez definido el ámbito social, nos ocuparemos de los rasgos de las redes que estas forman. Podemos entender la historia de España como una serie de acontecimientos; también, como el cambio continuo en una serie de variables, como la población, la renta per cápita, la inflación, la desigualdad o el consumo. Pero asimismo podemos analizarla a partir de los cambios operados en las redes de poder, las élites o clases dominantes que han adoptado las decisiones de más calado.

En España, una vez entrada la década de 1950, y debido a diferentes circunstancias, se fue abandonando el totalitarismo fascista y militar para dar lugar a otras formas de dominación más perdurables, sin que los principios fundacionales del régimen franquista se vieran significativamente alterados. Las élites de los años sesenta no fueron las mismas que las de la década de 1940. Su procedencia y redes habían cambiado. Otro tanto sucedió con las décadas de los años setenta, ochenta y noventa del pasado siglo. Pero todas ellas nos han insuflado creencias irrebatibles, o lo que el politólogo Gaetano Mosca denominó a finales del siglo XIX «fórmulas políticas», los enunciados para hacer la dominación más digerible.

De la victoria en la guerra civil, se pasó a una salvación tecnocrática, que consistió en abrir el país a unos flujos de capital que aprovecharían el clima de represión militar y laboral sobre la ciudadanía. Del desarrollo cortoplacista de un tardofranquismo centrado en vender al exterior que España era *diferente*, se condujo a una transición que, gobernada por nuevos tecnócratas instruidos en la dictadura, contuvo una crisis capitalista para pasar de un sistema autoritario a uno de partidos. De la instauración de la democracia y la entrada en la alianza militar pasamos a la integración en Europa, baluarte de la estabilidad política. Y, de ahí, a los fastos de Barcelona y Sevilla en 1992; de la entrada en la zona euro como fundadores, a la enorme expansión económica especulativa de los primeros años de este siglo. Y, finalmente, al salvamento europeo de la economía española en plena crisis financiera. En todo momento deberíamos estar agradecidos: podríamos habernos vuelto a aniquilar.

En todos los casos anteriores, la salvación, la reforma y la regeneración política y económica han venido impulsadas por colectivos elitistas compuestos por dirigentes políticos, tecnocráticos y con vínculos con el sector empresarial nacional e internacional. En dicha salvación no interviene nunca el grueso de la población española ni cabe su organización en sindicatos, asociaciones de vecinos, movimientos sociales u otros colectivos. Esta explicación no anula el espíritu rebelde del pueblo español, latente a lo largo de los últimos siglos, presente en el periodo republicano y también en las distintas fases de la dictadura.

Cabe mencionar asimismo el movimiento protestatario 15M originado en 2011 y las primeras etapas de la formación política Podemos como desafíos al *statu quo* político y económico. Que estas alternativas hayan sido sofocadas o reintegradas a nuevos equilibrios políticos no significa que no hayan existido nunca, como también hubo un movimiento vecinal, feminista y obrero en la España de los años setenta.

Las formas de la élite dominante

El protagonismo de la compleja élite que nos domina exige estudiar sus características presentes y pasadas. En primer lugar, destacamos su cohesión interna, que consiste en el conjunto de lazos y similitudes que dan coherencia al conjunto de los gobernantes y dirigentes empresariales. Dicha cohesión deja espacio a distintos tipos de diferenciación sectorial, lo que delimita distintas facciones —empresariales, ejecutivas, burocráticas, o políticas—. Entre dichas facciones cabe tanto el acuerdo como el conflicto, y también la existencia de perfiles mixtos que combinan distintas posiciones sociales al mismo tiempo: un militar del Opus Dei, un ministro católico con carnet de la Falange o un abogado del Estado afiliado al Partido Socialista, algo menos frecuente.

En segundo lugar, conviene subrayar la circulación o renovación de las élites. La circulación elitista se define como un proceso de renovación de los miembros de la élite que actualiza las características de esta en cada periodo. Dicha actualización responde a los cambios del entorno, pero también a la maduración, jubilación e incluso fallecimiento de los miembros de las clases dominantes. La circulación es una característica inherente a las élites, lo que perpetúa la estabilidad de la dominación elitista. Al garantizar que los dominadores se actualizan, la categoría de la dominación se vuelve intemporal y constante: pase lo que pase, siempre habrá alguien al mando y una multitud que tenga que obedecer.

En tercer lugar, los procesos de circulación pueden venir desafiados por las distintas crisis, lo que puede dar lugar a una variante que podemos denominar fusión de élites. Los periodos de transición, las ocasiones en las que se producen eventos desafiantes o choques internos entre élites, son oportunidades para que tengan lugar fusiones. Estas consisten en procesos mediante los cuales componentes antiguos y nuevos de las clases dominantes se combinan para favorecer determinados cambios. La fusión resultante representa un acuerdo para superar un conflicto y, al mismo tiempo, un proceso de circulación más complejo gracias al cual se configura una clase dominante con unas características alteradas pero con unas funciones parecidas. Que un partido comience desafiando un sistema y unos años después forme parte de este describe un caso particular de dicho proceso de fusión.

Este somero conjunto de ideas permite articular el relato del periodo seleccionado aportando una coherencia interna a este y extrayendo significados pocas veces destacados. Nos permite ahorrarnos detalles y contribuir al resultado final: detectar una teoría que explique el funcionamiento de nuestras élites, y con ello, sus fallos, debilidades y oportunidades alternativas.

En lo que sigue se desarrolla el ensayo. El lector debe tener paciencia, pues se recorren más de ochenta años sobre el papel. Algunos hechos son más conocidos y se podrán encontrar referencias a estudios monográficos o más profundos. Algunos otros acontecimientos son menos renombrados. Muchos de estos se ponen en relación para contribuir a la explicación que en estas páginas hemos esbozado. Por eso era tan importante leerlas y, por eso, el lector debe comprender que nuestro viaje en el tiempo mira al pasado, por supuesto, pero también trata de extraer lecciones para entender el presente y para actuar en el futuro.

PARTE I
DICTADURA Y TRANSICIÓN TECNOCRÁTICA
(1939-1982)

1. La segunda salvación de España

El politólogo Gaetano Mosca no se hizo nunca muchas ilusiones sobre la democracia. La consideraba una fórmula política más: un conjunto de creencias selladas para que los súbditos y los votantes consintiesen las condiciones en realidad impuestas por la clase dominante de turno.

Las democracias, o los regímenes parlamentarios de finales del siglo XIX en Europa, ocultaban a duras penas la dominación de clase, y, por ello, necesitaban convencer a los ciudadanos de su legitimidad, e incluso de su virtud, en la línea del pensamiento denominado «maquiavelista». Pero las dictaduras también requerían este consenso, aunque la apariencia monolítica de algunas de estas nos pueda hacer pensar lo contrario. También en ellas se concebía el engaño masivo, pues la fuerza no podría ser la única fuente de legitimidad de los dominadores. El caso español, pese a los eslóganes propagados en los años sesenta por el ministro de Información y Turismo Manuel Fraga, el gran relaciones públicas del desarrollismo patrio, no fue diferente. Terminada la guerra en 1939, se hizo necesario también triunfar en la paz.

La autarquía como fórmula política

La victoria militar había otorgado al general Francisco Franco Bahamonde la posibilidad de regir España sin restricciones. El dictador se presentaba paradójicamente como un liberador frente al comunismo, a la masonería y a todas las fuerzas que amenazaban la esencia de una nación católica que había atravesado desafíos tumultuosos entre 1931, año de la proclamación de la Segunda República, y 1936.

Todo había terminado para bien y, por supuesto, gracias a Dios, que sellaba el nombramiento de su delegado militar en el Palacio de El Pardo, sede del poder autocrático. Pero no cabía relajación alguna: la adhesión al caudillo seguía siendo clave, pues el enemigo interior, el comunismo, satélite vernáculo de Moscú, y el exterior, el liberalismo materialista y ateo, podrían asolar el país cuando este más débil estuviese. Este campo de doble amenaza obligaba a un repliegue bajo el manto del todavía inexperto jefe del Estado. Y a la aceptación, de nuevo, de una sociedad estamental en la que Iglesia, Ejército y partido oficial constituían las piedras inamovibles de la salvación de la patria.

Durante la Segunda Guerra Mundial, y con el apoyo español al eje nazi fascista, España corrió el riesgo de ser intervenida. Esta alerta militar ejerció de prolongación del miedo sufrido durante la guerra civil: España no solo necesitaba superar las penurias provocadas por la contienda interna, sino que requería acelerar su desarrollo industrial para hacer frente a las amenazas exteriores. Estos últimos son algunos de los condicionantes del denominado periodo autárquico, entre los que la carrera hacia la autodefensa ocupó un lugar preponderante, lo que dejó en un segundo término las necesidades sociales de la mayoría[1].

Estas circunstancias supeditaron en buena medida la economía a la política. Los años cuarenta del siglo pasado fueron una década de reconstrucción. El denominado Nuevo Estado, en oposición a la construcción estatal de inspiración liberal

[1] Villacañas Berlanga, José Luis (2022), *La revolución pasiva de Franco. Las entrañas del franquismo y de la transición desde una nueva perspectiva*, Madrid, HarperCollins.

asaltada en 1936, albergaba una gigantesca red clientelar de políticos, empresarios y funcionarios pertenecientes al bando vencedor. A la cabeza se situaría Francisco Franco, y a su lado, distintos grupos de poder divergentes en cuanto a sus intereses, procedencia y objetivos particulares.

Las redes de poder en el primer franquismo

La dictadura buscaba una nueva fuente de legitimación. De fondo, discutían las denominadas familias, o grupos de poder que habían coincidido en su enfrentamiento contra la República, pero que tenían orientaciones distintas sobre la forma de regir España. La Falange, el partido nacido al calor de los fascismos de los años treinta en Europa y que había quedado fusionado con el resto de las tribus políticas rebeldes en 1937, insistía, sobre todo, en las fechas de guardar, en cumplir con su programa socializador y, especialmente, en la supeditación del Estado al partido, algo que, hasta 1945, continuó siendo un argumento válido.

Pero la Falange, inserta en una confederación de diversas tendencias procedentes de la coalición nacionalista de la guerra, no era precisamente la única influencia. Monárquicos como los alfonsinos, defensores de la legalidad previa a 1931, o los carlistas, partidarios de una alternativa tradicionalista dentro de la familia borbónica, pugnaban por la restauración de la monarquía. A diferencia de la Falange, las tendencias monárquicas tenían en la gran banca nacional a algunos de sus mejores partidarios: el Consejo Privado del Conde de Barcelona, el lobby de don Juan de Borbón, sucesor al trono exiliado en Estoril desde la guerra, contaría con representantes de las grandes entidades financieras españolas.

El poder político falangista, dotado de ideario anticapitalista, y el poder corporativo de la aristocracia financiera, que había logrado prosperar durante la Restauración, exhibirían sus choques y diferencias a lo largo de la primera dictadura. Estas fricciones serían suturadas por el caudillo, apoyado por los militares, la cúpula de la Iglesia católica, bendecida por Pío XII, y los representantes de los estamentos burocráticos.

La debilidad del Estado, las consecuencias de la guerra y las características de la política y de la estructura social española conducían irremisiblemente a la organización en clanes que se convertían en pequeñas entidades políticas de influencia[2]. Monárquicos, militares, falangistas y católicos contenían asimismo divisiones en función de sus pertenencias cruzadas al Ejército, a colectivos elitistas dentro de la Iglesia o a la Falange Española Tradicionalista y de las Juntas de Ofensiva Nacional-Sindicalista (FET y de las JONS). Los perfiles mixtos, por ejemplo, los militares de alto rango con vinculación a la FET y vínculos con la Iglesia —ya fuera con los Propagandistas Católicos, con los jesuitas o con el emergente Opus Dei— y la Monarquía, adquirían una superior capacidad de mediación entre facciones e influencia sobre el máximo mando del Estado. De ahí que abogados del Estado con carnet de la Falange, juristas eclesiásticos y dirigentes empresariales con experiencia militar maximizaran sus posibilidades de mediar entre clanes y de obtener posiciones de ventaja en el régimen[3].

Como es de todos sabido, Franco terminó como jefe de Estado vitalicio y regente de hierro hasta su muerte. Pero la producción de leyes y las reformas legislativas caminaron de manera

[2] Moya, Carlos (1975), *El poder económico en España (1939-1970). Un análisis sociológico*, Madrid, Tucar.

[3] Jerez Mir, Miguel (1982), *Élites políticas y centros de extracción en España (1938-1957)*, Madrid, Centro de Investigaciones Sociológicas.

paralela a su intención y voluntad de lograr la conformidad de los sectores nacionales e internacionales más influyentes, y con ello, garantizar su supervivencia. En este sentido, la fórmula política franquista, que en un principio consistía en la salvación militar de España del enemigo comunista, adquiriría diversas derivadas y refinamientos en los años posteriores.

Una vez aprobadas las Leyes Fundamentales, una suerte de Constitución dispersa e incompleta del nuevo régimen, y terminada la Segunda Guerra Mundial, se hizo inevitable el debate sobre la forma del Estado. En 1947 se sancionaba tras un extraño referéndum la ley de sucesión, gracias a la cual España volvía a constituirse en reino a la tensa espera del juramento de un monarca, un intervalo que se prolongó hasta el año 1969, cuando don Juan Carlos de Borbón ratificó los Principios del Movimiento Nacional reinante, pasando a ser el heredero del dictador. La ley de sucesión supuso un golpe a las reivindicaciones falangistas y una señal emitida al Occidente vencedor de la guerra mundial. Dicha ley implicaba el acuerdo con la mayoría de la nobleza y la aristocracia española, buena parte ligada a las finanzas patrias, y también al conde de Barcelona, don Juan de Borbón.

Un año después de la sanción de la ley, en 1948, un jovencísimo príncipe Juan Carlos llegaba a España desde la ciudad portuguesa de Estoril para integrarse en el internado de Las Jarillas, una escuela situada en una extensa finca en el norte de Madrid, correspondiente actualmente al municipio de Tres Cantos. En Las Jarillas, el futuro rey estudió bachillerato junto a otros ocho chicos, entre los que se encontraba una buena representación de la nobleza española y de la futura clase dirigente. Como nombres relevantes para esta historia destacaremos al compañero de habitación del rey, Jaime Carvajal de Urquijo, futuro presidente del Banco Urquijo y de Ford España, y uno de los empresarios españoles mejor relacionados con Estados

Unidos. También a José Luis Leal Maldonado, que, tras su inicial antifranquismo y exilio parisino, desempeñaría un papel clave en los Pactos de la Moncloa, los acuerdos suscritos en 1977 para sanear y reformar la economía española que prepararon el país para la democracia. Maldonado ejercería también de ministro de Economía y como presidente de la patronal bancaria. La figura del rey no quedó nunca desprotegida: alfiles, torres y caballos se turnaron para acompañar a don Juan Carlos en el tablero político de la dictadura.

Las Jarillas es un lugar simbólico para entender numerosos aspectos de nuestro pasado. Allí se forjaría el inicio de la monarquía instaurada en 1969 y ratificada con una Constitución democrática en 1978. Pero también un modelo de banca y poder financiero que facilitaría la industrialización de aquellos años. La finca, propiedad del ingeniero agrónomo Alfonso Urquijo y Landecho, voluntario en la División Azul, había sido también sede de un pacto entre dos de los grandes bancos: el Banco Hispano Americano y el Banco Urquijo. En 1944, ambas entidades firmaron un acuerdo para la constitución del primer banco mixto de España, que se encargaría al mismo tiempo del negocio comercial —es decir, de las operaciones de depósito y de préstamo— y del industrial.

En este eje de colaboración no solo económica sino también política y estratégica se fijarían los representantes del poder empresarial y político estadounidense para establecer acuerdos en los años cincuenta. Aristocracia, monarquía y finanzas iniciaban ya después de la guerra su entreverado camino hacia la modernidad.

La mencionada ley de sucesión suponía colocar una corona al Nuevo Estado dirigido por el general Franco. Esta síntesis monárquica reflejaba el complejo balance de fuerzas del que el dictador había quedado como responsable. Franco condujo a distintos equilibrios entre la jerarquía católica, que había bautizado la guerra civil como una Santa Cruzada, el partido Falange Española Tradicionalista y de las JONS (rebautizado después como Movimiento Nacional) y distintos grupos monárquicos y católicos. La finalidad de dichos equilibrios consistía en la supervivencia última del Régimen, que se hacía responsable del futuro de España.

La forma del poder franquista tenía que adaptarse, además, a las circunstancias externas. Si durante los primeros años de la Segunda Guerra Mundial militares, falangistas y determinados grupos católicos tuvieron una influencia preponderante, este peso se fue disipando para dar paso a otros representantes de las élites religiosas, a tecnócratas cercanos al mundo empresarial y a los intereses de Estados Unidos. Varios ejemplos reflejan esta constante búsqueda de equilibrio con vistas al interior y al exterior. Entre ellos, Ramón Serrano Súñer, cuñado del dictador y partidario de la Alemania nazi, fue ministro de Exteriores y Gobernación durante los primeros Ejecutivos; con la conclusión de la Segunda Guerra Mundial, su papel fue decayendo. Entonces, Alberto Martín Artajo, miembro de la Asociación Nacional de los Propagandistas Católicos, un influyente grupo de presión propietario del Centro de Estudios Universitarios (CEU), tomó la cartera de Exteriores para reorientar la imagen del franquismo al nuevo orden mundial, y en especial hacia Estados Unidos.

En 1945, el militar Juan Antonio Suanzes, fundador del Instituto Nacional de Industria (INI), sustituía al empresario Demetrio Carceller, germanófilo devenido en atlantista, en el Ministerio de Industria y Comercio. Carceller pasó a la empresa privada, en la que se había hecho rico gracias al refino del petróleo, y Suanzes llegó a controlar la totalidad del aparato industrial público.

El equilibrio franquista era una función de circunstancias nacionales e internacionales, una sucesión de combinaciones de grupos de poder que evolucionó con las circunstancias y que acompañó al régimen hasta su último día. Las distintas élites al mando no solo reflejaban la voluntad del autócrata sino el campo de fuerzas que se movía por detrás de los estandartes políticos, incluso fuera de las fronteras nacionales. Los hechos posteriores no harían sino probar esta máxima.

Detrás de la cortina azul

Esta aspiradora de energía institucional al servicio del poder autocrático tuvo durante los primeros años una relación de primacía con el resto de los mundos sociales de la vida española. Esto fue especialmente manifiesto durante el periodo que los historiadores recuerdan como la autarquía, lo que frecuentemente identificamos con el aislamiento de España, y que, a la vista de los datos, distó de ser completo. La autarquía comprende, en sentido amplio, el lapso transcurrido entre 1939 y 1959; en sentido estricto, esta se prolonga desde el final de la guerra hasta 1951, cuando se suprimen las cartillas de racionamiento y comienzan algunas reformas liberalizadoras en la economía y en el comercio; o hasta 1953, cuando se firman los acuerdos militares con Estados Unidos y con la Santa Sede.

Todo el periodo desde 1951 hasta la firma del denominado Plan de Estabilización, con el que la economía española comienza a integrarse de manera decidida en el nuevo orden internacional, en junio de 1959, es de entrecortada apertura y liberalización, en constante tensión con un rampante proteccionismo de la economía nacional y de los mayores intereses corporativos de raíz patria, es decir, de unas élites que habían prosperado enormemente tras su apoyo a la rebelión militar de 1936.

El periodo autárquico ha sido frecuentemente identificado con las hambrunas, la enfermedad y las carencias masivas en todos los aspectos de la vida nacional, provocadas por el desastre bélico, pero sobre todo por el aislamiento económico. Y por el exilio, y la represión política, sindical y civil. En aquellos años, Franco, como ha afirmado Paul Preston, realizó una intensiva inversión en terror que acabó rindiendo resultados a corto plazo, con la eliminación de la crítica y la disidencia, y a largo plazo, con la instauración de un conformismo nihilista e indiferente en la mayoría de las capas sociales de nuestro país.

Durante aquellos años no sería descabellado afirmar que el consenso se fabricó a base de golpes, miedo y la eliminación de la disidencia. Los asesinatos, las torturas, las amenazas, las expropiaciones, la depuración y la degradación profesional a quienes no habían formado parte de la coalición de la victoria representan un ejercicio de violencia política y estructural todavía insuficientemente estudiado. Las dimensiones de aquel sufrimiento se mantienen aún tras una cortina de silencio que en los años cuarenta era absoluta y que en la actualidad provocan vergüenza propia y ajena dentro y fuera de nuestro país. Las protestas en las universidades, en algunos de los mayores centros de trabajo y la callada reorganización del movimiento obrero, comunista y revolucionario en aquellos años son poco conocidas, pero reflejan que la voluntad del pueblo español no había sido totalmente sometida.

Al otro lado del muro de la miseria económica y política habitaba una creciente prosperidad. España, cercada, se había convertido en un negocio para una minoría. Los discursos del caudillo habían transformado el aislamiento en una condición heroica. El dictador hacía pasar dicho aislamiento por voluntario y proponía hacer de este un acicate para la regeneración, o más bien para la resurrección de una nación espiritualmente indómita que inspiraría al mundo entero. En este discurso se fundían las distintas tendencias dominantes en aquellos años, como el militarismo resultante de la victoria, el imperialismo como elemento integral de la ideología fascista, y la vocación evangelizadora propia de la Iglesia más conservadora. Tres fórmulas, tres ideologías y tres capas del poder: precisamente tres de los principales pilares del gobierno de Franco. Pero detrás de los floridos discursos desde la Plaza de Oriente, el lugar de los franquistas más irreductibles, y de la retórica militar y fascista de los primeros años, se encontraban tres elementos principales de la mentira política: en primer lugar, el aislamiento de España; en segundo, la podredumbre económica y social, y en tercero, la necesidad de retribuir a los apoyos de la guerra.

España había quedado como una apestada. Pese a que la autarquía se presentó como un proyecto político y económico, esta era una reacción a la marginación que nuestro país había sufrido después de ayudar al bando de Hitler. Este aislamiento impidió a España formar parte de la Organización de las Naciones Unidas hasta 1955, de los países receptores del Plan Marshall norteamericano, del grupo fundador de la Organización por el Tratado del Atlántico Norte, la OTAN, y, sobre todo, de las Comunidades Económicas Europeas. Una rémora que hizo que el posterior crecimiento económico fuera solo un embrión de lo que en otras circunstancias hubiera representado. El coste económico del franquismo es hoy día difícil de calcular, casi tanto como el ruido producido por los discursos épicos de los años cuarenta.

La pobreza y la miseria eran mayoritarias. La escasez reavivó un mercado negro en el que el estraperlo, o el comercio no oficial u oculto de mercancías, determinó un sistema de precios alternativo. Se trataba de una forma adicional de enriquecimiento que dio lugar a grandes fortunas sin que los poderes oficiales ejercieran un control sancionador que no favoreciera a los estratos más elevados. El carácter clasista de la dictadura se manifestaba en la represión política como método de contención social, pero también en un empobrecimiento secular que se convirtió asimismo en fuente de enriquecimiento minoritario, sancionado por la permisividad de las autoridades fiscales.

Detrás de la cortina autárquica había notables intereses e intereses de notables, un conjunto de élites que respondía al equilibrio de fuerzas descrito arriba. Los historiadores Carreras y Tafunell[4] se han referido a la autarquía como a una inmensa red de intereses nacionales favorables a los vencedores de la guerra, repartidos estos entre los principales sectores productivos[5].

El hecho autárquico, el relato épico de una España incomprendida en el Occidente materialista, se desnuda y se describe como una profusa red de intercambios en la que distintas corporaciones políticamente motivadas afianzaron su poder y sus cifras de negocio. La distribución de los medios de producción, de las tierras y de las licencias administrativas siguió criterios estrictamente políticos: los franquistas ricos se hicieron más ricos. Algunos financieros y comerciantes, como Juan March, rey del estraperlo, de la corrupción y del soborno durante la Restauración y la Segunda República, habían contribuido a la financiación del golpe militar. March

[4] Sánchez Recio, Glicerio y Tascón Fernández, Julio (eds., 2003), *Los empresarios de Franco. Política y economía en España (1939-1957)*, Alicante, Servicio de Publicaciones de la Universidad de Alicante.
[5] Maestre, Antonio (2019), *Franquismo S.A.*, Madrid, Akal.

obtuvo con ello numerosos beneficios económicos, como la concesión de la empresa Barcelona Traction en condiciones fraudulentamente favorables; la Barcelona Traction se convirtió en Fuerzas Eléctricas de Cataluña Sociedad Anónima (FECSA), una de las mayores eléctricas del país, absorbida durante la democracia por otra empresa del mismo sector, ENDESA, hoy día una multinacional controlada por el Estado italiano. Instituciones sin ánimo de lucro como la Fundación Juan March, fundada en los años veinte por el patriarca fallecido en 1962, constituyen hoy día un punto de referencia del pensamiento, la investigación y la promoción de la cultura, y la Banca March es una entidad caracterizada por sus niveles de solvencia, su discreción mediática y el número de participaciones que su grupo matriz ostenta sobre las empresas del IBEX 35.

Destaca también el sustento proporcionado a Franco por los industriales y financieros vascos y catalanes, temerosos de la revuelta social del periodo de entreguerras y confiados en que el golpe de Estado supondría la restauración de la Monarquía y un equilibrio de fuerzas favorable a sus intereses económicos. Entre estos cabe mencionar a los directivos de las principales entidades financieras ligadas a la industria, como lo fueron el Banco Bilbao y el Banco Vizcaya, presentes en sectores fundamentales, como la electricidad, la siderurgia o los astilleros.

También es importante el papel de empresarios de explícita militancia franquista, como José María de Oriol y Urquijo, alcalde de Bilbao desde el final de la guerra y presidente de la empresa Hidroeléctrica Española. Hidroeléctrica Española, conocida como Hidrola, se benefició de los contratos del Estado, que le concedían la utilización exclusiva de los saltos de agua de los grandes ríos para la generación de energía. José María de Oriol se convirtió en un pilar, o, más bien, en un poste del régimen, al diseñar la distribución regional de los servicios de electricidad[6]. También gracias a su papel mediador para que los falangistas y los carlistas convergieran hacia un remedo de partido único; de manera similar, Hidrola y otras empresas del mismo sector terminaron fusionándose en la multinacional Iberdrola, una de las líderes en energías renovables.

El «electrofascismo», la coalición de productores y distribuidores de electricidad, se había unificado en la patronal UNESA, a la que pertenecía también Pedro Barrié de la Maza, fundador de la gallega Unión Fenosa y propietario del Banco Pastor. Nombrado por el dictador conde de Fenosa, había sido beneficiario de la expropiación de su principal competidor, José Miñones, partidario de la legalidad republicana. El conde de Fenosa promovió la cesión del Pazo de Meirás a la familia Franco, un regalo financiado a través de suscripciones obligatorias a la población local, un ejemplo de los muchos que sirven para romper el entonces consabido mito de la austeridad del general Franco. Unión Fenosa forma parte en la actualidad del conglomerado empresarial de la energía denominado Naturgy, que agrupa a otras empresas, como Gas Natural.

Otros grandes prohombres cimentaban su éxito en la proximidad al caudillo y a la denominada camarilla de El Pardo, que albergaba a la familia del dictador y a sus vínculos más íntimos, como el esposo de su hija, Carmen Franco, Cristóbal Martínez-Bordiú, el marqués de Villaverde, que merece un estudio propio[7]. En este apartado íntimo destacan Félix Huarte,

[6] Maestre Hernández, Antonio (2019), *Franquismo, S.A.*, Tres Cantos, Akal.
[7] Sánchez Soler, Mariano (2019), *La familia Franco S.A.*, Barcelona, Roca Editorial. Véase también Romero Reche, Alejandro y Olivera Almozara, Ricardo (Fritz) (2019), *El caballero del Santo Sepulcro*, Tres Cantos, Akal.

uno de los cimientos del Valle de los Caídos cuyo principal legado ha quedado materializado en la H de la multinacional de la construcción y los servicios OHLA, fundada por Juan Miguel Villar Mir, exministro de la dictadura; José Banús, promotor de los barrios madrileños de El Pilar o La Concepción y de un puerto con su nombre; José Manuel Entrecanales, factótum de Entrecanales y Távora (hoy día, ACCIONA); Demetrio Carceller, promotor de CEPSA y CAMPSA en los años veinte, ministro de Industria y Comercio y abuelo del actual presidente de Cervezas Damm; y Joaquín Benjumea, ministro y fundador de Sevillana de Electricidad (hoy parte de ENDESA). Su sobrino Felipe crearía Abengoa, dedicada a las energías renovables.

La lista de riquezas obtenida a través de la expropiación o de las concesiones en una España en reconstrucción e industrialización ha sido extensamente tratada. Fue una acumulación primitiva de capital en la que el Nuevo Estado jugó un papel preponderante como palanca. La legitimidad del franquismo descansaba en la victoria militar y en la anuencia de las corporaciones, a cuyas cuentas de resultados contribuyó mediante la protección exclusiva de sus negocios y la creación proactiva de oportunidades públicas y privadas. La dictadura no fue una tiranía empresarial, es decir, un régimen privado tras una fachada militar. El dictador, celoso del poder, estableció una difusa separación entre especialización política y empresa privada. Una división social del trabajo «nacional», que lideró el pacto necesario entre poder político y capital para impulsar la industrialización y fomentar un clima de estabilidad política y económica.

Esto no quiere decir que determinada clase empresarial no resultase especialmente beneficiada. Es más, esta especialización podría estar mostrando la señal de que los empresarios no estaban implicados en la política gracias a las enormes remuneraciones obtenidas y previstas. De esta forma, la falta de activismo empresarial podía deberse más bien a la generosidad de las concesiones públicas establecidas, resultantes de la red de poder conformada tras la victoria militar, más que a una especialización económica más propia de democracias liberales asentadas, en las que la imperfecta separación de poderes determina espacios, en principio, designados para cada tipo de agente[8]. Contentos con las expectativas despertadas por el nuevo régimen, los responsables de las grandes corporaciones nacionales dedicaron buena parte de su esfuerzo a sus negocios privados, manteniendo un fuerte vínculo con el Estado a través de conexiones informales o perfiles mixtos, como los de los militares empresarios, o los de los falangistas más cercanos al mundo de los negocios.

Estas relaciones no estuvieron exentas de conflictos, pues los empresarios tuvieron que lidiar con la burocracia sindical de la que la Falange era la última responsable, o con el aparato público del Instituto Nacional de Industria, dirigido por militares. Pero lo que parece manifiesto es que la red de poder resultante de la guerra sí favoreció la expansión de un sector empresarial beneficiado por el proteccionismo y por las afinidades al bando vencedor de la contienda. El pacto Estado-capital permitió la supervivencia de la clase política franquista y generó un espacio para la ganancia privada; cuando a finales de los años cincuenta el desarrollo económico se decretó en estado de estancamiento, el pacto se actualizó con unas nuevas condiciones, reglamentos, relatos y justificaciones discursivas.

[8] Toboso Sánchez, Pilar (2007), «Empresarios y política en la dictadura de Franco», *Ayer*, 66(2): págs. 143-173.

La banca financia la industrialización

En dicho acuerdo, que representaba el establecimiento de una constitución privada, un tratado escrito en sangre que ligaba al Estado franquista con la aristocracia empresarial y financiera, ocupaba un lugar central la banca. Al término de la guerra, su apoyo financiero fue compensado con numerosas indemnizaciones que aprovechó para adquirir posiciones en las grandes empresas industriales, consolidando su papel central en la economía nacional[9].

La banca había sido una de las grandes vencedoras. Médula de la economía, contaba con distintos mecanismos que habían llevado al extremo la protección de este sector. En primer lugar, el capital bancario se concentraba en pocas entidades radicadas mayoritariamente en Madrid, como el Banco Español de Crédito (Banesto), el Banco Central, el Banco Hispano Americano, el Banco Bilbao, el Banco Vizcaya y el Banco Santander. Todos estos habían nacido antes de la guerra, y muchos se habían beneficiado de la explotación de posiciones favorables en las antiguas colonias latinoamericanas. Otras entidades, como el Banco Popular, ligado al Opus Dei, la Banca March, o el Banco Urquijo, especializado en la industria y con mayores redes internacionales, representaban entidades de un tamaño menor. La progresiva absorción de bancos pequeños y la legislación favorable consolidó un cártel con sanción estatal, el de los «siete grandes». Este sería un factor constante durante toda la dictadura. Y la democracia no cambiaría las cosas.

En segundo lugar, los bancos extranjeros no pudieron hasta 1959 establecer sucursales en suelo nacional, y cuando lo hicieron, lo lograron con numerosas limitaciones; la creación de

[9] Muñoz Martín, Juan (1969), *El poder de la banca en España*, Madrid, Zero.

nuevos bancos españoles estaba restringida al juicio arbitrario de unas autoridades reguladoras controladas por la banca regulada. La creación indefinida de sucursales para la élite de la banca había permitido a esta hacerse con los ahorros de las explotaciones agrarias (especialmente a los grandes bancos de Madrid), o penetrar en el capital de empresas que, de otro modo, no hubieran podido soportar las condiciones crediticias, que empeoraron a finales de los difíciles años cuarenta.

El poder financiero estaba centralizado en el Consejo Superior Bancario, el principal organismo regulador. Pero también en el Banco de España, el ejecutor de la política monetaria, en cuyo consejo de administración se sentaban muchos de los miembros de la banca. Los regulados influían e incluso creaban la regulación, contaban con la ventanilla del banco central para obtener, a cambio de la deuda pública del Estado, liquidez inmediata para sus negocios, y protagonizaban la financiación de la industria.

Con el tiempo casi todos los grupos industriales prefirieron tener a la banca como accionista. La debilidad de un Estado primitivo y clientelar y la ausencia de inversión extranjera incrementaron la dependencia de la oligarquía tradicional. El velo de la retórica alimentada por los organismos propagandísticos de la Falange ocultaba la generación de una gigantesca aristocracia financiera como significado último del poder nacional. El resto del tejido empresarial, política y financieramente marginado, tuvo que conformarse con la irrelevancia o con su desaparición. Con la progresiva apertura al exterior, la banca fue considerada como el sector corporativo más conservador de toda Europa, una condición que se mantendría durante los primeros años de la democracia.

El Estado subsidia el gran salto adelante

Frente a todo este círculo de poder privado, se constituyó el Instituto Nacional de Industria (INI), en 1941. Bajo las condiciones descritas durante los años cuarenta, la industria figuraba como una de las cuentas pendientes en un país en el que el sector agrario, pese a su continua evolución, seguía manteniendo buena parte del protagonismo.

El aislamiento y la supeditación de la importación de materias primas y bienes de capital a los permisos estatales, que concedían las escasas divisas disponibles, hacían imposible un desarrollo razonable. Sin apenas inversiones internacionales, el sector privado se encontraba estancado. El Estado jugó un papel subsidiario y en ocasiones de liderazgo para sustituir las carencias de inversiones internacionales. A falta de flujos financieros del exterior, el INI generó la maquinaria burocrática para acelerar la inversión con criterios militares y autárquicos, pero sin eliminar la dependencia de una banca privada a la que necesitaba para financiar el crecimiento.

El INI había sido inicialmente concebido como Instituto Nacional de Autarquía, a imitación del Instituto de Reconstrucción italiano en tiempos de Mussolini. Fue comandado hasta mitad de los años sesenta por un militar de alto rango próximo al caudillo, Juan Antonio Suanzes. Ministro de Industria y Comercio de los primeros gobiernos franquistas, Suanzes representaba a la facción de la élite partidaria de un crecimiento patrióticamente puro que pudiera hacer a sus protagonistas mirar cara a cara a la oligarquía financiera. Para lograr esta meta, Suanzes hizo del INI un holding industrial y financiero que impulsó nuevas empresas de capital público y mixto, con frecuente participación privada. Entre las entidades lanzadas destacan la Empresa Nacional de

Electricidad (ENDESA), la Empresa Nacional Calvo Sotelo (hidrocarburos), la Empresa Nacional Bazán (construcción naval militar), la Sociedad Española de Automóviles de Turismo (SEAT), Astilleros Españoles o la Empresa Nacional del Gas (ENAGÁS).

El INI representó durante aquellos años la acción discrecional del Estado para impulsar la producción y los servicios en áreas que no habían quedado cubiertas por la iniciativa privada. Las discrepancias entre el grupo de Suanzes y los líderes de la oligarquía fueron numerosas: es célebre el enfrentamiento del militar con Demetrio Carceller, o con José María de Oriol y Urquijo. Estos choques mostraban las costuras del franquismo: un reparto de sectores de explotación recubierto de una acotada diversidad de coaliciones y discursos políticos. Cuando los militares de vocación autárquica fueron perdiendo influencia frente a los tecnócratas de inspiración atlantista, el INI fue subrayando su perfil subsidiario. A mitad de los sesenta, Suanzes presentó su dimisión, lo que supuso la jubilación de uno de los bastiones del nacionalismo económico.

Se debe matizar, no obstante, la influencia estatalista del INI a la luz de dos factores destacables. En primer lugar, su escasa representatividad si se le compara con el sector público de los países de la Europa occidental, en los que el final de la Segunda Guerra Mundial había dado lugar a un proceso de nacionalizaciones de industrias estratégicas. En comparación con estas, el papel de la empresa pública en España siempre fue muy reducido. Debe entenderse más bien como una adaptación defectuosa a una situación de enorme déficit de inversión durante un periodo de miseria y aislamiento en el que la supervivencia militar se había convertido en uno de los objetivos principales para el régimen. Dicha respuesta puede concebirse también como una reacción burocrática destinada a articular el pacto Estado-banca que preside este capítulo. Y en segundo lugar, cabría destacar la dependencia financiera del INI, no solo con respecto al Estado, sino con el capital privado. La política de gasto corriente e inversión del instituto industrial se financiaba con cargo a la emisión de distintas formas de deuda pública, adquiridas por las entidades financieras. La mayoría de sus acreedores pertenecían a la gran banca, que además podía descontar los pagarés del INI en la ventanilla del banco central, viendo subvencionada de inmediato su acción crediticia. De esta manera, y gracias a las facilidades estatales, el INI dependía del capital privado, que obtenía ingentes plusvalías gracias a las inversiones deficitarias del instituto. La autarquía tenía una condición paradójica, pues si bien liberaba al franquismo del yugo financiero judaico-masón y materialista de Occidente, trasladaba dicho peso a las finanzas estatales, concentrando el poder en manos de una muy reducida élite.

De estas líneas puede deducirse un esbozo de la ideología autárquica como justificación para el mantenimiento de una cerrada red de intereses, más allá de ser también una respuesta a las necesidades de la época. El gran capital estaba agrupado en una serie de familias y corporaciones formal e informalmente entrelazadas cuyos rastros llegan hasta hoy, cuando sus líderes, a menudo espantados por la amenaza reguladora de los Estados modernos, parecen haber olvidado los orígenes de su opulencia, enraizada en un pacto de sangre con las entrañas estatales.

El águila franquista, en números rojos

La autarquía, sueño azul de una élite ya decadente, no sobreviviría. La cohesión de la élite gubernamental había sido suficiente para superar los conflictos internos. Y el papel de los sindicatos verticales, las organizaciones burocráticas dependientes del Movimiento Nacional, efectivo para lograr una mano de obra disciplinada y poco combativa, una garantía para el beneficio empresarial. Pero esta forma de contener al factor trabajo comenzó a mostrar sus grietas a través de las primeras huelgas en las mayores empresas y centros urbanos.

En 1951, un aumento de la inflación provocó una de las protestas más sonadas. En Barcelona, los trabajadores se negaron a subirse en los tranvías. Las asambleas protestatarias integraban a miembros de la Falange, un reflejo de la falta de unidad dentro del movimiento posfascista y, al mismo tiempo, de la precariedad de las instituciones. Esta huelga, unida a otras tensiones, influyó en el cambio de gobierno de 1951, que reclutó a algunos representantes del aperturismo. Los cambios operaban al son del inicio de la Guerra Fría. Esta modificación en la correlación de fuerzas mundial alteró drásticamente la posición de España. Como consecuencia de las transformaciones operadas desde 1948, año en que el presidente norteamericano Harry S. Truman declaró el inicio de la guerra común contra el enemigo rojo, nuestro país pasó de ser un paria a una interesante oportunidad internacional. Si el Gobierno franquista no había quedado disuelto por la coalición vencedora de la Segunda Guerra Mundial, ahora la dictadura pasaría a ser un miembro con algo de voz y sin voto. El golpe de Estado en Checoslovaquia, la crisis en la República Federal Alemana, el ascenso de Mao Zedong en China y la guerra de Corea aceleraron la integración internacional de España. En 1955 entraría en la ONU, disolviendo la resistencia que la Segunda República en el exilio había articulado a través del Gobierno mexicano.

De manera paralela a estos cambios en el tablero internacional cabría destacar el papel cumplido por una reducida delegación franquista en la embajada en Washington, comandada por el exministro de Exteriores José Félix Lequerica —antiguo partidario de Alemania— y encargada de ejercer presión sobre las cámaras legislativas estadounidenses para lograr préstamos y facilidades crediticias[10]. En 1948 el banco público Import-Export Bank realizó una primera concesión al Estado español, pero los acuerdos resonarían sobre todo tras la firma del Tratado de Amistad, suscrito en el año 1953 entre España y Estados Unidos, y establecido tras la llegada del militar republicano Dwight Eisenhower al poder. El Tratado de Amistad, firmado en Madrid, sancionaba la utilización en España de distintas bases militares de Estados Unidos, principalmente, las de Morón, Rota, Torrejón de Ardoz y Zaragoza. A cambio de este acuerdo, distintas instituciones públicas y privadas norteamericanas suscribieron créditos con las autoridades españolas. El alivio financiero se intercambiaba por una cesión de soberanía, algo diametralmente opuesto a la retórica militar y nacionalista de los primeros años. La etapa azul del franquismo, de predominio falangista tras la guerra civil, podía considerarse clausurada.

La firma de los acuerdos militares representa el inicio de un camino de apertura que culmina con el Plan de Estabilización. Pero también es importante destacar la importancia de los acuerdos establecidos con la Santa Sede en 1953. La firma del concordato suponía la aceptación de la dictadura por parte de la élite católica internacional y, además, la consolidación de los privilegios económicos, políticos y fiscales de la jerarquía

[10] Viñas, Ángel (2003), *En las garras del águila. Los pactos con Estados Unidos, de Francisco Franco a Felipe González (1945-1995)*, Barcelona, Crítica.

eclesiástica. Esta lograba su legitimación como poder fáctico del régimen franquista.

Pero, pese a estos rotundos apoyos, la dictadura no iba a poder dormir tranquila. Los sucesos ocurridos a mitad de la década de 1950 supondrían un timbrazo en mitad de la oscura noche franquista.

1956: LA POLITIZACIÓN DE LA TRISTEZA

Todas las formas de dominación requieren, por ser sistemas complejos, actualizaciones periódicas y precisas. A veces, tales formas se refuerzan incorporando elementos incipientes de la oposición, figuras potencialmente desafiantes que pasan a ser asimiladas por el sistema político. Otras veces, el cambio se produce modificando las coaliciones gubernamentales o la estructura del Ejecutivo. De manera adicional, se acometen cambios institucionales o nuevas políticas económicas, sociales, de seguridad, etc. El objetivo es reaccionar a las amenazas del entorno. Una élite que no se renueva está condenada a su sustitución, como ya afirmara el economista Vilfredo Pareto.

La crisis de febrero de 1956, cuando los disturbios universitarios en Madrid forzaron una respuesta del régimen, fue uno de los acontecimientos que marcaron la necesidad de cambio. Aunque la percepción de dicha necesidad fuera ya más que patente en círculos políticos, funcionariales y, sobre todo, económicos, después de esta fecha no habría vuelta atrás: para sobrevivir, el franquismo debía sufrir alteraciones. La economía nacional se encontraba estancada y la autarquía la había hecho incapaz de devolver los préstamos pendientes. Además, la clase política, dividida en facciones o «familias», había recalentado una lucha poco disimulada por el poder y la influencia.

Bajo un clima de aletargamiento social, miedo y decepción, la sociedad iba tomando conciencia de la carencia de oportunidades en un continente, Europa, que había iniciado su integración. Pasados veinte años del inicio de la guerra civil, la dictadura suspiraba por nuevas formas de legitimación.

Ruptura generacional y desencanto falangista

Una muestra del malestar fue la encuesta realizada en 1955 por el profesor de Psicología José Luis Pinillos[11]. Se trataba de un cuestionario que tenía por objetivo estudiar las actitudes sociales y políticas de los universitarios, y que se celebró en la Escuela de Psicología de la Universidad de Madrid con el apoyo del rector, Pedro Laín Entralgo, nombrado por el ministro liberalizador Joaquín Ruiz-Giménez. Los estudiantes manifestaban sentirse huérfanos de liderazgo en una España en la que la Iglesia, el Ejército y las autoridades gubernamentales les generaban un rechazo creciente. Los resultados de esta investigación no fueron oficialmente publicados, pero el diario norteamericano *The New York Times* ofreció un reportaje sobre el trabajo. Los disturbios universitarios de solo unos meses después elevarían a gritos estas calladas y anónimas quejas.

El grado de identificación con una gerontocracia militar y eclesiástica que había protagonizado la victoria en la guerra civil era mínimo. El cambio generacional, desde los estudios del sociólogo Ronald Inglehart, es uno de los factores que más

[11] Carpintero, Helio (2010), «Psicología y política en España: la encuesta de Pinillos de 1955», *Psychologia Latina*, 1(2), págs. 88-96.

desafían la estructura de los valores vigentes, ya que son los jóvenes los que, sin tanta influencia de un pasado no vivido, absorben con mayor facilidad las nuevas ideas circulantes. Los universitarios, aquellos que precisamente provenían de familias bien situadas, parecían reflejar con más claridad dicho cambio de valores.

El avispero falangista se encontraba más agitado que de costumbre. Falange Española Tradicionalista y de las JONS, el remedo de partido único que había atrapado gran parte de la Administración y de los entes públicos, había generado una extensa red clientelar de cargos y de un gasto difícil de financiar y fiscalizar. Falange, que controlaba entes como el Servicio Nacional del Trigo, el Instituto de Colonización, la Organización Sindical o el Auxilio Social, se había consolidado a cambio de transmutar su color azul por el verde de los nuevos billetes de banco.

Algunos de los primeros falangistas, los denominados «camisas viejas», aquellos presentes desde antes de la rebelión militar, habían pasado de un desapasionado apoyo al Generalísimo a una crítica frontal al régimen. El falangismo social había quebrado: la revolución pendiente había acabado como una fórmula política en desuso, un eslogan, una retórica superficial repetida en fechas consideradas emblemáticas. Con buena parte de la banca en manos privadas, la tierra en propiedad de la aristocracia, las propiedades de la Iglesia a buen recaudo y consideración, y la vivienda en unas condiciones infrahumanas, el programa de Falange podía considerarse fracasado, e incluso vergonzante.

Figuras como Rafael Sánchez Mazas —fundador del partido—, o Dionisio Ridruejo —una de sus figuras más renombradas—, se encontraban lejos de la oficialidad. Ridruejo, poeta fascista que había dirigido la propaganda del bando nacional desde el principio de la guerra civil y que había formado parte de la División Azul, había pasado a un tolerado exilio interior. No era el único: algunos de sus excompañeros en la Dirección General de Propaganda, como Pedro Laín Entralgo, rector de la Universidad Central de Madrid en 1956, o Antonio Tovar, el máximo responsable de la Universidad de Salamanca, también habían dejado al descubierto sus posiciones críticas.

Terminada la contienda y decepcionados por el conservadurismo del régimen, estos antiguos militantes participaban en un emergente debate sobre la necesidad de reconciliación nacional, es decir, de poner fin al clima guerracivilista que todavía permeaba a través del silencio la sociedad española. Este objetivo era compartido en distintos sectores influyentes de la población y caminaba paralelo al deseo de ruptura generacional que mostraba la encuesta del profesor Pinillos.

En los años cincuenta, Ridruejo, un exiliado interior marginado por las autoridades oficiales, ejerció una notable influencia en los círculos universitarios, un sector de la clase media con elevada formación que se convertiría en un importante centro de extracción de cargos políticos para el futuro. La universidad, y en especial las facultades madrileñas, con la importancia de sus colegios mayores y de sus formas asociativas más o menos clandestinas, dio lugar a nuevas corrientes, grupos y colectivos que tomarían protagonismo absoluto en el proceso de la transición, en un fenómeno de recambio sociológico de élites que explica en parte el cambio a la democracia.

Los preocupantes disturbios universitarios

En 1956, las protestas universitarias ya no podían achacarse a la agitación del enemigo exterior. La mayoría de los protestatarios pertenecía a una generación integrada en el régimen. Asistían a unas aulas en las que la depuración del profesorado republicano había sido exitosa. En muchos casos, sus familias formaban parte del bando vencedor. Personalidades como las de Fernando Sánchez Dragó, Ramón Tamames, Javier Pradera, Enrique Múgica, Raúl Morodo, Julio Diamante o José María Ruiz Gallardón[12] se revelaron como inconformistas; más que una revolución, representaban, desde distintos puntos de vista, el rechazo a lo existente.

La decepción falangista, el sustrato católico de la nación y las primeras lecturas del marxismo eran algunas de las bases de esta protesta, que comenzó en el terreno intelectual y literario, y que, pese a la influencia exterior de los comunistas, se caracterizó por querer ir más allá de los dos bandos enfrentados en la guerra y por exigir un régimen de libertades que pudiera ser asimilable al europeo.

Entre los centros clave de la protesta, destacaban las facultades de Derecho, pero también las de Económicas y Letras especialmente en Madrid. Y no debe descartarse la influencia de los colegios mayores, entre los que merece especial mención el San Carlos, que albergaba tanto a estudiantes como a opositores a los altos cargos de la Administración del Estado.

La crispación y los disturbios se producían en un sector muy sensible de la sociedad, pues más allá de las huelgas obreras, que comenzaban a generalizarse, la universidad aspiraba a ser el principal centro de formación, y el principal lugar de

[12] López Pina, Antonio (2010), *La generación del 56*, Madrid, Marcial Pons.

socialización de las élites del futuro. La continuidad política podía quedar amenazada.

La denominada «generación del 56», que dinamitó la aceptación silenciosa de la dictadura e hizo que el público descontento comenzara a formar parte del debate político, inició su protesta denunciando el papel monopolizador del Sindicato Español Universitario (SEU), perteneciente al partido único, en las elecciones a delegados universitarios. Entre los rostros del SEU destacaba el leonés Rodolfo Martín Villa, que durante la transición sería nombrado ministro de la Gobernación.

Como en la huelga de los tranvías de 1951 en Barcelona, las protestas de 1956 reflejaban el déficit de legitimidad del franquismo, así como su debilidad organizativa. La radicalización de algunos elementos falangistas, presentes en la huelga de Barcelona, había provocado ya choques con las fuerzas del orden. También gritos contra el Gobierno en los homenajes a José Antonio Primo de Rivera, o una batalla campal entre falangistas y policías tras las protestas por la polémica en torno al peñón de Gibraltar.

Cabe mencionar el homenaje callejero celebrado en otoño de 1955 al filósofo José Ortega y Gasset, que había fallecido recientemente, como el punto de partida oficial de la rebelión universitaria. La revuelta de febrero de 1956 comenzó con la prohibición de un Congreso Universitario de Escritores Jóvenes. Algunos de sus principales exponentes, como Enrique Múgica, Ramón Tamames o Javier Pradera, influidos por el dirigente del Partido Comunista de España Jorge Semprún, habían planeado llegar más lejos.

Su «Manifiesto a los universitarios madrileños» denunciaba el monopolio de la representación universitaria por parte del franquismo a través del SEU, y exigía la convocatoria de elecciones libres en la Universidad. Este entramado de redes universitarias con infiltración comunista representaba un primer paso, una politización de la tristeza latente en la sociedad española, y posiblemente el fin del «tiempo de silencio» descrito por el psiquiatra y militante socialista Luis Martín-Santos en 1961.

En un periodo en que el debate sobre la reconciliación nacional se reproducía, y en que élites falangistas descontentas, delegados comunistas disfrazados y una burguesía estudiantil se daban la mano, la respuesta de las autoridades no podía aventurarse pacífica. El movimiento fue abortado y sus principales representantes pasaron cortas estancias en prisión, bien distintas a las penas mucho más severas sufridas por los comunistas y anarquistas que eran cazados en el interior. Pero aquella experiencia castrada hizo de esos centros eternos focos críticos.

Los intentos de apertura oficial iniciados en 1951 habían fracasado. El ministro de Educación, el reformista Joaquín Ruiz-Giménez, fue cesado; y el titular de la Secretaría General del Movimiento, responsable del desorden falangista, Raimundo Fernández-Cuesta, fue también relevado de su puesto. Promotores de las protestas, como los ya mencionados Ramón Tamames, Enrique Múgica o Javier Pradera, acabaron temporalmente en la cárcel. También fueron detenidos Dionisio Ridruejo, José María Ruiz Gallardón, Fernando Sánchez Dragó, o Julio Diamante. Algunos de estos tuvieron que alterar su rumbo profesional, pero gozarían en lo sucesivo de una notable trayectoria: Javier Pradera sería fundador del diario *El País* y su director de opinión más emblemático; Tamames ejerció como destacado dirigente del Partido Comunista de España (PCE), catedrático, diputado y empresario; Enrique Múgica figuraría como ministro de Justicia de un Ejecutivo de Felipe González, en el que coincidiría con Jorge Semprún, al frente de Cultura. José María Ruiz Gallardón fundaría la conservadora

Alianza Popular (AP), gracias a la cual su hijo Alberto se hizo presidente de la Comunidad de Madrid, alcalde de la capital y ministro de Justicia de un Ejecutivo conservador; Rodolfo Martín Villa, representante falangista del cuestionado SEU, sería ministro en la transición y un exitoso dirigente empresarial en el sector de la seguridad, de la energía y de la construcción de infraestructuras.

La pertenencia a esta generación del 56 y a sus sucesivas derivaciones marcaría a una élite crítica con la oficialidad franquista. Esta ocuparía posiciones clave en los gobiernos e instituciones de la democracia: la muerte de la legitimidad autárquica y la decadencia de la vieja dictadura coincidían con el nacimiento de un nuevo sentido común, el que allanaría el camino a los cambios iniciados con la Constitución de 1978.

Los nuevos comunistas, los católicos y algunos monárquicos

La agitación universitaria y las huelgas en Asturias o Barcelona, entre otros núcleos industriales, no eran la única amenaza. Los comunistas que resistían en España afrontaron la complejidad de la situación con notables cambios estratégicos. El año de las protestas, 1956, representa también una importante fecha en el transcurso de la Guerra Fría. La muerte de Josif Stalin, en 1953, había provocado la inestabilidad en el partido comunista soviético, el PCUS. Tras varios años de luchas intestinas, Nikita Kruschev se había puesto al frente del politburó, el organismo supremo de gobierno de la URSS y, por extensión, del campo socialista.

El año 1956 es el del denominado discurso de la desestalinización, un cambio estratégico que denunció el anterior culto a la personalidad de Stalin, y que proponía una mayor apertura comercial y política. La Unión Soviética aspiraba a relajar las tensiones internacionales y a superar a Estados Unidos en niveles de vida. Pero esto no impidió a Kruschev, el nuevo jefe supremo, conservar el recurso a la fuerza, como pudo comprobarse pronto en Hungría.

Las contradicciones de Kruschev y los cambios acaecidos en España, con la consolidación de la dictadura en el escenario internacional, obligaban a los dirigentes comunistas españoles a analizar con atención el nuevo entorno. Aquel año, el Partido Comunista de España abogó por el abandono de la lucha armada. La guerra civil se daba por concluida. La huelga nacional pacífica se convertía en la nueva herramienta revolucionaria.

Desde entonces la alternativa la representaba el «frente amplio», una combinación de alianzas con estudiantes, cristianos de base, falangistas conversos y otros «compañeros de viaje» que tuvieran en común la oposición al franquismo. De la tentativa del derrocamiento violento de un régimen totalitario se pasó a la infiltración en las instituciones existentes, especialmente en los sindicatos verticales. Lugares como la universidad, los sindicatos o las instituciones religiosas se convirtieron en objetivos prioritarios de esta mutación del virus rojo.

Jorge Semprún Maura era uno de sus mayores representantes. Su participación en las protestas del 56 en la Universidad Complutense había sido manifiesta. Los comunistas observaron cómo los colectivos estudiantiles se diversificaban entre distintas ramas de falangistas críticos, católicos combativos y socialistas independientes, como los que integrarían la Asociación Socialista Universitaria (ASU), y en años posteriores, el Partido Socialista Obrero Español (PSOE).

Pero la nueva estrategia no parecía rendir sus frutos. Por una parte, la llamada a la huelga general, realizada en el año

1958, resultó un fracaso. Y por otra, la reforma del franquismo a través del Plan de Estabilización, en 1959, dio lugar a una transformación del paisaje económico que terminó por afectar también a las formas de oposición. La rápida revolución industrial, el crecimiento del producto interior bruto, de la renta per cápita y de los niveles de consumo alteraron las expectativas de los españoles y recondujeron la visión de muchos. Los casi dos millones de emigrados, la entrada del turismo masivo y el rápido desarrollo de las grandes ciudades transformaban España mientras los militantes en el exilio perdían el contacto con la realidad del país.

En aquella etapa, el PCE transmitió su energía crítica a las luchas en las fábricas, donde las situaciones de explotación estaban sembrando un caldo de cultivo propicio. La fundación silenciosa de Comisiones Obreras (CC.OO.), ya en los años sesenta, puede considerarse, por una parte, una respuesta adaptativa del PCE al desarrollismo franquista, y por otra, el germen de una fuerza política de oposición de largo alcance.

Pero no todo era comunismo. El Régimen se enfrentaba también a una red de movimientos críticos que tenían en común una interpretación divergente de la doctrina católica. Si en España, a mitad de siglo, era imposible no ser católico, como habían afirmado algunos de los más importantes intelectuales, la interpretación de este credo admitió distintas propuestas que rivalizaron con la doctrina oficial. De fondo estaba el malestar social y el cambio que se produjo en El Vaticano, con la celebración de un concilio renovador, a finales de 1961.

La jerarquía eclesiástica había resultado enormemente beneficiada de la victoria militar. Sus privilegios quedaron reconocidos internacionalmente tras la firma del concordato con el Vaticano. Pero su influencia, que se extendía por la economía, los medios de comunicación y la educación, no era omnímoda. Al tiempo que el Opus Dei ascendía como preboste intelectual, tecnocrático y empresarial, otros grupos ejercían su influencia sobre el tejido social lejos de los grandes focos.

La élite de la Iglesia no podía permanecer ajena a la pobreza en España. Los obispos españoles se pronunciaron en los años cincuenta contra el malestar social y sobre la necesidad de orientar el sistema económico hacia las necesidades de la población. El cambio que se produjo a finales de 1961, con la celebración del Concilio Vaticano II, solo acrecentó estas diferencias. Había que tener en cuenta, además, el potencial de distintos movimientos sociales que surgían a raíz de la presencia transversal del credo católico. Como alternativa a una politización prohibida en España, los cristianos de base se fueron organizando a partir de una interpretación propia de la religión. La Hermandad Obrera de Acción Católica, la HOAC, junto con la Juventud Obrera Católica (la JOC), con fuerte implantación en los centros de trabajo, luchaba por extender la doctrina de Jesucristo y trascender la hipocresía del clero dominante. Movimientos como Comisiones Obreras, por una parte, y organizaciones políticas radicales, como el Frente de Liberación Popular, quedaron impregnadas por las primeras reivindicaciones católicas de carácter alternativo.

Dentro de las familias de la dictadura se encontraban también los monárquicos. Una buena parte de estos se había integrado en el partido oficial. Pero existían otras facciones que, sin estar en la oposición al régimen, habían expresado sus reservas a la forma de gobierno preexistente, concebida como una jefatura provisional en el curso de la guerra. Pese a haberse constituido nominalmente como Reino de España en 1947, la dictadura no parecía haberse pronunciado firmemente por un sucesor para el mando de Franco. La impaciencia se cebaba con los partidarios monárquicos favorables al sucesor natural del rey Alfonso XIII, don Juan de Borbón, conde de Barcelona, que residía en Estoril.

Las relaciones entre Franco y don Juan de Borbón no fueron nunca de gran sintonía. En 1948, Franco había convencido al conde para que su hijo, Juan Carlos, se formara en España. Dos años antes de esta maniobra se había constituido un grupo elitista, el Consejo Privado del Conde de Barcelona. Dicho consejo se encontraba integrado por representantes de la nobleza y de sectores de las grandes finanzas. Su posición era ambigua al no representar una oposición al régimen, pero sí perseguir la instauración de una monarquía de signo político aún poco claro. Entre los miembros del consejo privado se encontraban los representantes de los grandes bancos y también algunos miembros del Opus Dei. Tributario de la Restauración y conservador, el Consejo se oponía a la Falange y a su programa original.

Las distintas familias, facciones y formas de oposición más o menos manifiesta reflejaban la complejidad del momento y el hervidero de disputas políticas que condujo a los cambios iniciados en 1957 y 1959. Dichos cambios surgieron como consecuencia del impulso internacional y, en particular, de Estados Unidos, y respondían, además, al estado de la economía, que enfilaba la unidad de cuidados intensivos.

Las naranjas heladas y la inflación como poder de clase

Las finanzas públicas esperaban su turno en la UVI. La cosecha de cítricos del invierno de 1956, congelada en muchas ciudades por una inesperada ola de frío siberiano que llevó las temperaturas a menos veinte grados, mostraban el negativo de la fotografía nacional. La helada del invierno en el que los estudiantes salieron a la calle afectó a las cosechas que los agricultores más exportaban. Los efectos del tiempo inmisericorde mostraban la persistente ruina de la estructura económica española. Pero el perjuicio iba más allá del daño a la agricultura y a sus trabajadores. Reflejaba, de nuevo, el fracaso de la autarquía. Una economía que aspiraba a ser moderna no podía acabar contra la pared por circunstancias climáticas. La opinión del dictador, que afirmó que los problemas del campo necesitarían, simplemente, «mucho tiempo», parecía congelada[13].

Como consecuencia de este golpe inesperado, el Estado se quedó sin divisas para las importaciones industriales. Además, los pagos que las instituciones estadounidenses habían concedido a España estaban a punto de vencer. El motor de la economía española estaba, además, gripado tras unos años de intenso crecimiento en los que la industria se había ido expandiendo, y en los que la agricultura había ido adquiriendo un mayor potencial productivo. El azul autárquico estaba quedando diluido, y España poco a poco se concebía como el perfecto bastión anticomunista, pero las autoridades estadounidenses comenzaron a exigir reformas a cambio de los nuevos préstamos.

La dependencia del extranjero desnudaba la mentira autárquica: la red clientelar original tendría que admitir cambios, por mucho que estos viniesen supervisados desde arriba. España necesitaba materias primas, bienes de equipo y maquinaria. Las naranjas heladas no servían para adquirir dólares.

[13] Barciela, Carlos (2023), *Con Franco vivíamos mejor. Pompa y circunstancia de cuarenta años de dictadura*, Madrid, Catarata.

Los criterios nacionalistas comenzaban a palidecer frente a los discursos de los economistas y técnicos que reclamaban cambios que coincidían con las exigencias de las instituciones internacionales dominantes, especialmente el Fondo Monetario Internacional, a la cabeza del nuevo sistema monetario inaugurado tras la Segunda Guerra Mundial.

Las grietas llegan a la cúpula

Todas estas tensiones reverberaban en la clase dirigente. Los principales responsables, desde la secretaría general del Movimiento, bastión ministerial del partido único, a la Presidencia, donde anidaban algunos de los mayores asesores de Franco, tomaban nota de las dificultades. Hasta el cambio gubernamental de 1957, cuando la estructura de las facciones franquistas quedó reconfigurada, se produjo una callada pero continua batalla política. Un enfrentamiento que no concluiría hasta el final de la vida del dictador.

La economía comenzó a ser un tema de debate separado de la política. El periodo autárquico había vivido una acelerada industrialización. Que la financiación de dicha industrialización hubiese sido intensamente inflacionaria y que la Hacienda fuera todavía decimonónica no podían borrar el éxito relativo de la burocracia militar. En los años cincuenta, la colaboración entre el Instituto Nacional de Industria y la oligarquía monopolística había dado lugar a notables resultados industriales. La producción había despegado, pero con un aparato productivo deficiente y unos gastos que habían escapado a la fiscalización coordinada de unos ministerios que seguían manteniendo el estatus de reinos de taifas adscritos a las diferentes familias.

Llegados a un punto en el que la producción de bienes y servicios parecía haber abandonado etapas previas de privación, y retiradas oficialmente las cartillas de racionamiento, la economía comenzó a mostrar otra de sus paradojas: continuar creciendo exigía renovarlo casi todo. Hacía falta petróleo, la principal materia prima de la que dependía la atrasada industria, mucho más barato que el carbón. Con la escasez de reservas de oro, se hacía necesario que la peseta pudiera integrarse en el sistema monetario internacional. La denominada convertibilidad prometía ser la alimentación intravenosa.

En un contexto en el que una eufórica Europa integraba sus mercados y firmaba el Tratado de Roma, el régimen vencedor de la guerra civil necesitaba fundirse con el crecimiento económico para generar una nueva legitimidad que sedujera a los ciudadanos antes que asustarlos. Hacía falta un golpe de timón. La llegada de la red que ha sido popularmente conocida como la de los tecnócratas del Opus Dei, pero que implicó también la renovación de muchos altos cargos que poco tenían que ver con la Obra de Dios, puede entenderse como un esfuerzo de adaptación política a todas estas circunstancias.

Tecnócratas al rescate

Sotanas, uniformes militares y camisas azules, que siguieron siendo influyentes, se especializaron en carteras propias de su signo ideológico y fueron dejando paso a lo que se denominaría la tecnocracia, un colectivo difuso de profesionales de la Administración y de la empresa privada dirigido a una gestión más racional y aparentemente no política de los asuntos económicos y que facilitó la penetración privilegiada de las grandes corporaciones en la economía nacional. Con dicho colectivo se llegó a una etapa en la que las saludables cifras de producto interior bruto se correspondían con las cuentas de resultados de las multinacionales llegadas a España.

La historia del crecimiento posterior a 1959, el año en que se firmó el Plan de Estabilización, entronizaría a los tecnócratas como unos científicos sociales que rescataron nuestro país de la privación económica. Se trataba de una nueva salvación nacional con distinto telón de fondo. Después de cada crisis emergía una nueva clase dirigente capaz de regenerar los aparatos estatales y productivos, prometiendo un futuro en paz, armonía y prosperidad. La salvación autárquica había supuesto la redención de España tras una contienda sangrienta; terminada la etapa del terror, los trajes con corbata fueron los nuevos atuendos de los libertadores.

Este sesgo político refleja un pesimismo atávico que arrastra su cola hasta hoy. España se ha definido a menudo como un país secularmente atrasado que no puede dejarse a voluntad de su pueblo o ciudadanía, pues de ocurrir de este modo sobrevendría una nueva catástrofe. Se trata de otra fórmula política de fácil aplicación a países en vías de desarrollo, o a los que han heredado un Estado débil. En los años de la Guerra Fría, este prejuicio ideológicamente transversal venía salpicado, además, por la amenaza del comunismo, un virus pendiente de afectar a los países con las defensas sociales más bajas.

La figura del cirujano de hierro, formulada por el regeneracionista Joaquín Costa a principios del siglo XX, emerge en cada recodo de la sinuosa historia patria como elemento necesario para la redención nacional y la puesta a punto de sus instituciones principales. Terminada la guerra civil, el pecado original español se redimiría con la pobreza, la represión y la inflación; a finales de los cincuenta, con lo que ahora conocemos como un plan de austeridad, con la exportación planificada de la emigración y con una calculada apertura al exterior capitalista. Algunos lo llamarían milagro económico, obviando numerosas dimensiones del cambio operado durante aquellos años y, quizá, haciendo acopio de su fervor cristiano.

El esfuerzo regeneracionista operado en España tras el deshielo político de 1957 dio lugar a una constitución económica con la que comenzó una etapa de autoritarismo en la que el incremento de los niveles de consumo debía servir para legitimar el régimen y disimular sus aspectos más inhumanos. Sus responsables no lo conseguirían, pero sí lograrían sentar las bases para un rumbo económico al que ningún gobierno posterior podría negarse.

El Plan de Estabilización ha quedado para la posteridad como una operación intocable, más si cabe que la Constitución española de 1978. Pero no todo se hizo en un día: restaban aún numerosos obstáculos, pues, pese a las dificultades y a la evidencia de la necesidad de cambio, el propio tejido social del régimen opondría sus resistencias hasta el último minuto.

El decreto Girón dispara salarios y alarmas

La economía concebida para defender España de una invasión exterior no daba más de sí. La inflación era endémica. Faltaban productos y los mercados negros todavía no habían desaparecido. La pobreza era todavía el estilo de vida predominante. Las grandes empresas estaban protegidas de la competencia. Sus patrones tenían aseguradas las ventas en el mercado interior, y con ello, sus beneficios. La banca, en el corazón del sector considerado «de interés nacional», era el beneficiario último de su crecimiento. Los incentivos para el cambio no estaban claros. La banca, la gran compradora de la deuda pública estatal, operaba como la directora financiera del Estado. Adquiría los títulos de deuda pública con la posibilidad de intercambiarlos por pesetas en el Banco de España, cobrando una plusvalía. Era la denominada pignoración automática: el Banco de España, controlado por la misma oligarquía financiera a la que tenía que regular, emitía pesetas a cambio de los títulos entregados por los bancos. De esta manera, las grandes entidades privadas ganaban dinero garantizando que el Estado contara con liquidez para realizar sus políticas de gasto. El franquismo había establecido un matrimonio institucional para regar de beneficios al principal financiador de la guerra civil y garantizarse fondos para las distintas carteras del Estado, pobladas por las fuerzas vivas. Mantenía, con ello, su posición hegemónica, y con ello, el apoyo de la banca. Era una expresión máxima del clientelismo político y financiero. Esta gigantesca red se había convertido en un fin en sí mismo y en un freno a la apertura. El Banco de España subsidiaba a las finanzas, que a su vez hacían posible el crecimiento de la producción y del gasto público. La inflación, resultante de todo este entramado, además de la pobreza y la escasez, se comía el poder adquisitivo de las masas.

La industrialización había quedado solidificada en un conjunto de monopolios privados, exceptuando las empresas del INI, en las que la participación de la banca también era destacable. La estructura del poder corporativo y político parecía más que evidente. La inflación, es decir, el constante aumento de los precios, era una derivada de todo este engranaje. Dicha inflación podía entenderse como una expresión del poder de clase sancionado en 1939. No era extraño que sus consecuencias recayesen sobre los trabajadores. Estos, sometidos al control del Sindicato Vertical, no podían negociar libremente sus salarios; muchos tenían que ejercer más de un trabajo y vivir en la pobreza. La Falange, emblema de la revolución nacional sindicalista, operaba, en realidad, como un grupo de presión de los empresarios, por entonces denominados crípticamente «productores».

La persistente inflación y las consiguientes huelgas erosionaban también la imagen de los sindicatos, y, con ello, el papel del Movimiento en la dictadura. La cartera de Trabajo, emblema falangista, había estado presidida desde 1941 por José Antonio Girón de Velasco, líder carismático de la facción posfascista. Uno de los fundadores de las Juntas de Ofensiva Nacional-Sindicalista (JONS) en los años treinta, Girón, había impulsado medidas que podrían considerarse un embrión de seguridad social sustitutoria de las democráticas. Un conjunto de prestaciones asistenciales que no podían ni acercarse a lo que en Europa, que pugnaba por hacer de lo social el primer apellido de la democracia, se estaba realizando. Girón impulsó los seguros de accidentes de trabajo, las pensiones de viudedad, de orfandad, las mutuas y algunas universidades laborales.

En marzo de 1956, los salarios aumentaron en un 23 por ciento para compensar las pérdidas de poder adquisitivo. Se trataba del popularmente conocido como «Gironazo». La medida produjo estupor entre algunos de los miembros del Consejo de Ministros, especialmente en el de Comercio, Manuel Arburúa. Las empresas quedaron obligadas al aumento salarial y tuvieron que endeudarse con la banca. Los precios, atentos, volvieron a subir. Los problemas inflacionarios, con las restringidas condiciones de una oferta de productos limitada, se agravaron, neutralizando la subida de salarios y ahogando la competitividad exterior de los productos nacionales, lo que llevó al déficit comercial a cifras récord.

La crispación en el seno del poder político franquista se volvía incandescente. La inflación reflejaba el poder de clase, pero también era el termómetro de una batalla política a la que restaban algunos capítulos.

La síntesis tecnocrática de 1957

Tras estas medidas latía una contienda política poco disimulada. El combate tenía a la Falange como un contendiente de peso. Los líderes falangistas, exentos desde hacía años del saludo brazo en alto y separados de puestos clave, trataban de reaccionar frente al vacío institucional. El movimiento de Girón de Velasco parecía un lamento ante la pérdida de legitimidad de un Movimiento Nacional incapaz de atraer a una clase trabajadora empobrecida que no encontraba solución para su situación cotidiana.

Si Girón abordó la economía, otro falangista, José Luis Arrese, titular de la Secretaría General del Movimiento, intentó tomar el pulso al régimen a través de un proyecto jurídico que superara las leyes fundamentales promulgadas al final de la guerra civil. Su apuesta consistía en una fusión y renovación de estas leyes para crear una Constitución en la que el partido FET de las JONS constituyera la columna vertebral del Estado. La serpiente del fascismo nacional intentaba su última acometida.

La respuesta no se hizo esperar. La propuesta fue rechazada por «sovietizante». La falta de interés del dictador dio la puntilla a la última intentona jurídica del falangismo. En el bando vencedor del debate comenzaron a destacar figuras como la del catedrático Laureano López Rodó, que, por su influencia en la segunda parte de la dictadura, merece un espacio exclusivo.

Licenciado en Derecho en la Universidad de Barcelona y adscrito a la Obra de Dios, López Rodó llevaba una carrera meteórica. Se había afiliado a la Falange durante la guerra civil. En 1945, ya inserto en la máxima disciplina opusdeísta, consistente en la residencia en casas comunes de la Obra, que administraban sueldo y bienes de sus miembros, en el celibato y en la más firme abstinencia sexual, había obtenido la cátedra en Santiago de Compostela, donde había abierto un bufete jurídico.

El periodista Jesús Ynfante narra en su más conocido ensayo cómo el primer encuentro entre López Rodó y Carrero Blanco catapultaría la carrera política del primero. Este se habría producido en el bufete regentado por Rodó, al que Carrero había acudido para solucionar un problema matrimonial. López Rodó habría combinado sus vocaciones jurídicas y confesionales para descartar el divorcio. De aquel exitoso arbitraje habría partido una amistad y una camaradería que auparían al catedrático de Derecho a las entrañas del Estado. López Rodó ha negado taxativamente la veracidad de esta anécdota, que atribuye a una campaña continua contra el Opus Dei como grupo de influencia[14].

Esta historia sirve, en cualquier caso, como elemento ilustrativo del entrelazamiento de élites políticas, burocráticas y religiosas en el que se configuraban los grupos de poder, y en el que se adoptaban las decisiones. Con o sin problemas matrimoniales, y gracias al prestigio que el profesor de Derecho Administrativo iba adquiriendo en distintos foros, la relación

[14] Las referencias pueden encontrarse tanto en Ynfante, Jesús (1970), *La prodigiosa aventura del Opus Dei. Génesis y desarrollo de la Santa Mafia*, París, Ruedo Ibérico, y también en López Rodó, Laureano (1990), *Memorias*, Barcelona, Plaza & Janés.

entre López Rodó y Carrero Blanco evolucionó hasta que se convirtieron en inseparables colaboradores.

Fue mientras el proyecto constitucional de José Luis Arrese buscaba apoyos en el Consejo de Ministros cuando Carrero Blanco vio clara la necesidad de una alternativa y, en ese momento, la trayectoria de López Rodó se hizo necesaria y oportuna. En 1956, fue nombrado secretario general de la presidencia del Gobierno. Rodó se rodeó de perfiles afines que han poblado parte de los gobiernos posteriores, incluso los de la transición, con Adolfo Suárez o Landelino Lavilla, o la democracia conservadora, con José Manuel Romay Beccaría. López Rodó impulsó desde esta posición una reforma administrativa que importaba nociones y técnicas francesas, alemanas y estadounidenses para modernizar las instituciones. Dicha reforma abriría el camino a la expansión empresarial y, con ella, a una sociedad eminentemente próspera. Más allá de la lucha de clases y del fracasado proyecto nacional sindicalista, las sociedades occidentales que aspiraban a ser prósperas tendían a dividirse entre dos nuevas categorías: la de los administradores eficientes y la de los administrados obedientes.

La sociedad española lograría de este modo la eficiencia productiva y el éxito económico. Las ideologías se difuminaban en un aparente crepúsculo de las creencias que, no obstante, ocultaba la preeminencia de los criterios empresariales privados sobre las decisiones públicas y el creciente dominio de la gran corporación sobre el aparato administrativo. El Plan de Estabilización, aprobado pocos años después, abriría las compuertas internacionales a este nuevo modelo.

El ascenso de López Rodó representaba un croquis de la nueva situación y del poder que había de enfrentar la frontera de los años sesenta, cuando las democracias occidentales terminarían por ver agotadas sus capacidades para seducir a las masas. El éxito del catedrático barcelonés se debía al papel del almirante Carrero Blanco, el principal consejero del jefe de Estado. Portador de las más profundas esencias franquistas, Carrero Blanco había simpatizado con el estilo, las creencias y la ambición de López Rodó. Desde su posición como secretario general técnico, Rodó gozó de una creciente confianza política que le permitiría encabezar numerosas reformas e incluso llegar a ministro. Su primera iniciativa consistió en combatir, primero, las propuestas constitucionales falangistas y, después, en inspirar el cambio de gobierno de 1957.

El choque dialéctico entre una facción falangista cuyo tiempo tocaba a su fin y un bando nacional-monárquico con fuertes raíces religiosas terminó con el cambio de gobierno de 1957, sobrevenido como consecuencia de estos enfrentamientos, pero también por la crítica situación económica, que provocaba una creciente presión internacional, especialmente proveniente de Estados Unidos, que tutelaba los organismos internacionales de los que España aspiraba a formar parte. Las exigencias internas y externas pusieron fin oficial a la ya difuminada y dispersa etapa autárquica.

Tras este cambio se promovieron reformas que asfaltaron el Estado para la etapa desarrollista, centrada en el crecimiento económico y en el impulso de las infraestructuras físicas y de sectores como la construcción y el turismo, además de un protegido aparato industrial. Algunos lo llamaron milagro económico; para otros, la categoría sería más bien la de milagro político autoritario.

La «ascensión» del Opus Dei

La poliédrica crisis de 1956 se vio superada en el mes de diciembre de 1957, cuando Francisco Franco presentó un nuevo gabinete que sintetizaba los equilibrios, las debilidades y las oportunidades del momento, y que abriría una segunda etapa dentro de la dictadura.

Se trataba de una tecnocracia armada. Al mando y en la cima de la organización estatal, tanto el jefe del Estado, Francisco Franco, como el subsecretario de la presidencia, Luis Carrero Blanco, procedían de carreras militares de renombre. Las armas del Ejército se combinaban con la religión, con el yugo y las flechas y con el tradicionalismo monárquico para dar lugar a un Ejecutivo que integraba numerosas combinaciones e intersecciones entre círculos de poder dominantes.

Monárquico y religioso era el nuevo ministro de Exteriores, Fernando María de Castiella. Castiella formaba parte de la Asociación Nacional de Propagandistas Católicos y era catedrático universitario de Derecho. Hasta entonces había sido el embajador en el Vaticano. Allí había encabezado, junto a Alberto Martín Artajo, la rúbrica del nuevo concordato. Su papel europeísta en los sesenta no ocultaría su condición de veterano de la División Azul, una medalla adicional de confianza para la dictadura. Aparte de Castiella, destacaba Antonio Iturmendi, católico tradicionalista, que se mantuvo como ministro de Justicia y, al mismo tiempo, presidente de las Cortes, el parlamento de la dictadura. Abogado del Estado y militante del Partido Carlista desde antes de la guerra, había sido sucesivamente gobernador civil y representaba el contrapeso en el Movimiento a la Falange, reflejando una vez más la falta de consistencia interna del mal llamado partido único.

Militancia religiosa, presencia en los sindicatos verticales, rango en el Ejército y galones universitarios parecían ser componentes ineludibles de las élites de gobierno en el franquismo. En la intersección entre dichos círculos se encontraban las áreas de máxima influencia: la combinación de distintos perfiles y la capacidad de interlocución con el dictador y con los distintos grupos de poder que circundaban el Estado.

El Opus Dei situó en el Gobierno a distintos ministros que cumplían muchas de estas condiciones. La Obra de Dios, como red social que agrupaba a distintas profesiones y se expandía vertical y horizontalmente por los ministerios, demostró tener mayor pragmatismo y resistencia que el resto. Dos de sus figuras clave se hicieron con las carteras más relevantes. Por una parte, el jurista Mariano Navarro Rubio, como ministro de Hacienda; por otra, el profesor Alberto Ullastres, designado ministro de Comercio.

Navarro Rubio acumulaba experiencia en el Ejército y, al mismo tiempo, en los sindicatos verticales. Militante de Acción Católica, había ejercido de subsecretario en el Ministerio de Agricultura y de consejero delegado del Banco Popular, entidad financiera de referencia de la Obra. Su perfil representaba una obra maestra de la tecnoestructura religiosa, militar y financiera. Su ascendencia sobre el caudillo trascendió su condición burocrática, pues la combinación de su alto nivel jurídico y su procedencia militar multiplicó su capacidad de interlocución sobre el jefe del Estado[15]. Por su parte, Alberto Ullastres, titular de Comercio, era un prestigioso catedrático de Historia Económica de la Universidad Central de Madrid, la predecesora de la Universidad Complutense. Su militancia en el Opus Dei, como numerario, era poco discutida. Tanto

[15] Carlos Barciela (2023), *op cit.*

Navarro Rubio como López Rodó reivindican en sus respectivas memorias —Ullastres no las escribió— su influencia para el nombramiento de este.

Los amigos Navarro y Ullastres quedarían separados por los avatares gubernamentales. La competición por controlar el Instituto Español de Moneda Extranjera, IEME, en manos de la cartera de Comercio —y preciado tesoro encargado de administrar y conceder las divisas—, y la lucha por el liderazgo del Gobierno para que España entrara en diversos organismos internacionales originaron fricciones que demuestran que la red del Opus Dei no era ni omnímoda ni unitaria.

Los falangistas vieron reducida su influencia. El nuevo titular de Trabajo, el sustituto de Girón de Velasco, era Fermín Sanz-Orrio, abogado del Estado, exdelegado nacional de Sindicatos y próximo a la Obra. El de Educación, el catedrático Jesús Rubio, de procedencia falangista, había coincidido con Laureano López Rodó en el CSIC. Pasadas ya casi dos décadas de la contienda militar, la influencia de la Falange se diluía entre los perfiles mixtos. Más aún si se tenían en cuenta los segundos y terceros niveles ministeriales, donde el Opus había logrado colocar a numerosos compañeros.

Arrese, derrotado políticamente, había pasado de la Secretaría General del Movimiento al Ministerio de Vivienda, una cartera de reciente creación que vería sus presupuestos limitados, pero que adquirió protagonismo durante los siguientes años. La secretaría general del Movimiento fue ocupada por José Solís, falangista de talante negociador y mucho más integrado en la estructura oficial del franquismo.

El Ministerio de Información y Turismo fue adjudicado a Gabriel Arias-Salgado, perteneciente al partido fascista desde la guerra civil. Teórico de la censura y católico integrista, reguló la política informativa durante un periodo económicamente tumultuoso en el que no solo destacaron las duras medidas económicas, sino el refuerzo de las penales y policiales, que aspiraban a controlar la protesta. Su agresiva oposición al «Contubernio de Múnich», término peyorativo con que se bautizó una reunión en 1962 de opositores al franquismo adscritos a diversas corrientes excepto comunistas, terminó cobrándose su cargo en el relevo ministerial ese mismo año. Pocos días después del nombramiento de otro perfil falangista para la cartera informativa, Manuel Fraga Iribarne, Arias-Salgado falleció de un infarto.

Girón de Velasco quedó fuera. Conocido a la postre como el León de Fuengirola, por la localidad que se convirtió en su lugar de residencia y de inversión inmobiliaria, conservó su plaza como procurador en Cortes. Reaparecería en los años setenta para reivindicar un fascismo «kitsch», apoyando al «búnker», el grupo inmovilista en el poder, y para oponerse a cualquier tipo de reforma que pudiera terminar con el *statu quo* dictatorial de mayor pureza química. Entretanto, y a su retirada del Gobierno, se contentaría con aprovecharse del explosivo y desigual desarrollo económico español desde una posición de especulador inmobiliario que, con las autoridades a su favor, le permitió hacerse millonario. En Fuengirola, su nueva base de operaciones, Girón realizó numerosos negocios, algunos en compañía de Hans Hoffmann, antiguo agente nazi y cónsul honorario en la ciudad de Málaga[16]. Los restos del nacionalsocialismo alemán siguieron encontrando en las playas españolas un cómodo refugio cuando España, bajo el dictamen de Estados Unidos, comenzó a abrirse al Occidente libre.

[16] Alonso, Fernando (2022). «Los ministros de Franco y la Costa del Sol». Diario Sur, 18 de septiembre.

La entrada del Opus Dei llegaba mucho más lejos de lo aparente. Tanto Ullastres como Navarro Rubio ocupaban dos carteras clave; López Rodó planeaba su reforma administrativa desde el Ministerio de la Presidencia. El giro político se había puesto en marcha.

Las reformas que se creían necesarias para estabilizar España multiplicarían el malestar obrero, que ya se extendía por un embrionario tejido de sindicatos alternativos y grupúsculos católicos. Las medidas aparentemente liberalizadoras del Plan de Estabilización se verían complementadas con un endurecimiento penal que coincidía con el perfil del nuevo ministro de Interior, Camilo Alonso Vega, apodado «don Camulo».

El contraste del asesinato del comunista Julián Grimau, cometido en 1963 por la policía del régimen, con los primeros bikinis de las turistas en las playas de Benidorm, es un ejemplo de las contradicciones del momento[17] y de la disociación entre crecimiento económico y desigualdad. La larga marcha hacia la monarquía constitucional acababa de comenzar, según muchos de sus promotores afirmarían después retrospectivamente.

Por el ministerio hacia Dios

La Obra de Dios, que se había extendido por el Ejército, la función pública, las universidades y la empresa privada, se consolidaría en el Ejecutivo hasta el asesinato en 1973 del almirante Carrero Blanco. El éxito del Opus Dei debe adjudicarse, en primer lugar, al fundador de la Obra, monseñor José María Escrivá de Balaguer —originariamente apellidado Escriba, según relata el periodista Jesús Ynfante en una biografía

[17] Villacañas Berlanga, José Luis (2022), *op. cit.*

crítica sobre el personaje—, un religioso seglar zaragozano que hizo de una corriente dentro de la Iglesia católica un potente grupo de presión e influencia cuya importancia llega hasta el día de hoy.

Escrivá dirigió los esfuerzos por lograr patronazgo y financiación para la Obra desde los años treinta; su proyecto elitista para perseguir la santidad a través del ejercicio de la vida cotidiana comenzaría a ser verdaderamente escuchado por los centros de poder de manera posterior a la victoria de las tropas nacionales en la guerra civil. En su libro doctrinario *Camino*, monseñor Escrivá deja poca duda sobre su posición sobre las mujeres, sobre la democracia y sobre el propio Adolf Hitler, al que considera un baluarte contra el comunismo, y al que agradece su apoyo al bando nacional durante la guerra civil[18]. Como ha afirmado el sociólogo Carlos Moya, el proyecto del Opus Dei permitía dar una vuelta de tuerca al ideal católico, basado en principios incompatibles con el espíritu materialista del capitalismo imperante en las naciones europeas más avanzadas[19]. En España, los promotores del Opus Dei, fervientes católicos de carácter laico en busca de la santidad a través de la vida cotidiana, el esfuerzo y la promoción profesional, hicieron del trabajo un medio para asegurarse una cotizada plaza en el Paraíso. La red del Opus, con su diversidad interna, integraba a los numerarios —con juramento de abstinencia sexual y vivienda en las sedes de la Obra— y a los supernumerarios —garantes de la familia tradicional—, pero también a una amplia gama de simpatizantes y compañeros de viaje, difíciles de vincular de forma contrastada.

[18] Ynfante, Jesús, *El santo fundador del Opus Dei*, Barcelona, Crítica, 2002.

[19] Moya trata este asunto en dos obras: Moya, Carlos, *El poder económico en España, 1939-1975*, Madrid, Tucar Ediciones, 1975; Moya, Carlos, *Señas de Leviatán. Estado nacional y sociedad industrial, 1939-1980*, Madrid, Alianza Universidad, 1984.

Por estas razones es probable que muchos miembros de los tecnócratas, e incluso de la red de supuestos miembros del Opus, no tuvieran juramento alguno pero sí cercanía al espíritu de grupo o de cuerpo que estos encarnaban. Por ello, si bien algunos de sus líderes, como Laureano López Rodó, afirman en sus memorias que los ministros de la Obra fueron escasos, si dicha consideración se amplía a la influencia directa e indirecta de su red, estos cálculos deberían ser reconsiderados al alza.

Sus componentes habían penetrado en los centros educativos, en las instituciones de carácter científico depuradas del personal republicano, en las universidades renovadas tras 1939, en las empresas, en la banca y en la Administración, aparte del Ejército, e, incluso, en la organización sindical, en principio coto vedado. Los aspirantes civiles a la santidad aterrizaron en un mundo laboral en el que el exilio, la fuga de cerebros y la depuración docente impulsada por el ministro de Educación católico José Ibáñez Martín habían creado un espacio de enormes oportunidades laborales. La meteórica carrera de ministros como López Rodó o Ullastres, entre otros, solo representaba un ejemplo de lo que sucedió a mitad de los años cuarenta, un «atroz desmoche», como señaló Pedro Laín Entralgo refiriéndose a la purga franquista en las universidades y una escalera de oportunidades de tres carriles, lo que permitió a este colectivo abrirse paso a mayor velocidad de lo esperado.

Pero la búsqueda de la santidad más allá de las tradicionales sotanas apuntó pronto al mundo empresarial, precisamente cuando España enfrentaba una elección entre el estancamiento definitivo o el levantamiento de las restricciones al crecimiento capitalista. A este cambio de condiciones contribuyeron las primeras escuelas privadas y universidades especializadas en el mundo de los negocios, que habían comenzado en Pamplona y que se extenderían por el tejido educativo español. Estaban destinadas a la formación de cuadros empresariales modernos con inspiración católica y una creciente afinidad a las corporaciones de Estados Unidos. Estos centros eran de hecho tributarios de la tradición norteamericana, y, a finales de los años cincuenta y en los albores del despegue económico, contribuyeron a asfaltar esta difícil transición gracias a la formación de cuadros empresariales y de actividades y encuentros con representantes del mundo privado nacional e internacional.

En dicho periodo, la promoción de instituciones educativas y de asociaciones patronales que buscaban la profesionalización de sus actividades se multiplicaron, y la mayoría de ellas buscaron su influencia original en Estados Unidos, precisamente la nación más fuerte del momento y la primera que había roto el aislamiento económico español. En el año 1958 se fundó en Barcelona el Instituto de Estudios Superiores de la Empresa, IESE. Comandado por el miembro de la Obra Antonio Valero, el IESE era un centro privado conectado con la Universidad de Navarra —activa desde 1952— y destinado a la formación e inspiración cristiana de los futuros directivos empresariales. Su nacimiento barcelonés no había sido una casualidad: se trataba de la ciudad de mayor desarrollo empresarial e industrial de España, en la que los patronos aspiraban a liberarse de las ataduras del sindicato vertical y a beneficiarse de una futura apertura que implicaría mayores exportaciones y la llegada de los deseados flujos de capital extranjeros. El proyecto del IESE se identifica perfectamente con el de los tecnócratas, al combinar una formación técnica con un humanismo cristiano tolerante con el sistema de dominación de clase que por entonces regía en España.

Su vinculación estadounidense se puso de manifiesto con la firma, en 1962, del convenio con la Harvard Business School, gracias al cual se lanzó, en 1966, el primer máster en Business Administration (MBA) de toda Europa.

Desde entonces, a través de los años y de sus sucesivas promociones, el IESE se convirtió en una referencia en los estudios empresariales y en una sede de intercambio con el mundo anglosajón. Numerosos representantes de la clase política, en especial de los partidos conservadores —aunque también de los progresistas, como el PSOE—, cursan aún másteres en gestión pública, como el programa PADE, o Programa de Alta Dirección de Empresas, inaugurado en 1959. Uno de sus primeros egresados, un catalán llamado Carlos Ferrer-Salat, terminó como presidente de la patronal CEOE y organizó el comité español para participar en la Comisión Trilateral, el principal enlace político y empresarial con el mundo libre.

La oportunidad del cambio que se estaba gestando en aquellos años no quedó solo en la Obra, sino que se extendió a otras órdenes religiosas que contaban con ventajas institucionales. Así, fue captada también por los jesuitas, que fundaron también en 1958 y en Barcelona la escuela de negocios ESADE. Dentro de la misma orden religiosa, y dependiente de la Universidad de Comillas, dos años antes se había creado el Instituto Católico de Administración y Dirección de Empresas (ICADE), destinado a posgraduados que aspiraran a ocupar puestos directivos.

Las élites religiosas parecían pugnar por adquirir posiciones ventajosas con vistas a la apertura económica. Barcelona, de prometedor tejido empresarial ligado fundamentalmente al comercio y con gran potencial exportador, fue la primera sede, si no se tiene en cuenta el papel de Deusto en el País Vasco. No es una coincidencia tampoco que numerosas personalidades del Plan de Estabilización o de los de desarrollo provinieran también de la Ciudad Condal. Ejemplos como los de Laureano López Rodó, el tecnócrata de singular trayectoria Joan Sardà o el profesor Fabián Estapé señalan piezas clave en la etapa del desarrollismo español.

La influencia del Opus Dei había llegado también a la banca. Los gobiernos franquistas comenzaron a reclutar desde 1957 a ejecutivos de la banca. Navarro Rubio, ministro de Hacienda, atesoraba una breve carrera, habiendo sido número dos del Banco Popular; el subsecretario de Comercio en 1957, Faustino García-Moncó, también de la Obra, provenía de la dirección del Banco de Bilbao y en 1962 fue ascendido a la titularidad de la cartera comercial; Gregorio López-Bravo, director general en Comercio también en 1957, regiría el Ministerio de Industria en 1962 y sería, en los años ochenta, un aspirante a presidir Banesto, por entonces el banco español de mayor tamaño. Su muerte en un accidente de avión abortaría abruptamente su candidatura.

2. El régimen del 59: el nacimiento de un nuevo sentido común

La estabilización de la dictadura pasaba, primero, por derrotar a la facción filofascista, y, después, por reformar la economía, eliminar parte de los desequilibrios y, a ser posible, actualizar el mecanismo de generación de plusvalía empresarial. Una economía estancada era una bomba social: los trabajadores podían llegar a perder el miedo a la guerra pasada, y los empresarios, sometidos a unos rígidos sindicatos verticales, estaban perdiendo la oportunidad de vender a un extranjero en expansión.

Europa, adscrita a unos acuerdos sociales hasta entonces inéditos, crecía como nunca y demandaba cada vez más mercancías y servicios; las empresas extranjeras podrían inyectar dinero en los languidecientes negocios patrios, e incluso modernizarlos. El dinero parecía estar en la calle, pero quedaba pendiente renovar las aceras. Las corporaciones esperaban a que el sistema español estuviera preparado.

Lo que se ha conocido como Plan de Estabilización, aprobado en junio de 1959, no fue solo un reseteo del crecimiento económico, o una apertura devaluada de la economía para entrar en la nueva globalización mercantil. Tenía también un profundo significado político: consistía en una constitución económica y un nuevo relato que contribuiría a la legitimación de un régimen que ya no podía apoyarse en la victoria militar y que necesitaba convencer con datos. El régimen político nacido con las reformas de 1959 tendría un largo alcance en las instituciones y el funcionamiento del Estado español. Las reformas económicas e institucionales determinaron un nuevo equilibrio político, una nueva forma de interacción entre las instituciones públicas y las corporaciones privadas y, finalmente, un nuevo sentido común, es decir, una nueva forma dominante de entender la vida social, política y económica.

Gracias a todos estos cambios, España se transformó en una potencia turística, y en una nación industrialmente prometedora que aspiró a entrar en las Comunidades Europeas y, también, en la élite de la economía mundial. Al frente del mando político, sobre todo en la cúpula del poder, prevalecieron las mismas personas. El franquismo se fundió con la nueva tecnocracia para dar lugar al régimen del 59, de una impronta transversal y persistente en la forma de hacer política y economía en España.

Élites funcionariales para un Estado moderno

Sin embargo, en 1957 quedaban pendientes muchos cambios. El primero, hacer del Estado, esa agrupación burocratizada de familias clientelares, un ente racionalizado y coordinado, un conjunto de infraestructuras de orden y derecho que permitieran impulsar el salto económico y la entrada de inversiones extranjeras. Las reformas orientaron a las entidades estatales hacia una mayor eficiencia, sin perder el cordón umbilical con los núcleos de poder. No fue una gran transformación, sino una adaptación que profesionalizó el Estado ante las nuevas circunstancias. La maquinaria estatal, anquilosada y decimonónica en muchos aspectos, tenía que ponerse al día.

Esta tarea fue acelerada gracias a las presiones internacionales, especialmente del FMI y la OCDE, y a los incentivos políticos de los tecnócratas en el poder. Uno de sus mayores puntales, el ya mencionado Laureano López Rodó, importó distintas influencias derivadas de su trayectoria académica y profesional. Aunque destaca la del sistema administrativo francés, también son importantes las de origen alemán y las estadounidenses. Los cambios acaecidos en 1948 en la República Federal Alemana, gestionados por la derecha demócrata cristiana, se consideraban responsables de un milagro económico y político bajo tutela norteamericana. Los estadounidenses proponían incorporar técnicas del sector privado a la Administración Pública, para que esta pudiese constituirse como una especie de gran empresa nacional al servicio del desarrollo. No obstante, la vecina del norte, Francia, sería la más influyente. En 1958 se fundaba la Quinta República, con el militar Charles de Gaulle de nuevo al frente. De Gaulle se convertía en el único hombre fuerte de un país que instalaba un sistema presidencialista con rasgos autoritarios en el que el parlamento pasaba a ocupar un papel secundario. La devaluación de la moneda nacional, el franco, y la puesta en marcha de los planes de desarrollo, un conjunto de medidas en las que el Estado orientaba las inversiones privadas al servicio de objetivos nacionales de crecimiento, convirtieron a Francia en un modelo inspirador. La admiración que Franco sentía por De Gaulle facilitó la imitación de parte del modelo francés, en el que también se inspiraría el sistema administrativo.

López Rodó aspiraba con su reforma administrativa a renovar las élites del Estado. Se buscaba modernizar la maquinaria estatal con la profesionalización del funcionariado y la coordinación entre los ministerios, que hasta entonces habían operado como reinos de taifas enchufados al presupuesto estatal.

Se crearon nuevos cuerpos funcionariales, como los Técnicos de la Administración Civil (TAC), que sobrevive hoy día como Administradores Civiles del Estado, y que ha logrado ser quizá el de mayor diversidad social e ideológica. A los TAC se sumaron otros, como los Economistas del Estado, un cuerpo puesto a punto en 1960 y hoy conocido como el de los Técnicos Comerciales Economistas del Estado (tecos). Se aspiraba también a la creación de una escuela nacional de administración como la existente en Francia, la École National d'Administration (ENA), y se dispuso para ello de un nuevo centro situado en Alcalá de Henares[20] como sede para la formación de los altos cuadros. La escuela de Alcalá de Henares ha llegado hasta hoy con el nombre de Instituto Nacional de la Administración Pública (INAP), pero carece del espíritu integrador, corporativo y de carrera que la ENA gala inspiró en López Rodó, el gran reformador de la Administración central en los años sesenta.

La reforma, que perseguía caminar hacia un Estado moderno, potenció el papel de los nuevos cuerpos, y, con ello, la influencia de los economistas, a costa de unas viejas élites burocráticas que, como los ingenieros, los abogados del Estado y los letrados del Consejo, habían protagonizado el primer franquismo. La tecnocracia se transformaba gracias a una nueva circulación de élites que siguió favoreciendo el acceso de una clase social privilegiada y eminentemente masculina a la cúpula del Estado.

Los agujeros fiscales de una dictadura de clase

Paralelamente a la reforma administrativa, tuvieron lugar un conjunto de cambios que el Ministerio de Hacienda propuso

[20] Cañellas Mas, Antonio (2010), «La reforma administrativa en España (1956-1958)», *Revista de Estudios Políticos*, 148, págs. 193-221.

como reforma fiscal, pero que no afectarían a los privilegios de un régimen construido tras una victoria militar y bajo una fuerte dicotomía de clase entre vencedores y vencidos.

Tanto los gastos como los ingresos públicos representaban un problema para una Administración que no se había preocupado demasiado por la eficiencia. Los ministerios albergaban a distintos clanes del poder franquista que competían por recursos y favores. Esto tenía múltiples consecuencias sobre el gasto público. La red política clientelar que sostenía la dictadura determinaba las verdaderas necesidades.

El descontrol contable comenzó a frenarse bajo la gestión del ministro de Hacienda, Mariano Navarro Rubio, que hizo los primeros esfuerzos por disciplinar el presupuesto y cada una de las carteras ministeriales. Navarro Rubio tenía, además, el reto de reformar la hacienda pública. El fraude al fisco era una institución más y este tipo de prácticas afectaba especialmente a las corporaciones y a las familias más opulentas. Gracias a contar con una hacienda clasista, se daba la paradoja de que la imposición indirecta, aquella que trataba igual a los grandes y pequeños contribuyentes, financiaba buena parte de una universidad a las que asistían solamente las futuras élites. En estas condiciones, y sin imposición progresiva, los habitantes del Reino de España no podían considerarse ciudadanos, sino más bien súbditos[21]. El sistema fiscal tenía rasgos de país subdesarrollado y no solo implicaba un recurso endémico al déficit, sino que favorecía una desigualdad que muchos habían justificado como consanguínea o natural, como así hizo el ministro Gonzalo Fernández de la Mora, titular de Obras Públicas e inspirador intelectual de un futuro primer ministro democrático, Mariano Rajoy.

[21] Barciela, Carlos (2023), *op. cit.*

La historia de esta hacienda clasista no se debe únicamente a los designios de Francisco Franco. Reformas fiscales como la propuesta por el ministro Santiago Alba a principios de siglo XX, consistente en gravar los beneficios extraordinarios de las empresas exportadoras que habían aprovechado el estatus neutral de España en la Primera Gran Guerra, habían sido obstaculizadas por distintos grupos de presión, destacando los catalanes y vascos que se reunían con los responsables ministeriales en el Hotel Palace[22] de Madrid. La debilidad fiscal del Estado español tenía una fuerte connotación territorial, dado el escaso compromiso de las élites burguesas periféricas por el desarrollo íntegro de la nación, y la cerrazón de un centro y un sur todavía apegados a los vínculos y tradiciones latifundistas.

Una reforma real era impensable. Las resistencias de las élites a pagar impuestos también las había sufrido José Larraz, ministro de Hacienda de Franco hasta mediados de los años cuarenta. Larraz, perteneciente a los propagandistas católicos, y que por su perfil técnico nunca contó con una sincera simpatía por parte del dictador, intentó llevar a cabo tímidas y limitadas reformas para acercar el sistema a la progresividad europea. La dimisión de Larraz fue aceptada con relativa facilidad por el Generalísimo. Otro economista, Ramón Tamames, ironizaría con el episodio Larraz, al considerar que en aquella España era imposible que los vencidos tuviesen que pagar lo mismo que los vencedores[23].

Navarro Rubio, que se enfrentó al déficit público, participaba de las mismas resistencias que le costaron el puesto a Larraz, pues rechazaba el gravamen a las clases más opulentas: la contribución no debería ser progresiva, sino tener en

[22] Sánchez, Carlos (2024), *Capitalismo de amiguetes. Cómo las élites han manipulado el poder político*, Madrid, HarperCollins.
[23] Tamames, Ramón (1977), *La oligarquía financiera en España*, Barcelona, Planeta.

cuenta la aportación económica de la persona en su trabajo, y la de su trabajo en su propio sector. Había que proteger a los portadores de la mejor savia productiva en función de su rango, sin cuestionar los orígenes de las desigualdades de renta y patrimonio. Tanto aportas, tanto ganas: esta fórmula de patriotismo económico ensanchaba las desigualdades y subrayaba el carácter jerárquico y antidemocrático del régimen.

La agenda Rivara: el vergonzante patriotismo de los ricos

La anemia fiscal coincidió con un hecho insólito. En diciembre de 1958, Georges Laurent Rivara, empleado de la Société de la Banque Suisse, era detenido por las autoridades del Estado con un auténtico tesoro. No era el Oro de Moscú, sino una libreta que encarnaba un valor mayor. Rivara contaba con un registro de casi 900 clientes multimillonarios que habían depositado su dinero en el extranjero. Algunos de sus nombres describían a una élite fundadora y defensora de los tres grandes núcleos del capitalismo español: Abelló, Ampuero, Aresti, Barraquer, Botín, Calvo Sotelo, Carceller, Escámez, Escrivá de Romaní, Espinosa de los Monteros, Garriga Nogués, Pujol, Samaranch, Trías de Bes, Ybarra Oriol… La agenda Rivara dejaba impreso el peculiar patriotismo de las familias más ricas. Una élite que no solo había luchado contra la República, sino que llegaría hasta más allá de la transición y que mantendría este dinero a buen recaudo del fisco. La persistencia de estos apellidos tantas décadas después nos permite comprobar el limitado alcance de las reformas fiscales en democracia, y hasta qué punto esta depende de que las élites no hagan del Estado una palanca para conservar sus privilegios. El caso

Rivara representaba una expresión brutal de las desigualdades legitimadas tras la victoria militar. Los cambios que acontecieron durante las décadas posteriores no cuestionaron en ningún momento esta desigualdad de trato. Nadie acabó en prisión, salvo el operador suizo.

Unos cincuenta años después, otro forajido financiero, Hervé Falciani, empleado de la filial suiza del gigante HSBC, huyó de su país con más de 100 000 nombres en sus dispositivos digitales. Muchos de estos afectaban, de nuevo, a familias españolas como la de Emilio Botín, el abuelo de la actual presidenta del Banco Santander, incluido en la lista de Rivara. La nueva trama radiografiaba la anatomía del fraude, el dinero y la corrupción nacional. La dictadura había amparado la injusticia fiscal como un modo de producción y enriquecimiento. Buena parte de la riqueza privada estaba, en realidad, inspirada en el robo. Las pruebas de esta máxima estaban escritas en una codiciada libreta.

Pese a su convencida disposición hacia las clases superiores, las reformas fiscales de Navarro Rubio lograron equilibrar el presupuesto, una de las condiciones necesarias establecidas por los tecnócratas. Estas medidas se complementaron con iniciativas para el control de la inflación, como la prohibición de la pignoración automática, o el intercambio de la deuda pública en manos de los bancos por dinero contante y sonante. Un privilegio financiero que permitía a la élite bancaria ganar dinero sin riesgo y penetrar hasta el corazón de las empresas industriales. La peseta quedó devaluada a un cambio de 40 pesetas por dólar. No obstante, estas medidas serían insuficientes y tuvieron que ser culminadas en el año 1959 con la aprobación del Plan de Estabilización.

Frente a las primeras reformas, surgieron resistencias más allá de las fricciones entre los jerarcas opusdeístas. José Luis Arrese, falangista, había visto recortado el presupuesto de su Ministerio de la Vivienda. Y el militar Juan Antonio Suanzes, sus competencias en el Instituto Nacional de Industria.

Pero la apertura económica tenía un oponente mayor. El jefe del Estado desconfiaba de una liberalización que dejaría a España desnuda ante los intereses del capitalismo internacional, con sus veladas exigencias de democratización. Solo había aceptado la recepción de préstamos en condiciones que se habían juzgado extremas y, en la segunda mitad de los años cincuenta, la mejora había reforzado su renuencia a abandonar el nacionalismo económico.

Estados Unidos, a través de las instituciones multilaterales del sistema de Bretton Woods, incrementó la presión. El ministro de Hacienda se atribuye haber persuadido al caudillo para que aceptara reunirse con el Fondo Monetario Internacional.

Pero asumir que la apertura vino solo desde dentro implica tragar con las escrituras de la primera historia oficial. Los telegramas desde Estados Unidos[24] y la realidad de los hechos, junto con la renovación progresiva de los economistas y de la alta función pública, ejercieron también una influencia notable. El encuentro que, en 1958, se celebró entre el dictador y el delegado del FMI en España, Gabriel Ferras, abrió la jefatura del Estado a la necesidad de una liberalización económica que no atentaría contra las raíces del autoritarismo, algo que ni los organismos internacionales ni Estados Unidos exigieron

[24] Cavalieri, Elena (2019), «¿De quién fue la idea del Plan de Estabilización?», Jornada en homenaje a Joan Sardá, Sucursal del Banco de España en Barcelona.

en ningún momento. Cuando Franco volvió a dudar, la insistencia de Navarro Rubio[25] de que España no contaba ya con reservas de oro para adquirir divisas, y con ellas el anhelado petróleo, eliminó las resistencias del autócrata.

Las gestiones del FMI en España consolidaron el dominio de los organismos internacionales. Aunque dicha influencia tuvo lugar en un continuo diálogo con las autoridades nacionales, que exponían criterios propios supeditados a la máxima autoridad política. Además, surgió una red de economistas que fue entrando en juego tomando posiciones destacadas. La entrada de esta nueva generación de técnicos, de criterios coincidentes con las instituciones extranjeras y en buena medida vinculados a la Facultad de Económicas de la Universidad de Madrid, consolidaría el incipiente cambio.

Otros acontecimientos apresuraron la marcha. El de más importancia, la declaración de la convertibilidad de las monedas europeas, que permitía cambiar una moneda por otra a un tipo de cambio determinado. Firmado el Tratado de Roma, los firmantes y otros países europeos se comprometieron a hacer convertibles sus monedas, un paso decisivo en la integración económica. El hecho de que una moneda pudiese ser satisfecha con la inmediata provisión de su equivalente en otra facilitaba enormemente el comercio internacional, la confianza y las inversiones. Precisamente lo que España y sus rectores más necesitaban. Todo ello representaba una nueva amenaza: rechazar la convertibilidad podría devolver al país a la casilla de salida de la autarquía. Casi todas las autoridades, salvo parte del INI, manifestaron su aquiescencia a integrarse en la nueva zona monetaria. Este cambio en la opinión de las

[25] Navarro Rubio, Mariano (1991), *Mis memorias. Testimonio de una vida política truncada por el «Caso Matesa»*, Madrid, Plaza & Janés.

élites, que incluyó a buena parte de los falangistas, resultó ser definitivo.

En este punto en el que las resistencias políticas quedaban ahogadas por una inundación de noticias, presiones y recomendaciones internacionales, un perfil profesional antaño despreciado, descartado e incluso perseguido comenzó a hacerse notar. Con una buena suma de estos exiliados por su vinculación a la Segunda República, los economistas, licenciados en la Universidad de Barcelona o la de Madrid, titulares de ayudantías o cátedras universitarias, técnicos comerciales o miembros de servicios de estudios como el departamento de análisis del Banco Urquijo, comenzaron a ser escuchados. El tiempo de los abogados, ramificados en distintos cuerpos de funcionarios y bufetes privados, y el de los ingenieros de caminos, canales, puertos, agrónomos, montes e industriales no había terminado. Pero la adaptación del régimen requeriría de nuevos consultores. La industrialización intensiva daba paso a la racionalización económica, a la constitución de una gran empresa nacional a cuyo frente estarían los tecnócratas y en cuya sala de máquinas recalarían los expertos en economía.

Integrados en los organismos técnicos de los ministerios de Hacienda y Comercio, o en el Banco de España, los economistas comenzaron a tomar parte en la elaboración de las medidas que se integrarían en el conocido como Plan de Estabilización; para esto, las redes establecidas con el Fondo Monetario Internacional (FMI), el Banco Mundial (BM) y la Organización Europea para la Cooperación Económica (OECE, concebida para repartir el dinero del Plan Marshall y ampliada posteriormente a otros países como OCDE) fueron fundamentales.

La inspiración liberal de un antiguo nazi

Estos economistas, que tenían en muchos casos formación en universidades extranjeras, como la London School of Economics o la Universidad de Heidelberg, habían adquirido puntos de vista que eran objeto de debate en Europa, pero que habían sido deliberadamente ignorados en los puestos de mando franquista. Dichos puntos de vista se basaban en visiones liberales y neoclásicas sobre las economías abiertas y el comercio internacional, a su vez influidas por el triunfo de la revolución keynesiana —que había hecho del intervencionismo estatal una tendencia por defecto— y por el ordoliberalismo alemán. Este híbrido de conservadurismo económico y liberalismo social impulsado por los primeros tecnócratas de la República Federal Alemana, que oficiaron la transformación del difunto nacionalsocialismo en una economía social de mercado que se convertiría en la locomotora europea.

Uno de los primeros defensores del denominado espíritu de la construcción europea era el profesor Heinrich Von Stackelberg. Miembro del partido nazi hasta 1936, perseguido por conspiración y huido a España en 1943, Von Stackelberg se integró en el Instituto de Estudios Políticos, que estaba presidido por Fernando Castiella, un exmiembro de la División Azul que en 1957 sería ministro de Exteriores. Von Stackelberg influyó profundamente en la futura Facultad de Ciencias Económicas de la Universidad Complutense de Madrid y en algunos de sus profesores, como Juan Velarde, Enrique Fuentes Quintana o Alberto Ullastres, que asistieron a sus seminarios y clases magistrales, y que han reconocido su impronta teórica. Los dos primeros, Fuentes y Velarde, trasladaron sus sugerencias al primer congreso de la Falange, celebrado en 1953, donde el partido renunció a la socialización de los medios de producción a cambio de reformas intervencionistas, señalando una primera convergencia con la hegemonía ideológica alemana.

Todo este entramado de relaciones dio lugar a promociones de economistas que se integraron en los ministerios. Si bien sus pretensiones quedaron recortadas por una élite política a la que no pertenecían, e incluso por un credo ideológico y religioso al que no se adscribieron, fueron claves por su papel de asesoramiento y mediación con las organizaciones multilaterales.

Un economista que merece reseña propia es Joan Sardà Dexeus, considerado el cerebro y el principal inspirador del Plan de Estabilización. Especializado en la economía monetaria española del siglo XIX, su trayectoria parece difícil de emular. Había estudiado en la London School of Economics influido por el liberal Lionel Robbins, y en universidades alemanas, como la de Heidelberg. Catedrático en Barcelona, Sardà había sido militante de Esquerra Republicana; con el estallido de la guerra civil, se responsabilizó del decreto de expropiaciones de industrias en la Generalitat de Catalunya[26]. Su pertenencia a la burguesía catalana facilitó su integración en el régimen. La asimilación de Sardà no quedó exenta de tiranteces. Reticente a residir en Madrid, regresó pronto a Barcelona, donde tenía amplios contactos con la élite cultural. Sardà, vinculado al FMI gracias a su trabajo en el Banco Central de Venezuela, entró como jefe del Servicio de Estudios del Banco de España. Allí se construiría la inteligencia reformista de la economía española y, con el tiempo, una auténtica élite tecnocrática que surtió de altos cargos a la democracia.

Se ha destacado notablemente la presencia inspiradora de Joan Sardà en el Plan de Estabilización, así como su trabajo

[26] Juliana, Enric (2020), *Aquí no hemos venido a estudiar. Memoria de una discusión en el penal más duro de la dictadura. El debate de un mundo olvidado que explica el presente*, Barcelona, Arpa.

en continuo contacto con los técnicos de los organismos internacionales. Pero también es preciso mencionar a algunos de sus colaboradores, como Fabián Estapé, profesor de la Universidad de Barcelona nombrado subcomisario de los planes de desarrollo. También los hermanos Manuel y Félix Varela Parache, procedentes de la Universidad Complutense. Estos eran profesores y, además, técnicos comerciales del Estado, al igual que Enrique Fuentes Quintana. Otro colaborador algo más joven fue Luis Ángel Rojo que, con las mismas características que los anteriores, tomaría posiciones en el Ministerio de Comercio y en el Banco de España, donde ejercería en los años noventa como gobernador. Estos cuadros ocuparon una segunda fila, y sus máximas reivindicaciones de liberalización no fueron suficientemente escuchadas. Pero fueron configurando una estructura que conformó un conjunto de ideas básicas sobre política económica que se aplicarían parcialmente en los años del desarrollo español y que ejercerían su influencia más allá de la transición democrática.

La estabilización del franquismo

Aprobado en junio de 1959, el Plan de Estabilización ha sido considerado el primer paso decidido hacia la apertura de la economía española, pero encierra significados más relevantes. Su aplicación supuso un revulsivo, pero también implicó importantes cambios institucionales. Dichos cambios no se redujeron al relevo de los gobernantes, algo que ya había sucedido en 1957, sino que también afectaron a la progresiva integración de España en las organizaciones del capitalismo internacional, a las relaciones entre el capital y el trabajo, el campo y la ciudad, a la legislación penal y a las nuevas políticas económicas de desarrollo. Sirvió también para reforzar a la élite en el poder, a la que se juzgó autora de un plan que implicaba un cambio tan fundamental como leal a los principios esenciales de la dictadura.

El Plan de Estabilización se descomponía en un conjunto de medidas, entre las que destacaba la devaluación de la moneda española, propuesta para ser de 59 pesetas por dólar, pero redondeadas a 60 por consejo directo del dictador.

Al tiempo que se producía la devaluación y se declaraba la convertibilidad con el dólar, se rebajaron los requisitos para que las inversiones extranjeras entrasen en España, pudieran repatriar sus beneficios y penetraran en el accionariado de las compañías españolas. Se protegió, no obstante, al conjunto de empresas que, bajo la etiqueta de «interés nacional», agrupaban a la oligarquía. La apertura tuvo siempre en cuenta los intereses de las clases dominantes, haciendo del Estado una efectiva palanca para maximizar y proteger sus beneficios. Se pusieron en marcha nuevas medidas para el control del gasto público y de la inflación, con límites a los préstamos bancarios y, por tanto, al dinero en circulación, y eliminando el recurso a la ventanilla del Banco de España, que tan ampliamente había utilizado la banca. Se unificaron los tipos de cambio —hasta entonces, variables en función de las mercancías a exportar— y se eliminaron numerosos controles sobre la importación y sobre la exportación de mercancías y bienes de equipo.

Se producía, en suma, una cierta relajación de los controles burocráticos y una liberalización que debía favorecer el crecimiento. Se buscaba un milagro, un término apropiado dada la orientación religiosa de los nuevos mandos, en un ambiente en el que el nacionalcatolicismo se había convertido en la fórmula cultural dominante.

Este plan, que fue mayoritariamente apoyado por los prebostes de la banca nacional, y en particular por los representantes de los siete grandes bancos, era el inicio de una apertura para un país que no había contado con la financiación del Plan Marshall estadounidense (1948), pero sí con ayudas del FMI o la futura OCDE, que supervisaron su puesta en marcha. Estas ayudas y créditos blandos se hicieron necesarios en cuanto la crisis provocada por las primeras medidas de control del gasto y del crédito se manifestaron, con el crecimiento del desempleo.

Una legislación penal representada por el nuevo ministro de Interior, el exdirector general de la Guardia Civil Camilo Alonso Vega, figura central de la represión de posguerra, combinada con la emigración masiva de millones de trabajadores a países prósperos, contuvieron el paro y el conflicto social. A estos dos factores se unió la rápida afluencia del turismo a un país de moneda devaluada, orden público garantizado, disciplina laboral autoritaria y precios asequibles.

La retórica del plan, que fue aprobado en junio de 1959 con una ponencia del ministro de Hacienda Mariano Navarro Rubio y un apoyo prácticamente unánime de los procuradores de la dictadura, no dejaba lugar a dudas sobre la voluntad del régimen de enviar un mensaje de cambio pertrechado sobre otro de continuidad. Una comunicación ambivalente en la que estos dos valores, el cambio y la continuidad, se confundían hasta la hilaridad. Como muestra de ello, han quedado los discursos y pronunciamientos públicos de la época, que sitúan al caudillo, defensor de la autarquía, como inspirador último de la reforma que acabaría con aquella.

El franquismo produjo una peculiar traducción nacional de la máxima lampedusiana. El cambio que el Plan de Estabilización suponía, con la progresiva apertura de la economía a los flujos y préstamos internacionales, antaño denostados, inauguraba una nueva etapa que no obstante se expresaba como continuidad de la anterior. La estabilización y la apertura eran una consecuencia natural y lógica de la autarquía; y al fondo de todas estas acertadas decisiones se encontraba la cabeza del régimen, el general Francisco Franco. La fuente de legitimidad seguía siendo la victoria militar, gracias a la cual la economía podía entonces abrirse con cierta confianza. La «raza», soporte étnico ideológico de la legitimidad del bando nacional, traía por sí sola el desarrollo. La visión de Franco habría sido siempre la de abrir el país y disfrutar de los beneficios del capitalismo, incluso cuando se mantuviera en posiciones diametralmente contrarias. No quedaba duda alguna.

La estabilización de la economía nacional lo fue también de la dictadura. Con la aprobación del plan, con la incorporación a los mercados internacionales y con el crecimiento económico posterior, el régimen inauguraba una futura sociedad en la que las ideologías se difuminaban, y en la que el desarrollo impulsaba al país al neocapitalismo industrial. Las transformaciones fueron profundas y afectaron incluso a las formas de oposición al régimen.

Una de las principales modificaciones derivadas del impulso del Gobierno de 1957 fue la entrada en los organismos multilaterales, aquellos puestos en marcha después de la Segunda Guerra Mundial para estabilizar un sistema de cambios entre las naciones, fomentar el comercio y, en última instancia, evitar confrontaciones económicas que condujeran a nuevas guerras. En dicho contexto nacería la futura Unión Europea y también la Organización Mundial del Comercio; España lograría incorporarse a la primera de estas dos ya en la democracia.

La embrionaria homologación de España con Europa exigía entrar en estos organismos. En 1955, se firmó la entrada en la

Organización de las Naciones Unidas, en un canje con algunos países afines a la Unión Soviética, como Checoslovaquia. Más importantes si cabe fueron las incorporaciones en las tres instituciones económicas que se derivaban de los acuerdos de Bretton Woods: el Fondo Monetario Internacional (en 1958), el Banco Mundial (el mismo año) y la Organización Europea de Cooperación Económica (en 1959), futura OCDE (a la que quedó adscrita en 1961). Estos se convertirían en orientadores de la política económica española y también en lugares para la coincidencia y formación de cuadros técnicos, muchos de estos con un papel clave en la futura evolución política del país.

El Banco Mundial inventa el turismo

Una vez aprobado el plan y recibidos los primeros préstamos, el Banco Mundial recogió el testigo. Este organismo realizó un informe sobre la economía española que supuso un inusitado éxito de ventas. El informe, que fue vendido como un reconocimiento internacional a la dictadura, no estuvo exento de polémica, pues determinadas afirmaciones que denunciaban tendencias fascistas en el régimen tuvieron que ser finalmente eliminadas, y el celo de las autoridades españolas no se relajó hasta su publicación definitiva[27]. Los miles de ejemplares vendidos suponían un veredicto favorable del capital internacional a la evolución reciente de la economía española. Pero hacía falta mucho más. El Banco Mundial recomendaba la preparación de infraestructuras de transporte que supusieran una puerta abierta al turismo.

[27] Hoffman, A. K. (2023), *Una modernidad autoritaria: el desarrollismo en la España de Franco (1956-1973)*, Valencia: Publicaciones de la Universidad de Valencia.

El corredor del Mediterráneo, que conectaba Cataluña con Francia, quedó habilitado para este fin. El comienzo del fenómeno turístico representaba la unión de dos circunstancias que se complementaban: por una parte, España necesitaba consumidores y divisas para financiar la siempre inestable industrialización; y, por otra, sus servicios podían ofrecerse a precios competitivos al estar producidos por una mano de obra barata. El país ofrecía un clima irresistible para los europeos del norte y del centro de un continente en expansión, una situación de orden y seguridad garantizada por un enorme presupuesto policial y unas penas endurecidas. La población europea de clase media encontró en España un paraíso dotado de un exotismo que supuestamente justificaba el atraso político, económico y social. Este particularismo, capitalizado por las autoridades franquistas como un eslogan autoexculpatorio, conectaba, además, con las narrativas decimonónicas sobre la península ibérica. Con todo ello, el turismo se iba a convertir en el principal motor de la economía española.

Otra de las consecuencias del informe fue el ascenso del principal interlocutor del Banco Mundial, el profesor López Rodó, a quien quedaría encomendada la creación de una Comisaría del Desarrollo, encargada de lograr objetivos de crecimiento nacional. Gracias al informe del Banco Mundial, López Rodó lograría un impulso definitivo a su carrera, consumada, y posteriormente consumida, con su ascenso en 1965 al rango de ministro comisario del Plan.

Para lograr los objetivos de crecimiento, la élite tecnocrática copió el modelo francés de planificación indicativa. El Estado debía guiar las prioridades económicas y enviar señales e incentivos al sector privado para que este acometiese parte de las inversiones. La buena marcha del modelo francés, la presión de los ministros del Opus Dei y las recomendaciones del Banco Mundial dieron lugar a los primeros trabajos para la puesta en marcha de los denominados planes de desarrollo económico y social.

Dicha puesta en marcha limitó los recursos e iniciativas del Instituto Nacional de Industria, lo que provocó la dimisión de su presidente, Juan Antonio Suanzes. La entronización de López Rodó como responsable último de estos planes coincidió también con la marcha de su compañero de Obra Mariano Navarro Rubio.

Los planes de desarrollo, al margen de sus cuestionables resultados finales, encarnaron el ensamblaje y la fusión entre las nuevas y las viejas élites. Tales planes generaron distintas comisiones y conjuntos de asesores especializados en las diversas ramas de la producción económica mayoritariamente procedentes de la universidad. Esta inteligencia colectiva se constituyó como núcleo neurálgico del poder franquista[28]. Parte de este tomaría posiciones clave en el periodo democrático, impulsando la transición desde un ámbito menos comentado por la mayoría de los historiadores y cronistas. Destacan el joven técnico comercial y posteriormente catedrático Luis Ángel Rojo, el inspector de Hacienda Francisco Fernández Ordóñez, los hermanos Bustelo, técnicos comerciales y profesores universitarios, Enrique Fuentes Quintana, Fabián Estapé y otros muchos representantes de unas élites que cada vez tendrían más que decir.

La batalla laboral: de los convenios a las comisiones

También tenían que cambiar las relaciones entre el capital y el trabajo. Dichas relaciones estaban cobijadas bajo el paraguas

[28] Sánchez Soler, Mariano (2021). *Los ricos de Franco. Grandes magnates de la dictadura, altos financieros de la democracia.* Barcelona: Roca Editorial.

de los sindicatos verticales, organizaciones sectoriales que aunaban a patrones y obreros, que unidos bajo el signo de la patria cooperaban bajo la etiqueta común de «productores». Se garantizaba de este modo una organización sindical controlada desde arriba, y centralizada en el Ministerio de Trabajo. Esto, por una parte, garantizaba una mano de obra que, bajo el yugo y las flechas, mantenía una estabilidad laboral a costa de unos bajos salarios ventajosos para las cuentas de resultados empresariales; y por otra, favorecía la promoción de una burocracia sindical que otorgaba a la Falange una hegemonía laboral difícil de disputar.

La rigidez de las relaciones laborales, que había provocado problemas como la subida de salarios del falangista Girón, y las inversiones internacionales, que reclamarían formas de organización más flexibles, determinaron inmediatos cambios normativos. En 1958 se estableció una legislación sobre convenios colectivos que pretendía liberalizar estas relaciones, pero que seguía garantizando a los sindicatos verticales la elección de sus representantes en las empresas.

La nueva regulación produjo efectos inesperados. Entre estos, el nacimiento del sindicato clandestino Comisiones Obreras (CC.OO.), consecuencia inevitable de una industrialización intensiva en un trabajo pobremente retribuido. La creciente organización de los trabajadores, pese a quedar todavía encuadrada bajo los sindicatos verticales, generó una organización del trabajo alternativa. Y, con el tiempo, una identificación entre lucha sindical y política. CC.OO. estaba también en la mirada de las nuevas estrategias del Partido Comunista Español. Cabe destacar a este respecto una reunión mantenida por Jorge Semprún y Fernando Claudín con el jefe supremo de la URSS, Josif Stalin, en 1952. Poco antes de que el PCE abandonara la lucha armada, Stalin, a unos meses de su muerte, ya había recomendado a los comunistas españoles la retirada de la guerrilla del maquis y la infiltración o entrismo en las estructuras del régimen, principalmente en los sindicatos oficiales[29].

De este modo, y gracias a la influencia comunista, pero también a la de distintos grupos eclesiásticos y cristianos de base, una organización sindical, más real que fantasmagórica, fue recorriendo las grandes fábricas. Mientras España abandonaba la autarquía y el estatus de paria internacional, la dinámica capitalista cristalizada en numerosas inversiones favoreció la reconstrucción silenciosa y oculta del factor trabajo. CC.OO. lograría en el tardofranquismo romper el monopolio falangista e influir en los primeros acuerdos de la transición, destacando los Pactos de la Moncloa, en los que se establecieron las bases del sistema democrático pero también la exigencia de apretarse el cinturón, un mandato constante en nuestra historia reciente.

Una banca del Antiguo Régimen con un régimen propio

Para la banca, como para Julio Iglesias en el Festival de Eurovisión de 1968, todo siguió igual. Siguió protegida por el Estado y al mismo tiempo convencida de que la apertura sería buena. Su posición quedó reordenada y relegitimada en 1962, cuando la reforma del sistema financiero nacionalizó el Banco de España y centralizó sus funciones, ejerciendo un mayor control sobre la banca oficial y las cajas de ahorro. Solo una ley de incompatibilidades limitó algunos de los privilegios bancarios, como que los consejeros de una gran entidad

[29] Semprún, Jorge (1978), *Autobiografía de Federico Sánchez*, Barcelona, Planeta; Gracia, Jordi (2019), *Javier Pradera o el poder de la izquierda. Medio siglo de cultura democrática*, Barcelona, Anagrama.

pudieran tener asientos en el máximo organismo decisorio de las otras. Pese a tener el campo legal relativamente despejado, dos bancos, el Banco Central y el Hispano Americano, intentaron una fusión que quedó obstaculizada por el Gobierno, que se temía un exceso de concentración en el sector. Lo lograrían veinticinco años después y, paradójicamente, bajo un gobierno socialista.

El poder omnímodo de la conocida como la banca más conservadora de Europa representaba ya entonces una preocupación para las autoridades; una muestra de dicho poder e influencia se puede comprobar en la salida profesional de muchos de los ministros franquistas hacia los consejos de administración bancarios. La fortaleza del cordón umbilical financiero-político, la ligazón entre Estado y élite de las finanzas, forjó un matrimonio que con la llegada de la democracia incluso reforzaría su solidez[30].

Las circunstancias proletarias de un país de propietarios

Ante el incremento del paro como consecuencia de la recesión que sucedió a la aplicación del plan en 1959, el Estado español respondió con medidas represivas, la ayuda financiera internacional y la exportación del desempleo. La dictadura hizo posible que el dolor social no produjera alteraciones políticas: donde en otros países democráticos los servicios del Estado del bienestar amortiguaban las distorsiones económicas que una sociedad capitalista genera, en España el asistencialismo

[30] De Miguel, Amando (1975), *Sociología del franquismo. Análisis ideológico de los ministros de Franco*, Madrid, Euros; Baena del Alcázar, Mariano (1999), *Élites y conjuntos de poder en España 1939-1992. Un estudio cuantitativo sobre Parlamento, Gobierno y Administración y gran empresa*, Madrid, Tecnos.

caritativo y la legislación penal estabilizaron este tumultuoso intervalo.

Quienes se han referido a 1959 como el inicio del milagro económico ignoran sus efectos más dañinos, aquellos que peor se reflejan en las estadísticas. La crisis en el campo llevó a miles de familias a mudarse a las ciudades, en un doloroso proceso de migración interior que se tradujo en condiciones de hacinamiento e insalubridad, pues además las infraestructuras urbanas se mantenían en un estado de subdesarrollo, destacando los terribles problemas de vivienda. Mientras los núcleos urbanos crecían desproporcionadamente como consecuencia del éxodo rural, la asistencia estatal seguía siendo deficiente.

La «respuesta social» al problema de la vivienda corrió a cargo del ministro José Luis Arrese. Uno de los grandes derrotados de la batalla política con el Opus Dei, Arrese se convirtió en el portavoz de una nueva política de vivienda que rompió con la tradición secular del alquiler en España y que puso los escasos recursos estatales a disposición de la construcción de viviendas en propiedad. «Necesitamos una España de propietarios, no de proletarios» es la frase que mejor ha sintetizado la política del ministro falangista. La vivienda en propiedad promovida por el Estado, y la asignación de las Viviendas de Promoción Oficial (VPO), permitirían, por una parte, la construcción de un nuevo ciudadano, un cabeza de familia pendiente de los pagos de la hipoteca y por ello necesariamente sujeto al cumplimiento de un trabajo regular, un horario y una disciplina.

Y, por otra parte, este elemento de socialización política se complementaba con la doctrina eclesiástica, que exigía la posesión de inmuebles amplios para que las familias españolas, cristianas, pudieran desarrollarse como Dios mejor podía dictar. De esta constitución de la España de propietarios se derivaba también el sello de una división sexual del trabajo: el hombre sería definitivamente el proveedor de dinero y poder adquisitivo, el garante último de la financiación del hogar, y la mujer, la fiel y leal administradora de los fondos destinados al mantenimiento de la vivienda y de la familia. Dicha división sexual reforzaría asimismo la fecundidad, un elemento considerado fundamental por los regímenes totalitarios, y mantendría a la mujer apartada del mercado de trabajo, lo cual, junto a la masiva emigración, contribuyó a que durante los años sesenta y parte de los setenta España alcanzara cifras de pleno empleo.

Pero la vivienda exigía un enorme esfuerzo. El escaso presupuesto público se combinaba con la cesión de grandes oportunidades de construcción a las empresas más queridas por el régimen, que se hicieron con suelos a precios irrisorios para cultivar grandes bloques, como sucedió en Madrid. Privatizada de este modo la función social de la vivienda, y cedida a constructores como José Banús, uno de los impulsores del Valle de los Caídos, barrios como los de El Pilar —nombre de la esposa del constructor— o de La Concepción crecieron sin saneamientos, zonas verdes, equipamientos ni infraestructuras suficientes, e incluso se edificaron sobre un cinturón natural que debería haber estado protegido.

Constructores e inmobiliarios con un fuerte respaldo de la banca, que aseguraba crédito para operaciones juzgadas como lucrativas, ocuparon las principales posiciones de salida. Y más allá de Madrid estaba la costa, un enorme mar de oportunidades para el que contara con la simpatía de la regulación y supervisión municipal. España se transformaría a partir de estas bases ideológicas en un país de sol, playa y un amargo silencio que, no obstante, se fue infiltrando de una creciente inquietud y esperanza.

El cambio, a su vez, implicaba grandes oportunidades. La sagrada estabilización de la economía nacional bautizaba con agua bendita un sendero favorable para la plusvalía. La apertura de España, un país con una enorme masa de trabajadores pobres y sin capacidad organizativa, era en sí misma una gran ocasión. Tanto las empresas nacionales —muchas de las cuales, consideradas estratégicas, siguieron gozando de protección— como las extranjeras se beneficiaron del nuevo rumbo.

La saga de los matrimonios neocoloniales

Al capital internacional, o el conjunto de corporaciones americanas, francesas, británicas, alemanas e italianas, se le facilitaron diversas vías. Las multinacionales volvieron a España beneficiándose de un coste laboral ínfimo, de una carga fiscal y de una regulación reducida y a veces favorablemente discrecional, así como de un ambiente de confortable seguridad jurídica. Las empresas establecieron distintas estrategias. En ocasiones lo hicieron a modo de acuerdo o matrimonio neocolonial, incorporando en los consejos de administración de sus filiales a miembros de los gobiernos nacionales, de la aristocracia financiera o de la camarilla franquista.

El caso más llamativo quizá sea el de la empresa francesa Renault. Renault era de propiedad estatal, pues había sido expropiada en represalia por el colaboracionismo con los nazis de su anterior propietario, Louis Renault. Una empresa pública de la Francia liberada no era la mejor candidata para unir sus esfuerzos al capital local en una España resistente a la democracia, pero la evolución de la economía limó estas diferencias. El embrión de la filial española de Renault nació a partir de un acuerdo entre la banca y dos figuras: por una parte, el ingeniero militar Manuel Jiménez Alfaro; por otra, Nicolás Franco Bahamonde, hermano del dictador. FASA —Fabricación de Automóviles Sociedad Anónima— se constituía en 1951, con la liberalización en pañales y la negativa del Instituto Nacional de Industria. FASA era propietaria de una factoría en Valladolid, pero se encontró con la oposición de la empresa estatal SEAT, perteneciente al INI, con la que iba a competir en la fabricación de los turismos más asequibles para el público. La mediación del hermano del dictador resolvió la situación a favor de FASA, que recibió las licencias necesarias; las reticencias francesas se fueron reduciendo con el cambio en la presidencia de Renault y conforme se fue comprobando la extendida creencia de que la liberalización comercial contribuiría a la democracia en España. Renault incrementó su inversión en FASA y su crecimiento se disparó mediados los años sesenta. Nicolás Franco, considerado una rémora por sus malas relaciones con el consejo de administración de la compañía, conservó, no obstante, la vicepresidencia[31].

También destaca la Ford, que en el periodo bélico había apoyado sin ambages al bando sublevado, y que aparcó sus vehículos en la España de los setenta. La llegada de Ford no puede entenderse solo como la recepción de una inversión fundamental en un periodo de rápida industrialización, sino como un medio de penetración de la influencia norteamericana.

Algunos nombramientos en Ford España ilustran este hecho. Uno de sus presidentes sería Claudio Boada, que había facilitado desde la presidencia del INI la instalación de una

[31] Sánchez, Esther (2004), «La implantación industrial de Renault en España. Los orígenes de FASA-Renault (1950-1970)», *Revista de Historia Económica*, 22(1), págs. 147-175.

fábrica en la localidad valenciana de Almussafes. Boada había sido mano derecha del ministro tecnócrata José María López de Letona; su sucesor en Ford fue Jaime Carvajal y Urquijo, marqués de Isasi, presidente del Banco Urquijo y compañero del rey Juan Carlos I en la finca de las Jarillas

Otras entidades norteamericanas, emblemas del entonces denominado mundo libre, como General Electric, Philips, IBM, ITT o Avon, entre muchas otras, elegirían con cuidado y acierto a sus hombres en España. Muchos de estos se integrarían en las patronales empresariales, y también, en el principal partido de la transición, la Unión de Centro Democrático. La articulación del capitalismo internacional fue dando forma desde lejos a la transición política.

Renault y Ford no fueron las únicas de un sector que marchaba a toda velocidad. Destaca el caso de Barreiros-Chrysler, que unía a un empresario de origen gallego y a una multinacional americana. Barreiros rivalizaba también con la producción de SEAT, impulsada por el INI y que desde 1950 había establecido una alianza con otra corporación, la italiana FIAT.

La tensión entre SEAT y Barreiros se materializó en la pugna entre el presidente del INI, el militar Juan Antonio Suanzes, y Eduardo Barreiros, que impulsó el utilitario conocido como Simca 1000 para competir con el Seiscientos. La emergente pero aún precaria clase media, receptora de los utilitarios más asequibles, apenas había superado los 200 000 vehículos.

La privatización del milagro español

Las oportunidades para la penetración extranjera eran múltiples, como también lo fueron para los empresarios patrios; y, desde luego, para una banca nacional que financiaba a los primeros y a los segundos[32]. El aumento de la demanda de consumo propiciado por la mejora de la economía impulsó las ventas de entidades comerciales como El Corte Inglés, empresa presidida por Ramón Areces, que ejercía como padrino de las hermanas Esther y Alicia Koplowitz tras el fallecimiento de su padre, Ernesto, que había sido el fundador de Construcciones y Contratas (hoy, FCC, un gigante de la construcción y los servicios). O también los beneficios de Galerías Preciados, competencia directa de El Corte Inglés, dirigida por Pepín Fernández, pariente lejano de Ramón Areces y compañero suyo de batallas años atrás en los primeros almacenes comerciales que ambos gestionaron en Cuba[33]. Fernández, más cercano que Areces a la camarilla de El Pardo y al Gobierno franquista, a los que solía aproximarse con generosos elogios, inició una carrera de endeudamiento que se terminó cobrando la solvencia de la empresa y su posterior adquisición por parte de un emergente grupo industrial y financiero, el holding RUMASA.

RUMASA, la empresa del logotipo de la abeja, diversificaba sus inversiones entre más de quince bancos y actividades financieras, inmobiliarias, producción y venta de jerez y de vino, alimentación, etc. Estaba presidida por un excéntrico empresario perteneciente al Opus Dei, José María Ruiz Mateos. El desenlace para RUMASA, sumida en una carrera de endeudamiento y contabilidad creativa, se produciría a principios de los ochenta, con la nacionalización del holding. Galerías Preciados acabaría siendo absorbida por El Corte Inglés.

Otros grandes nombres de las décadas doradas del desarrollismo habían forjado su fortuna en etapas previas, pero triunfaron

[32] Pérez, Manel (2022), *La burguesía catalana. Retrato de la élite que perdió la batalla*, Barcelona, Península.
[33] Toboso Sánchez, Pilar (2007), *op. cit.*

en el tardofranquismo. Javier Benjumea, descendiente de una familia terrateniente del sur que había proporcionado al Estado español distintos ministros durante la etapa franquista y primorriverista, era otro de los casos más conocidos. En los años cuarenta había fundado Abengoa y se benefició de concesiones de obra pública, en especial, de labores de electrificación para la compañía pública Renfe. Benjumea estrechó lazos colaborativos con empresarios y autoridades estadounidenses que llegaban a España. Consejero del Banco Urquijo y ligado a los jesuitas desde su más temprana juventud, impulsó la Fundación ICADE, donde promovió estudios de formación empresarial avanzada, una de las directrices de una época en la que la élite empresarial española limaba sus asperezas con el Occidente capitalista.

Las concesiones de obra pública requerían de empresas con un capital y una capacidad innovadora suficiente como para colaborar en la construcción de lo que uno de los futuros ministros opusdeístas denominaría el «Estado de obras», el modo de producción tardofranquista por excelencia. Si Benjumea, de origen tradicionalista, había participado en la guerra civil junto a la milicia requeté, otro empresario como Rafael del Pino lo había hecho en el ejército nacional. En 1952, Del Pino fundó Ferrovial después de concesiones públicas a su antecedente empresarial, Vías y Construcciones, encargada de obras ferroviarias para Renfe. Del Pino era ingeniero de caminos y, para crear Ferrovial, lo acompañaron una serie de colegas que serían élite empresarial y política, cuando no las dos al mismo tiempo. Se trataba de su cuñado, Leopoldo Calvo Sotelo y Bustelo. El futuro presidente del Gobierno compartía con aquel su infancia en la localidad gallega de Ribadeo. En los sesenta, Calvo Sotelo sería presidente de Renfe. José María López de Letona, primo de Del Pino, sería ministro de Industria y, posteriormente, candidato a presidir Banesto. Y Claudio Boada, que fue presidente del Instituto Nacional de Industria y de Ford España. Lo que en los años ochenta se denominó la *beautiful people* hundía sus raíces en esta etapa de despertar económico.

La iniciativa empresarial protegida hizo de los sesenta y los primeros setenta una década y media prometedora. Los bancos españoles prestaban a las multinacionales aterrizadas y contaban con una legislación que segaba la competencia exterior e interior. Bancos como el Santander fueron absorbiendo entidades más pequeñas e hicieron de su presidente, Emilio Botín Sanz de Sautuola, una referencia. Su hijo Emilio y su nieta Ana Patricia continuarían su carrera de absorción de entidades. Sanz de Sautuola logró comenzar la expansión latinoamericana gracias a la creación de Bankinter.

Ni Botín ni el presidente del Banco Central, Ignacio Villalonga, defensor en España del liberalismo doctrinario, se habían caracterizado por ser explícitamente franquistas, como tampoco había sucedido con la dinastía al frente del Urquijo. Los Botín mantenían una imparcialidad enraizada en lo monetario que extenderían a los gobiernos de UCD (Unión de Centro Democrático) y del PSOE, con los que confraternizaron en plena carrera como aspiradora financiera del Reino.

El Banco Urquijo, bajo la influencia de la familia Lladó, albergaba una discreta representación de la burguesía republicana y liberal en pleno debate transatlántico.

Otros banqueros como los Coca, al frente de la Banca Coca, y los Fierro, con el Banco Ibérico, más ligados al ambiente de fidelidad bélica y de apoyo incondicional al régimen franquista, vieron llegar el principio de su final con la expansión económica y, sobre todo, con la crisis que puso fin a esta en el albur de la transición.

Lo mismo sucedió con José Banús, probablemente el principal constructor del régimen. Su herencia económica no persistiría, como sí lo haría la del constructor navarro Félix Huarte, implicado en la construcción del monumento supuestamente dedicado a la reconciliación nacional.

La construcción y el turismo se convirtieron en los pulmones de la economía. El primero de estos fue el principal negocio de Juan Miguel Villar Mir, ingeniero, catedrático y alto cargo del Ministerio de Trabajo. Fue presidente de Altos Hornos de Vizcaya y ministro de Hacienda con Carlos Arias Navarro. En los ochenta compraría la constructora Obrascón por una peseta y construiría OHL, uniendo las empresas franquistas Huarte y Lain.

En el ámbito del turismo, mina de divisas, destacaría José Meliá. Promotor en los años cuarenta, había inventado el viaje de bodas a Mallorca. Ayudado por su cercanía al franquismo, Meliá creó una gran cadena de hoteles que se expandió sin freno por el Mediterráneo. La crisis de los años setenta disparó sus problemas financieros hasta quedar absorbido por la familia mallorquina Escarrer, que consolidó el emporio del alicantino en la corporación Sol Meliá, que acabaría cotizando en el índice bursátil IBEX 35.

Otras sagas cierran esta breve historia corporativa. Las conexiones del Opus Dei se consolidaron en el Banco Popular, donde los hermanos Valls Taberner convirtieron en crédito y beneficios las optimistas expectativas de crecimiento de la época. Uno de los hermanos sería, también, el presidente de la patronal bancaria, la Asociación Española de la Banca.

El negocio de la edición comenzó a crecer en el centro del país, y un todavía desconocido Jesús de Polanco, que había sido en un origen vendedor de libros a domicilio, impulsó la compañía Santillana. Hasta entonces un pequeño negocio,

Santillana experimentó un salto cualitativo con la ley general universitaria de 1970, que le permitió ponerse a la cabeza de la venta de libros de texto. Para algunos observadores, dicho salto se logró gracias a la recepción de información privilegiada procedente del Ministerio de Educación[34]. A partir de entonces, la de Polanco se convertiría en una industria cultural en imparable crecimiento; unos años después entraría en la propiedad del diario *El País* y crearía la Promotora de Informaciones Sociedad Anónima (PRISA), una de las corporaciones mediáticas más influyentes en nuestra democracia.

Como ejemplo de un capítulo más aciago cabe destacar la supervivencia del *modus operandi* franquista por excelencia en la personalidad de Jesús Gil y Gil, constructor de un complejo urbanístico en la ciudad de los Ángeles de San Rafael, cuyo derrumbe en 1969 se cobró la vida de 58 personas. Si empresarios como Banús, Coca o Fierro retrocedieron e incluso desaparecieron con los nuevos vientos de liberalización y posterior democracia, Gil y Gil prosperaría, logrando el indulto franquista y presidiendo el Atlético de Madrid y la corporación municipal de Marbella. A su fallecimiento, en 2004, dejaría una estela de admiradores, una inmobiliaria familiar y el hecho de haber sido el único político español que presentó un programa televisivo desde un jacuzzi, precisamente en una televisión propiedad de un empresario como Silvio Berlusconi.

Lo narrado desvela algunas claves del éxito económico en el desarrollismo: una fuerte conexión con el Estado, heredada de los años de escasez; la persistente centralidad de ciertos

[34] Díaz Herrera, José y Tijeras, Ramón (1991), *El dinero del poder. La trama económica en la España socialista*, Madrid, Cambio 16.

bancos y el papel de unas multinacionales que encontraron en España socios deseosos de expandir su negocio por un mundo casi virgen.

La cooperación con las corporaciones

La generación de oportunidades empresariales vino acompañada de la promoción de una red de entidades de la sociedad civil fomentadas desde Estados Unidos. La llegada de los tecnócratas del Opus Dei al poder político se había producido al tiempo que se fundaban nuevos centros para la formación de cuadros directivos, como sucedió con el Instituto de Estudios de la Empresa, IESE —perteneciente a la Obra de Dios—, ESADE o ICADE —estas dos últimas de matriz jesuita—. Este tipo de escuelas, radicadas en Madrid y en Barcelona, también se desarrollaron en la cuna del capitalismo vasco, con la Universidad de Deusto, regentada por los discípulos de san Ignacio de Loyola.

Pero este proceso de modernización diversificada hundía sus raíces en la cooperación que las autoridades españolas habían mantenido con Estados Unidos desde el deshielo aislacionista. Con las primeras ayudas, y, sobre todo, desde la firma del pacto de amistad con la superpotencia, comenzó un programa de asistencia técnica para que la economía fuera incrementando sus niveles de productividad[35].

Ni los préstamos ni las ayudas de Estados Unidos a España fueron nunca gratuitos: a la dependencia militar y financiera le siguieron una sucesión de programas de colaboración para

[35] Puig Raposo, Nuria, y Álvaro Moya, Adoración (2004), «La guerra fría y los empresarios españoles: la articulación de los intereses de los Estados Unidos en España 1950-1975», *Revista de Historia Económica*, 22(2), págs. 387-424.

reorientar la particular economía y sociedad española hacia los estándares occidentales.

Detrás de esta firme voluntad de asistir al crecimiento de la economía, podemos encontrar el impacto de la teoría de la modernización, un marco doctrinario publicado por Walter Rostow, profesor universitario y asesor de la presidencia de John F. Kennedy y Lyndon Johnson. El trabajo de Rostow, *Las etapas del crecimiento económico*, subtitulado «Un manifiesto no comunista», describía las fases de desarrollo de las sociedades desde un estadio simple y primitivo hasta una etapa de superior complejidad. El subdesarrollo no podía atribuirse a relaciones de dependencia colonial ni a tratados comerciales injustos o invasiones previas, sino más bien a un atraso tecnológico y económico debido a rémoras culturales que se juzgaban como desviaciones del etnocéntrico estándar norteamericano. La eliminación de dichas rémoras permitiría acelerar el crecimiento conduciéndonos a la verdadera modernidad[36]; una meta que se alcanzaría saltando la peligrosa casilla del socialismo. La universalidad de las formas productivas norteamericanas, en competencia con el enemigo soviético, podría contribuir a que las naciones desarrolladas evitaran el peligro rojo y alcanzaran, finalmente, el nirvana productivo. A tal estado se llegaría, a ser posible, perteneciendo a un área comercial que tuviera a los grandes acreedores planetarios, Estados Unidos, como líder y guía.

La influencia de Rostow se había hecho ya patente en el Gobierno español de 1957; Laureano López Rodó lo recibió con todos los honores y lo visitó en Estados Unidos[37]. Nuestro país,

[36] Gilman, Nils (2018), «Modernization theory never dies», *History of Political Economy*, 50: págs. 133-151.

[37] Hoffmann, Anna Catharina (2022), *Una modernidad autoritaria. El desarrollismo en la España de Franco (1956-1973)*, Valencia, Publicaciones de la Universitat de Valencia.

que había aceptado casi sin rechistar la instalación de bases militares, se convertiría en un alumno aventajado del programa de reformas. El asesoramiento ofrecido a España cobró distintas formas y se tradujo en nuevas escuelas, instituciones y asociaciones al servicio de la promoción de un empresariado moderno. Destacó la fundación, en 1957, de la Escuela de Organización Industrial (EOI) en Madrid, el primer centro de formación en administración de empresas tributario del modelo americano. Además de la EOI, prosperó en Madrid la Escuela de Administración y Dirección de Empresas (EADE), el Instituto Católico de Gestión Empresarial (ICADE), perteneciente a la Universidad de Comillas, y el convenio entre la escuela de negocios IESE y la Harvard Business School, que promovió los primeros másteres de administración de empresas (MBA por sus siglas en inglés), hoy día, moneda de cambio entre los aspirantes a la alta gestión empresarial[38].

Los esfuerzos de cooperación transoceánica se completaron con el intercambio entre las universidades españolas y norteamericanas, destacando la incidencia y la importancia de las becas Fulbright, ayudas de excelencia para cursar programas de máster y doctorado. Muchos dirigentes democráticos y personalidades académicas se adscribieron: entre ellos, Gabriel Tortella, Mariano Barbacid, José Álvarez Junco, Josep Borrell, Pilar del Castillo, Pasqual Maragall, Miguel Sebastián, Javier Solana o Santos Juliá[39].

También se promovieron asociaciones y círculos para extender las nuevas técnicas de gestión y administración por los principales núcleos urbanos e industriales españoles, en particular, Barcelona, Bilbao y Madrid. Destaca el que ha sido

[38] *Ibidem* Raposo y Moya (2004), *op. cit.*

[39] Díaz, Ángel (2009), «Cumple 50 años el programa que puso fin al aislamiento económico de España», *El Mundo*, 11 de noviembre.

considerado el mejor alumno de la escuela norteamericana, la Asociación para el Progreso de la Dirección (APD), establecida en Madrid en el año 1956 y decana de las asociaciones de directivos empresariales. Inspirada en la American Management Association, una de las grandes patronales del capitalismo norteamericano, la APD se constituyó como un foro empresarial y no como una patronal independiente con posición política definida. Su función era la de poner en contacto a los diferentes directivos, coordinar acciones, intercambiar experiencias e impulsar publicaciones.

A dicho foro asistieron maestros del management, la política y la economía, como John Kenneth Galbraith, Peter Drucker, Henry Kissinger, Richard Nixon o Ronald Reagan[40]. La influencia de la APD fue clave en el periodo de crecimiento económico que parte de 1959 y era todavía notable en la etapa democrática, con una relativa cercanía a los Gobiernos socialistas presididos por Felipe González y también a los conservadores de José María Aznar.

La Ford en España

La cooperación albergaba también objetivos explícitamente políticos. Como había ocurrido en otros países durante la Guerra Fría, la superpotencia estableció a través de algunos de sus puntales empresariales y filantrópicos relaciones preferentes con algunas de las entidades más emblemáticas del capitalismo hispano. Una de las avanzadillas la representó la

[40] Reagan, un actor originalmente vinculado al New Deal de Roosevelt y a los demócratas, llevaba una carrera artística estancada cuando comenzó a dirigir las campañas institucionales de la corporación General Electric.

Fundación Ford[41]. Después de la Segunda Guerra Mundial, la Ford parecía estar ganando la carrera de influencia a otras entidades consideradas benéficas, como la Carnegie o la Rockefeller, conectadas con los aparatos dominantes en el Estado federal norteamericano.

Ford había colaborado en España con la Institución Libre de Enseñanza —que mantenía algunos de sus colegios activos durante el franquismo, pero que había sido oficialmente represaliada y desmantelada—, con el IESE barcelonés y también con una de las entidades nucleares del sistema financiero, el Banco Urquijo.

Anticomunista y liberal, el entorno del Urquijo se convirtió en una sede de intercambio con Estados Unidos. La impronta independiente del banco había venido marcada por su presidente Juan Lladó Sánchez-Blanco, que había participado en la elaboración de la Constitución republicana de 1931. En los años cuarenta, y en medio de una aguda escasez de recursos, el Banco Urquijo había puesto en marcha la Sociedad de Estudios y Publicaciones (SEP), apoyada por filósofos como José Ortega y Gasset, José Luis López Aranguren, Xavier Zubiri, el poeta José Antonio Muñoz Rojas y el historiador Ramón Carande, entre otros. En 1959 se suscribió el acuerdo con la Ford. La financiación norteamericana se destinó a estudios y seminarios especializados en el ámbito económico y jurídico. En dichos seminarios coincidirían los intelectuales mencionados con otros como los hermanos Joaquín y Antonio Garrigues Cañabate, dos prestigiosos juristas; Antonio Garrigues-Walker, hijo del segundo de estos; Leopoldo Calvo Sotelo, ingeniero de caminos vinculado a Ferrovial y a Renfe; José Luis Sampedro, una referencia de

[41] Esta experiencia ha sido tratada por Puig Raposo y Álvaro Moya en el trabajo citado, y también en Santiesteban, Fabiola (2009), «El desembarco de la Fundación Ford en España», *Ayer*, 75, págs.151-191.

la docencia universitaria; el abogado del Estado Alberto Oliart; Javier Solana, futuro ministro socialista, o Juan Lladó Sánchez-Urrutia, que había heredado el timón del Banco Urquijo. Entre estas figuras puede divisarse una élite intelectual no franquista, pero tampoco adscrita a un explícito antifranquismo; una red de tecnócratas economistas, juristas e ingenieros que conduciría la transición democrática desde puestos destacados.

El trabajo de un antifranquismo al tiempo anticomunista fue una de las señas de la Fundación Ford, que se cruzaba con el de la Fundación Ebert, principal financiadora del Partido Socialista Obrero Español en la transición. La República Federal Alemana era otra casilla clave del tablero y los contactos entre los peones no fueron precisamente escasos. El vicepresidente del Banco Urquijo, el marqués de Bolarque, Luis de Urquijo Landecho, fue embajador español en la RFA, y desempeñó un papel clave para lograr acuerdos entre empresas españolas y alemanas[42].

La Fundación Ford había estado en el Congreso para la Libertad de la Cultura celebrado en la ciudad alemana de Múnich en 1962, cuando un extenso colectivo de antifranquistas adscritos a corrientes democristianas, liberales y socialistas se reunieron para impugnar el régimen como alternativa a la oposición declarada y clandestina del PCE y de Comisiones Obreras.

Familia Garrigues: embajadores en el imperio

Había muchos más puntos de encuentro entre España y Estados Unidos. Cabe destacar a los hermanos Garrigues Cañabate,

[42] Puig Raposo y Álvaro Moya, *op. cit.*

cuyo bufete empresarial, J&A Garrigues, se convirtió en una pieza clave para el diálogo entre las dos naciones. Juristas nacidos al inicio del siglo XX, Joaquín y Antonio convirtieron un bufete tradicional en un transatlántico societario al servicio de las grandes inversiones internacionales.

El despacho de Joaquín, abierto desde 1941 y dedicado a pleitos empresariales, fue el inicio de la historia. Su fundador había sido próximo a otro jurista, José Antonio Primo de Rivera, presente en la proclamación de su cátedra universitaria. Se ha destacado, por una parte, su papel en la redacción de las leyes fundamentales del régimen franquista; y la publicación de un manual de derecho mercantil que sirvió de inspiración literaria para el jurista y escritor Miguel Delibes.

Pero el más relevante fue su hermano Antonio. Asesor del Ministerio de Justicia en los inicios de la Segunda República, Antonio Garrigues Cañabate contrajo nupcias en 1931 con Helen Anne Walker, hija del principal directivo de la ITT en España, la multinacional presente en el capital de Telefónica, de la que Garrigues, y también José Antonio Primo de Rivera, eran o habían sido asesores jurídicos. Del matrimonio entre Antonio Garrigues y Annie Walker, que fallecería de manera temprana en 1944, nacieron los hermanos Garrigues Walker.

Antonio Garrigues Díaz Cañabate había trabajado también al servicio de las grandes expropiaciones de capitales alemanes que tuvieron lugar al final de la Segunda Guerra Mundial en España, y que favorecieron a los intereses norteamericanos y británicos. Su papel mediador lo convirtió en candidato para ejercer la diplomacia económica con la primera potencia mundial. Por ello sería nombrado embajador español, primero en Washington y después en el Vaticano. Con ambos países y faros occidentales quedaba precisamente pendiente la renovación de los acuerdos con España.

En Estados Unidos, Garrigues había entablado contactos con el presidente John Fitzgerald Kennedy, al que presentó a los recién casados Juan Carlos y Sofía de Grecia. Con posterioridad al asesinato del presidente norteamericano, ocurrido en el año 1963, correrían incluso rumores de la excesiva cercanía entre la viuda del mandatario fallecido y el embajador.

En España, su hijo Antonio, encargado de la ampliación del exitoso bufete familiar, se había convertido en el representante español de las multinacionales norteamericanas. Garrigues Walker figuró en grandes corporaciones como ITT, General Electric, Westinghouse, US Steel, Colgate-Palmolive, Avon, Pepsi-Cola, IBM, Cabot o Ford. Su hermano Juan había logrado, por su parte, relevantes contactos empresariales con el espacio soviético: el mundo se plegaba a los Garrigues.

Los lazos atlánticos de los Garrigues iban más allá. El Garrigues Walker más político, Joaquín, ministro de Obras Públicas y de la Presidencia con Adolfo Suárez, contrajo matrimonio con una hija de José María de Areilza, ministro de Exteriores de la monarquía posfranquista que también había sido embajador en Estados Unidos. Y otro de sus hermanos se casó con una sobrina de Nelson Rockefeller, presidente del Chase Manhattan Bank y promotor de la Comisión Trilateral[43].

La red Garrigues quizá sea el ejemplo más sobresaliente de un tipo de entidad que contribuyó a la liberalización de los flujos financieros en nuestro país y a su modernización a la americana. Otros bufetes mercantiles muy activos durante aquella época fueron los de Cuatrecasas, Ontier, y Uría y Menéndez. Este último absorbió al bufete Armero, cuyo titular,

[43] Grimaldos, Alfredo (2005), *La CIA en España: espionaje, intrigas y política al servicio de Washington*, Barcelona, Península.

el abogado Mario Armero, había pasado a ser el presidente español de la empresa General Electric.

La familia Armero es otra célebre mediadora. El padre, José Mario Armero, había sido presidente de la agencia de noticias perteneciente al Opus Dei Europa Press. Próximo al rey Juan Carlos, ejerció una labor clave para la legalización del Partido Comunista Español. El mundo corporativo y sus asesores jurídicos demostraban de este modo su papel decisivo en el complejo proceso que condujo a España a convertirse en un régimen parlamentario.

La Comisión Trilateral del capitalismo

Al tiempo que se estrecharon los lazos empresariales entre España y Estados Unidos, también, y como corolario, se intensificaron los contactos políticos entre ambos países. Algunos de los mencionados líderes y portavoces se integraron en consejos y foros transoceánicos, como el Instituto Atlántico de la Defensa, que integró a Garrigues-Walker, a Jaime Carvajal de Urquijo y al ministro opusdeísta Gregorio López-Bravo, ministro de Exteriores próximo a la banca.

Pero fue en 1979, con la transición democrática ya iniciada, cuando una de las instituciones hegemónicas y decisivas en la regulación internacional del capitalismo global, la Comisión Trilateral, abrió sus puertas a España. La Trilateral, fundada por Nelson Rockefeller y de inspiración liberal y anticomunista, reunía a los países del denominado mundo libre divididos en tres secciones: norteamericana, europea y japonesa. Aparte de representantes gubernamentales, asistían delegados de algunas de las corporaciones más relevantes del mundo: Coca-Cola, IBM, HP, FIAT, Dunlop, Mitsubishi,

Sony, Toyota, Exxon, Chase o Bank of America, entre muchas otras.

La primera delegación española integrada en la Trilateral estaba encabezada por Antonio Garrigues-Walker y por una serie de hombres de empresa con significativos contactos con el Estado. La lista incluye, por una parte, a Carlos Ferrer Salat, José Luis Cerón y José Antonio Segurado —dos de los principales líderes de la CEOE en la transición y la democracia—, a Luis María Anson —presidente de la agencia de noticias EFE y posteriormente director de *ABC*, y miembro destacado del Consejo Privado del Conde de Barcelona— y a Carlos March —uno de los descendientes de Juan March y directivo de la Corporación Alba, que agrupa los intereses empresariales de la familia March. Y, por otra, a Claudio Boada —expresidente del INI franquista y de Ford España—, Javier Vilá Marsans, Jaime Carvajal de Urquijo —enlace directo con la Corona y presidente de la filial española de la Standard Electric—, Eugenio Trías —célebre filósofo perteneciente a la burguesía catalana que había coqueteado tanto con el Opus Dei como con el PSUC—, Pedro Schwartz —exponente de la escuela liberal perteneciente a la estructura del Banco de España y la Universidad, fundador del Partido Liberal—, Alfonso Osorio —ministro de la presidencia con Arias Navarro y fundador de UCD— y el empresario Antonio Pedral.

Otros núcleos de poder más allá de Madrid

No todo lo que ocurre en España sucede en Madrid, aunque a muchos de los persistentes receptores de la propaganda dominante nos resulte difícil imaginarlo. La rápida industrialización de la economía, lanzada por el Plan de Estabilización, provocó un desarrollo urbanístico desbordante e impactantes cambios sociales en la capital del reino. Pero tenía sus otros dos pilares en Barcelona y en Bilbao, las dos principales cunas del capitalismo nacional, una vez que Andalucía, dotada de una notable riqueza mineral, quedara desbancada a finales del siglo XIX por las dos anteriores ciudades, beneficiarias directas del sistema clientelista de la Restauración.

De Barcelona y, en particular, de su primera universidad pública, habían salido algunas de las mentes más preclaras. Ya han sido mencionados los casos del comisario de desarrollo Laureano López Rodó, del economista Joan Sardà, uno de los impulsores del Plan de Estabilización —en el que colaboró Fabián Estapé—, y de Claudio Boada, ingeniero al frente del INI a finales de los sesenta. Una de las señales de la participación de Cataluña en la dirección del Estado franquista es la reivindicación que los industriales catalanes han hecho del Plan de Estabilización[44]; dicha autoría es también reclamada por los dirigentes estatales, incluso por el propio caudillo. Las clases dirigentes coinciden, a menudo, en su discurso público. Para observar las redes de poder en una Cataluña que había sido uno de los pilares de la primera industrialización española es preciso fijarse en algunos de sus líderes. Foment del Treball, patronal histórica fundada en el siglo anterior, y favorable al régimen, se mantenía al ralentí. Algunos de los empresarios estrictamente franquistas eran Juan Antonio Samaranch, jefe de la Falange en Barcelona y próximo al Palacio de El Pardo; presidiría La Caixa, el principal pulmón financiero catalán, y el Comité Olímpico Internacional (COI), al que representó en las Olimpíadas de Barcelona en 1992.

[44] Manel Pérez (2022), *op. cit.*

La Caixa, caja de ahorros fundada durante la Restauración y gran plaza financiera catalana, también sería la casa de otro irredento partidario del régimen, Miquel Mateu. Apodado Mateu dels ferros (Mateu de los hierros), combinaba perfiles que daban lugar a una perfecta anatomía política franquista: presidente de la compañía automovilística Hispano-Suiza que después daría lugar a la SEAT en alianza con FIAT y el INI, de La Caixa, de Foment del Treball, consejero nacional de la Falange, embajador en París, alcalde de Barcelona y procurador en las Cortes franquistas.

El yerno de Mateu, Artur Suqué, fundaría Casinos de Cataluña y se convertiría en un magnate de los locales de juego. Suqué había trazado algunas de sus aventuras empresariales con otro empresario franquista: Jaume Castell Lastortras. Castell, que comenzó con el textil, emprendió la creación del Banco de Madrid y del Banco Catalán de Desarrollo. En el consejo del Madrid participaban Juan Antonio Samaranch y José María Porcioles, notario y alcalde de Barcelona.

Pero no todos los empresarios eran adictos al Boletín Oficial del Estado. Muchos otros habían visto en la apertura de la economía una vía para el crecimiento y la exportación no estrictamente basada en el boom turístico. Algunos de los egresados de centros elitistas como IESE o ESADE fundaron o gestionaron proyectos empresariales centrados en sectores como el textil, las industrias químicas, las farmacéuticas, las de alimentación o editoriales, entre otros[45].

Destaca Carlos Ferrer Salat, un excampeón de España de tenis que lanzó Laboratorios Ferrer, fabricante del Gelocatil, y que, unos años después, fundaría la mayor de las organizaciones patronales españolas, la CEOE. Ferrer Salat encabezó,

[45] *Ibid.*

además, la primera delegación española de la Comisión Trilateral. Durante la transición, se opondría a parte de los acuerdos de los Pactos de la Moncloa.

A Ferrer Salat se puede unir una larga lista de nombres ilustres que promocionaron importantes industrias: la familia Godó (propietaria del diario *La Vanguardia*), Lara (editorial Planeta), Almirall (fabricantes de los Almax), Carulla (Gallina Blanca y Avecrem), Daurella (representantes de Coca-Cola en España), Grifols (laboratorios farmacéuticos) o Roca (equipamiento para el cuarto de baño)[46]. El capitalismo y la burguesía catalana hicieron un énfasis especial en la promoción de la cultura. El desarrollo más avanzado del capitalismo catalán había fomentado también el asociacionismo empresarial y la promoción de la ambición cultural entre los estamentos industriales. Este rasgo caracterizó a uno de los colectivos más influyentes de la época: el Cercle d'Economia (Círculo de Economía), que nacía a finales de los cincuenta vinculado a la Universidad de Barcelona y políticamente independiente. Estaba inspirado en las lecciones del historiador Jaume Vicens Vives, para el que el Cercle tenía la misión de impulsar la modernización de Cataluña y al mismo tiempo de una España que había acumulado un notable atraso. El Cercle agrupaba a personalidades empresariales como al ya mencionado Artur Suqué. O a Pere Duran, ingeniero que introduciría el gas natural en una España acostumbrada al butano. Duran fue el factótum de la empresa Gas Natural, y promovió un gasoducto con Argelia que aún lleva su nombre.

También contó con la colaboración de un joven médico, banquero y político, Jordi Pujol, exponente de un embrionario nacionalismo conservador que se haría mayoritario durante

[46] *Ibid.*

la democracia. Su empresa, Banca Catalana, se consideraba una de las dos grandes referencias del mundo financiero regional junto con el Banco de Sabadell, presidido por Josep Oliu, cuyo hijo, también Josep, heredaría el liderazgo en la entidad financiera tras su militancia comunista. La quiebra y rescate de Banca Catalana en los años ochenta no acabaría con la figura ya política de un Jordi Pujol que, al frente de una coalición soberanista y democristiana, Convergència i Unió (CiU), capitalizó los sentimientos autonomistas y nacionalistas catalanes hacia una hegemonía conservadora que se prolongó hasta iniciado el siglo XXI.

En torno a CiU —una coalición que albergaba a nacionalistas, socialdemócratas, demócrata cristianos y convencidos independentistas— se articularía parte de ese empresariado pragmático que había comenzado a articular sus redes en torno al Cercle. La Caixa fue penetrando en las grandes empresas industriales hasta convertirse en una institución sistémica.

Redes de poder en el capitalismo vasco

Las élites vascas habían jugado un papel clave en el desarrollo industrial del Estado franquista. Principalmente porque sus grandes empresas, entre las que destacaban la siderúrgica Altos Hornos de Vizcaya y la naviera Babcock and Wilcox, habían arrancado mucho antes de que la rebelión franquista se impusiera en el resto del país, depurando en el País Vasco los restos del nacionalismo que, pese a ejercer un anticomunismo militante, se había mantenido fiel a la legalidad del gobierno republicano. El papel escasamente combativo de la provincia de Álava sería premiado con el mantenimiento del concierto económico, al igual que había ocurrido con Navarra, y con la instalación de las fábricas de Mercedes y de Michelin, dos grandes multinacionales establecidas en los años cincuenta y sesenta en la provincia y, por tanto, dos grandes generadoras de empleo que han resistido hasta hoy.

Entre las élites franquistas de primera hora es necesario mencionar, de nuevo, el papel del alcalde tradicionalista de Bilbao, José María de Oriol, hermano del que sería ministro de Justicia de Franco y gran factótum de la energía eléctrica en España. Oriol había fundado Hidrola, germen de la futura Iberdrola, y representaba el caso más claro del industrial entrelazado con el poder franquista. Su papel al frente de UNESA, la patronal de las empresas productoras y distribuidoras de electricidad, fue decisivo para una legislación que acabó favoreciendo a las grandes generadoras de electricidad.

Natural de Llodio, Oriol no pertenecía a la red del rico barrio de Neguri, en Getxo, donde estaban instalados los representantes de una derecha franquista con ínfulas liberales y decisivas en los dos grandes bancos que diferenciaban la burguesía vasca de la catalana, carente esta de un gran centro financiero. Se trataba de los bancos Bilbao y Vizcaya, claves en el accionariado de las mayores empresas industriales vascas. Destaca aquí la familia Ybarra, pero también otras como Lipperheide o Urrutia. La frecuencia de apellidos extranjeros en la élite vasca puede explicarse a partir de una red de matrimonios establecidos entre la oligarquía local e ingenieros alemanes que habían participado del auge industrial en la segunda mitad del siglo XIX.

La industria convirtió el norte de España en un importante núcleo que no necesitó de los polos de desarrollo impulsados por los gobiernos tecnocráticos y que, además, fue generando un progresivo fenómeno de inmigración interior, de concentración industrial y urbana, y con todo ello de reorganización sindical y huelgas.

La Universidad de Deusto, fundada a finales del siglo XIX, desempeñó el papel de centro de formación y de extracción para las élites encargadas de pilotar las grandes empresas, y también de una futura clase política y tecnocrática que tendría mucho que decir en la democracia.

Pero la gran industria no pudo escapar de la crisis de los años ochenta, que hizo de la siderurgia y el sector naval actividades en irrefrenable decadencia. Los planes de reconversión convirtieron a las antaño grandes fábricas en sectores residuales. El auge de la actividad de ETA contribuyó también a frenar las posibilidades del desarrollo económico vasco, generando una inestabilidad política que disuadía la inversión empresarial. Ejemplo de ello fue el secuestro de diversos industriales, entre los que destaca el del financiero Javier de Ybarra, que fue asesinado por la banda. Y merece la pena también recordar el fiasco de la central nuclear de Lemóniz, paralizada por las protestas ciudadanas y los atentados. La aventura de Lemóniz, impulsada por la futura Iberdrola, acabaría gracias a la moratoria nuclear declarada en 1984 por el nuevo Gobierno de Felipe González.

No sería completo el panorama económico vasco si no se aludiera a un fenómeno empresarial exclusivo del norte de España por aquellos años: el del cooperativismo. Este había comenzado a finales del siglo XIX y estaba conectado con los principios de la doctrina social de la Iglesia, con los jesuitas como sus mayores impulsores. A partir de dicha doctrina y de la necesidad de superar las dificultades económicas a través de la autogestión, la cooperación y la solidaridad laboral, fueron creándose vínculos entre distintas ramas de la Iglesia y las diversas tendencias del nacionalismo vasco, entre las que los grupos más radicales fueron cobrando una importancia incipiente.

El principal fenómeno cooperativista se creó en torno a la Universidad Laboral de Mondragón, con el sacerdote Arizmendiarrieta como mayor impulsor. El esquema cooperativista y los lazos entre las distintas empresas que habían hecho de los tradicionales asalariados socios fueron creciendo con ejemplos como Ulgor, fabricante de estufas y cocinas eléctricas, quizá el pionero, hasta la creación de Eroski en 1969. Este esquema empresarial resiste hoy día, con variaciones significativas, como el caso de la Corporación Mondragón, que agrupa a numerosas cooperativas.

Paralelamente al crecimiento de las cooperativas de Mondragón se fue generando una sociedad civil en la que las distintas tendencias nacionalistas se reproducían a través de los centros sociales. La creación de la Caja Laboral Popular, germen de la futura Kutxa, desempeñaba el papel de cooperativa crediticia destinada a facilitar el desarrollo industrial y planes de previsión social para los trabajadores, que eran conscientes de los agujeros en materia de seguridad social del Estado franquista. Las instituciones de la burguesía vasca fueron generando los pilares de una mesocracia, un sistema con preponderancia de la clase media, que posteriormente se integraría en torno al movimiento nacionalista vasco.

La influencia del Partido Nacionalista Vasco en la política española democrática, con su continuo apoyo al bipartidismo y gracias a la necesidad de los grandes partidos para lograr acuerdos mayoritarios, sería clave para la marcha de la democracia y también para las concesiones competenciales y fiscales al País Vasco.

En definitiva, la transición a la democracia entronizaría a ciertas élites políticas como el PNV en el País Vasco o

Convergència i Unió en Cataluña. Dos instrumentos que las burguesías periféricas utilizaron para mediar con el poder central durante el nuevo régimen democrático. El denominado Estado de las Autonomías se instauraría como la universalización del trato particularista a las dos regiones más industrializadas y organizadas del Estado.

3. La tecnocracia como avanzadilla del cambio político

El éxito del Plan de Estabilización y el reciclaje de las élites franquistas permitieron que España disfrutara en parte de la euforia económica de posguerra. Dichos cambios supusieron, como se ha visto, enormes inversiones, y con el flujo de las grandes plusvalías de fondo se impulsó un crecimiento que elevó los niveles de vida de una población acostumbrada a la pobreza.

Sin embargo, durante los últimos años de la década de 1960, los tecnócratas no parecían estar aprovechando los réditos. Por una parte, la economía, recalentada, experimentaba problemas difíciles de ocultar, y por otra, se veía crecer una crispación desde dentro y fuera del bloque de poder. El choque y la crisis política no se harían esperar. La transición a la democracia se había convertido en una necesidad para una dictadura esclerotizada que había perdido la capacidad de defender los intereses de las clases dominantes. Aquella fue la verdadera muerte del franquismo y, en aquellos momentos, fue una nueva élite tecnocrática la que con mayor atención detectó la necesidad de hacer cambios.

1969: EL DESARROLLO REVIENTA EN LA PRENSA

El año 1969 marcó en rojo el agotamiento de la legitimidad tecnocrática, y con ello, el principio del fin de sus sujetos principales: los líderes del Opus Dei vieron llegado su ocaso en medio de problemas nacionales e internacionales complejos.

La fórmula política había dejado de estar a la altura y se hacía necesario un recambio en las élites. Para triunfar, el régimen debía volver a producir una nueva sucesión.

La conflictividad mundial afectó especialmente a la dictadura. Se sufría una crisis de inflación, con una devaluación de la peseta, lo que se unía a las huelgas obreras, cada vez más organizadas en torno a los sindicatos clandestinos, a las protestas universitarias, a las críticas eclesiásticas al calor del Concilio Vaticano II, a las objeciones falangistas a la oficialidad económica, a los primeros atentados terroristas... El incremento de la renta per cápita, continuo en el periodo previo, no parecía capaz de absorber el malestar contemporáneo. Ni la paz ni el desarrollo económico eran suficientes. En 1964, el ministro de Información y Turismo, Manuel Fraga Iribarne, había celebrado los 25 años desde el final de la guerra civil a través de una ambiciosa campaña de comunicación y prensa, convirtiéndose en el relaciones públicas del milagro económico.

A diferencia de las expectativas de los oficiales del régimen, las mejoras económicas convivían con un conflicto creciente. La apertura del país no había sido solo a los flujos comerciales, sino también a otras culturas, informaciones e ideologías. Numerosos libros prohibidos circulaban a través de los Pirineos y satisfacían las ansias culturales de los españoles de mejor formación. La teoría de la modernización, la biblia de López Rodó y su equipo, ocultaba sorpresas. Algunas de estas estaban en las playas, con los bikinis y el descosido del manto de creencias arcaicas; otras, en los antros nocturnos de moda que en las ciudades más prósperas, como Madrid y Barcelona, se convirtieron en puntos de encuentro entre personas de distintas sensibilidades pero motivos comunes; y algunas más, en un cada vez menos silencioso mundo sindical en el que los militantes de Comisiones Obreras ganaban las elecciones a los sindicatos verticales. La lucha contra la pérdida de poder adquisitivo que la inflación provocaba terminó fundiéndose con una pelea por la democracia.

La expansión económica parecía encontrarse ante un cuello de botella político. Los planes de desarrollo habían permitido a los hombres de López Rodó entronizarse como incontestable tecnocracia, pero no habían logrado el despegue definitivo. El Gobierno seguía aplicando medidas proteccionistas y la apertura no había dejado de ser parcial. Se incubaban problemas de competitividad que ocultaban favoritismos políticos y suculentas fórmulas de extracción de rentas. El bajo coste de la mano de obra, las remesas y el turismo no podrían ser siempre los financiadores del crecimiento de la economía.

Paralelamente a estas tensiones latía otro problema: el nombramiento del futuro jefe del Estado. La dictadura se había definido en un principio como un artefacto temporal para restaurar la Monarquía, pero había ido postergando tal momento desde 1947. El debate sobre la forma del Estado había permanecido entre las distintas facciones del régimen. El año 69 fue el de la nominación de don Juan Carlos I como rey de España bajo la regencia vitalicia del general Franco. Se oficiaba con ello la definitiva ruptura con don Juan de Borbón, heredero de Alfonso XIII. Don Juan disolvió su Consejo Privado, su principal órgano de asesores y de influencia. La transición dentro de la Monarquía parecía concluida, y el rey Juan Carlos quedaba a la espera de su entrada en el trono.

La resolución sobre el trono no evitó que crecieran las fracturas políticas. Los falangistas criticaban el carácter estrictamente economicista de los planes de desarrollo y reivindicaban, en primer lugar, el desarrollo social, que debía atender a otros criterios de bienestar, y en segundo lugar, el político, para proponer una creciente participación de la ciudadanía, sin que esto significara la eclosión del régimen en un sistema de partidos. Las críticas llegaron a las Cortes franquistas, donde algunos procuradores, especialmente los que procedían del denominado Tercio Familiar, expresaron objeciones que iban más allá de los fallos de los planes de desarrollo.

Los acontecimientos nacionales e internacionales de los años sesenta, una década en la que la mejora de las condiciones económicas redundó en un incremento de las exigencias políticas y de los movimientos sociales en Occidente, sirvieron de catalizador para una nueva crisis de gobierno en España.

El caso MATESA y la necesidad de cambios en el Gobierno

El detonante fue el primer gran escándalo de corrupción publicado en la prensa nacional: el denominado caso MATESA. Lo sucedido en torno a este caso sirve para analizar las distintas fuerzas enfrentadas dentro del propio régimen y la crisis de hegemonía que desde entonces se convertiría en la norma.

Pero para entender el contexto de MATESA es preciso tener en cuenta algunos aspectos. La red del Opus Dei y de sus tecnócratas afines se encontraba saturada: la endogamia suele aumentar la distancia con la realidad y con las opiniones menos agradables. La hegemonía tecnócrata ofrecía pobres resultados económicos y una creciente crispación con el otro colectivo influyente del Estado franquista, el Movimiento, bien instalado en las instituciones estatales.

La tensión entre opusdeístas y falangistas encontró en el caso MATESA su mejor forma de expresión. La empresa Maquinaria Textil del Norte de España S.A., MATESA, había acumulado más de 10 000 millones de pesetas de préstamos con el Banco de Crédito Industrial, entidad que formaba parte de la denominada banca oficial franquista. La mayoría de las ventas que justificaban dicho préstamo eran ficticias o habían sido realizadas a filiales de dicha empresa en el extranjero. Se trataba de un fraude en toda regla.

La dirección general de aduanas, controlada por la Falange, denunció a Juan Vilá Reyes, que anteriormente había sido presentado como un empresario modelo: líder de la exportación de telares automáticos, accionista del Español Fútbol Club y financiador de la campaña presidencial del republicano Richard Nixon en Estados Unidos, además de amigo del primer ministro francés Giscard d'Estaing. Toda una joya del desarrollismo. Vilá Reyes, un hombre que parecía emanar del espíritu del Plan de Estabilización, mantenía excelentes conexiones con el Opus Dei, hegemónico en los ministerios de Comercio y Hacienda; esta última cartera respondía del Banco de Crédito Industrial. Vilá Reyes fue encarcelado hasta ser amnistiado por el rey Juan Carlos en 1975, una forma de salvación regia.

Pero el problema no fue tanto el caso en sí —suficientemente grave para cualquier tipología de régimen político— como lo que revelaba. Este desnudaba la impunidad de un régimen que había hecho de la opacidad uno de sus mayores activos. En primer lugar, dejaba en evidencia el funcionamiento de una banca oficial con enormes agujeros crediticios. El nuevo y moderno sistema administrativo impulsado por López Rodó parecía seguir siendo el de siempre: clientelismo con retazos tecnocráticos y mucha pompa propagandística, como la millonaria publicidad invertida en los planes de desarrollo. Los ministros y exministros Navarro Rubio —entonces gobernador del Banco de España—, Espinosa San Martín —Hacienda— y García-Moncó —Comercio— fueron cesados y procesados, aunque también recibieron un indulto a manos del dictador, todavía comandante en jefe de la construcción y destrucción de los equilibrios políticos y ministeriales.

Pero el alcance del caso era mucho mayor. En los mentideros políticos se hablaba de la culpabilidad del Opus Dei, y en particular de la responsabilidad del grupo de tecnócratas liderado desde hacía tiempo por Laureano López Rodó, que con su nombramiento como comisario del plan y después ministro comisario había conseguido ampliar su influencia. Los falangistas, encabezados por los ministros Fraga Iribarne y Solís, no dudaron en aprovechar la ocasión para criticar a su mayor adversario. El régimen emergido de la victoria de 1939 parecía seguir basado en dos bandos enfrentados, una ironía de la historia y una constante en la España del siglo XX.

MATESA había puesto, además, a prueba el nuevo sistema de regulación de la información y la prensa impulsado por la ley de 1965, por medio del cual el titular de Información y Turismo, Manuel Fraga Iribarne, eliminaba la censura previa. Medios de comunicación como el diario *Madrid*, dirigido por el opusdeísta Rafael Calvo Serer, informaron cumplidamente del caso y de sus responsables. De esta manera emergían distintas facciones dentro de la propia red del Opus. El diario *Madrid* continuó con una labor crítica que no obstaba para apoyar explícitamente la opción monárquica dentro del régimen. Clausurado en 1971, constituyó una de las más importantes canteras de periodistas para la etapa democrática. Pero también la prensa del movimiento o el diario monárquico *ABC*, que llegaron a exigir dimisiones ministeriales, entraron en el juego con el caso MATESA. El resultado era preocupante: mientras el sistema occidental se planteaba el modelo hegemónico en medio de un mar de protestas y conatos revolucionarios en distintas latitudes, en España una clase política envejecida y vinculada al pasado lavaba los trapos sucios en la propia prensa afín a un régimen que parecía paralizado. Se trataba de otro síntoma del agotamiento de las élites, del colapso de una red de poder que había parecido omnímoda hasta que sus asuntos internos pudieron conocerse con detalle.

Entre dicha prensa del Movimiento destacaba el diario *Pueblo*, periódico afín a los sindicatos verticales. Desde *Pueblo*, el periodista Emilio Romero, enardecido crítico del capitalismo liberal y de la cercanía entre los tecnócratas y las finanzas, dio cumplida cuenta del caso y realimentó la teoría de la conspiración que había circulado todos aquellos años en torno a la red del Opus Dei. La crisis había alcanzado unas connotaciones políticas difíciles de negar o corregir.

El desenlace del caso MATESA fue la reestructuración del Gobierno a finales de 1969, que se cobraría las figuras de varios tecnócratas, pero también las de Fraga y José Solís —secretario general del Movimiento—, dando lugar a un resultado paradójico. Pese a que MATESA afectaba a la red del Opus, el cambio de gobierno dio lugar a un Ejecutivo compuesto por dirigentes más o menos afines a la Obra, el recordado como gobierno «monocolor».

Laureano López Rodó mantenía en este las riendas de la Comisaría de Desarrollo y Gregorio López-Bravo rotaba desde Industria a Exteriores, desde donde impulsaría las negociaciones comerciales con la Comunidad Económica Europea, con Alberto Ullastres como embajador permanente en Bruselas.

Entre los tecnócratas también destacaba José Luis Villar Palasí, ministro de Educación y Ciencia, y promotor de la ley de educación más avanzada hasta aquel momento, la que pondría en marcha la Educación General Básica (EGB) y el Bachillerato Unificado Polivalente (BUP), además de la Formación Profesional.

Otro tecnócrata sin afiliación religiosa era el ministro de Hacienda, Alberto Monreal Luque. Procedente de la primera promoción de los economistas del Estado, inaugurada en tiempos de la reforma administrativa, Monreal Luque trabajó con el profesor Fuentes Quintana en la elaboración de una propuesta de reforma fiscal que presentó al jefe del Estado. Después de examinarla, Franco destituyó a Monreal Luque e hizo destruir todas las copias del informe. Su fracaso se marcharía como el humo, ya que terminó como presidente de la empresa estatal Tabacalera.

El peso de las élites religiosas alejaba al nuevo Gobierno de las cambiantes tendencias sociales en España. Pese a ello, el Ministerio de Justicia continuaría en manos de un tradicionalista, Antonio María de Oriol y Urquijo, hermano del presidente de Hidroeléctrica Española. De Oriol integraría grupos de ultraderecha en la transición y fue secuestrado por la banda terrorista GRAPO. Los propagandistas católicos podían contar también con la representación del titular de Obras Públicas, el abogado del Estado Federico Silva. Silva, que sería el primer presidente de Alianza Popular, el embrión del actual Partido Popular, cesó en 1970 y terminaría como consejero de Banesto. Su sucesor en el cargo fue otro hombre del Opus Dei y miembro del Consejo Privado de don Juan de Borbón, Gonzalo Fernández de la Mora. Autor de obras como *El crepúsculo de las ideologías*, De la Mora representaba a la perfección el espíritu tecnocrático y tradicionalista. Colaborador de López Rodó, De la Mora llevó al extremo las reflexiones de Daniel Bell sobre la convergencia ideológica en la era posindustrial y quiso hacer de España un «Estado de obras», una sociedad de administrados en la que la eficiencia se convirtiera en el principal criterio de adopción de decisiones.

Las carteras más próximas a la Falange ya no lo eran tanto. La secretaría general del Movimiento, su organismo central, veía consumarse la marcha de José Solís y la llegada de Torcuato Fernández Miranda, conocido por su cercanía al rey Juan Carlos I y por su papel posterior en el proceso del desmontaje de las Cortes autoritarias. Como el que sería pronto director de Radio Televisión Española antes de llegar a la presidencia del Gobierno, Adolfo Suárez, Fernández Miranda exhibía una gran experiencia en las esencias del falangismo, pero fue capaz de detectar los aires cambiantes de una época en la que ni las potencias ni el capital internacional estarían dispuestas a tolerar demasiadas cerrazones políticas.

La tecnocracia había llegado a su cenit: la mayoría de los directivos del Estado pertenecían a altos cuerpos de funcionarios y habían acumulado una notable experiencia empresarial. La Falange parecía haber desaparecido y solo volvería a asomarse durante el giro autoritario del último franquismo, quizá para apuntalar el inicio de la transición a la democracia. El peso militar en el Gobierno se mantenía con el jefe del Estado y el futuro presidente, Luis Carrero Blanco, contando asimismo con los ministerios del Ejército y con el de Gobernación. La silenciosa hegemonía del Opus Dei lograba mantenerse, pero la clase política franquista no volvería a ser la misma.

Una nueva élite asoma: el clan de La Dehesilla

Que el franquismo expusiera alguna de sus costuras no conmovió precisamente a los sectores que menos empatizaban con las estructuras dominantes. La intermitente apertura económica no significó que todos los grupos de influencia estuvieran agradecidos. Por el contrario, y en línea con los resultados paradójicos del desarrollo de los años sesenta, una parte de la élite burocrática y empresarial esperaba con paciencia el deceso del autócrata, denominado por algunos de sus exponentes como «el sátrapa»[47]. Más allá de los despechados falangistas y más integrados en las estructuras estatales que los militantes del PCE, una red de profesionales liberales había crecido de manera paralela a la tímida apertura del régimen. Se habían formado en instituciones educativas de prestigio, como el Colegio El Pilar, el Liceo Francés o el Colegio Estudio —el último vestigio de la Institución Libre de Enseñanza—, y habían comenzado su desarrollo profesional bajo las instituciones del régimen.

Conscientes del anacronismo de la autocracia, y al mismo tiempo temerosos de la capacidad autodestructiva de la nación española, esperaban su momento. Este llegaría con la transición, pero comenzó a forjarse un poco antes.

En otro lugar de La Mancha

El tejido de la oposición al franquismo requiere un estudio amplio. Para la descripción de esta red, que representa solo una parte de dicho tejido, cabe comenzar con una historia en apariencia sencilla. El relato de una finca cerca de la ciudad de Toledo que, con el tiempo, se convirtió en una referencia para el desarrollo de la democracia.

Si había sido en la finca de Las Jarillas, en el norte madrileño, donde el futuro rey Juan Carlos I comenzó su trayectoria formativa a finales de los cuarenta, un relevante grupo de

[47] Heras, Raúl (1988), *El clan. La historia secreta de la beautiful people*, Madrid, Temas de Hoy.

influencia maduraba sus contactos en un terreno que había sido adquirido en 1968.

Avanzados los años sesenta, un exministro de la Segunda República, Justino de Azcárate, había decidido volver a su residencia en España. Miembro de la familia promotora de la Institución Libre de Enseñanza, había sido ministro de Estado en el gabinete republicano que tuvo que enfrentarse al Alzamiento. Encarcelado durante más de un año, había salvado su vida al ser canjeado por otro preso, Raimundo Fernández-Cuesta, después secretario general del Movimiento. Posteriormente había hecho esfuerzos por el acercamiento entre los españoles. Acabaría como senador por designación del rey en 1976, y continuaría como diputado en las filas de la Unión de Centro Democrático.

Poco quedaba del proyecto de la España liberal e ilustrada cuando De Azcárate se instaló en La Dehesilla. De Azcárate mantuvo su residencia fija en Caracas hasta su fallecimiento en 1989, pero reactivó en La Dehesilla un círculo social que contribuye a comprender parte de la transición y de la democracia.

Hay diversos relatos periodísticos que sirven como fuente secundaria para aproximarse a este fenómeno. No todos ofrecen el mismo punto de vista ni los mismos detalles; y además, algunos se han limitado a reproducir las líneas principales de los originales[48]. La mayoría de estas historias coinciden en algunos puntos clave: las buenas familias del republicanismo culto y liberal español tenían suficientes lazos como para conocerse y ser relativamente felices bajo la dictadura. Además, no albergaban motivos para ser perseguidos por el régimen.

[48] Además del mencionado libro de Raúl Heras, véase Gutiérrez, José Luis (1991), *Miguel Boyer. El hombre que sabía demasiado*, Madrid, Temas de Hoy; Estefanía, Joaquín (1986), «Historia de la 'tía Carlota'», *El País*, 23 de marzo.

El hecho de haber pasado por la cárcel, aunque no al nivel ni con la gravedad de los militantes comunistas o anarquistas, había contribuido a reforzar su figura frente a sus pares. La independencia de juicio y el elevado nivel cultural poblaban sus discursos.

Los diversos parentescos directos e indirectos, la coincidencia en colegios como el Liceo Francés, El Pilar, Estudio, la Universidad Complutense de Madrid y los cuerpos de altos funcionarios, como los técnicos comerciales o los profesores y catedráticos de universidad, habían ido conformando un espíritu de grupo. Si en 1956 hijos de los vencedores en la guerra habían protestado contra la falta de libertades, a finales de los años sesenta, otra generación con una buena preparación compartía su inconformismo.

Las redes elitistas tienden a ser endogámicas. Parecidos puntos de vista, aunque a veces asomen enfrentados, valores colindantes, creencias compartidas, procedencias comunes, amistades, relaciones amorosas, parentescos, confidencias, conspiraciones intermitentes… Todo este cemento social genera un relato común en el que los grupos de elegidos se separan del exterior y de la masa para dar un sentido reconfortante a su existencia. Había sucedido en la Inglaterra de los años veinte y treinta con el conocido como círculo de Bloomsbury, relacionado asimismo con la sociedad secreta de los Apóstoles de Cambridge. Este grupo, de contornos y límites no exactamente definidos, albergó a intelectuales como John Maynard Keynes, Bertrand Russell, Virginia Woolf, Ludwig Wittgenstein o Lytton Strachey, entre otros. Buena parte de estos pueblan hoy día la historia de la literatura, la ciencia, la filosofía o la economía.

Comenzaba a pasar también en otro de los epicentros del desarrollo económico español. En Barcelona, y en torno a lugares de ocio como la discoteca Bocaccio, nacería la *gauche divine*, un conjunto de intelectuales y artistas entrelazados con la burguesía local y al mando de un proceso de transformación cultural. Dicho cambio dio lugar a nuevas editoriales atentas al fenómeno literario latinoamericano, a pintores y fotógrafos, a cineastas y a hombres y mujeres de letras. Esta presión cultural representaba otra nueva oposición, una movilización crítica con la que la autocracia estaba obligada a convivir.

Una parte de la izquierda divina madrileña se organizó en La Dehesilla. También eran intelectuales y profesionales liberales que mantenían contactos con dirigentes franquistas de miradas amplias. Barcelona era la entrada de Europa y de las ideas democráticas, pero Madrid representaba, como lo había hecho en siglos anteriores, un hilo directo con la Corte.

La Dehesilla constituyó un punto de encuentro, de fusión de élites, con unas connotaciones políticas superiores a las barcelonesas. Conforme el contacto con los dirigentes tecnócratas de la dictadura fue creciendo, esta élite de oposición vio crecer sus oportunidades para comandar un nuevo Estado. La caída del dictador era la condición necesaria, pero nunca suficiente. Más allá de las diferencias ideológicas internas, la máxima ambición de sus componentes era el sueño del verdadero desarrollo. Los vínculos familiares conformaron los cimientos del clan. La hija de Justino de Azcárate, Isabel, había contraído matrimonio con un alto funcionario del Banco de España detenido por actividades de protesta en los años sesenta. Se trataba de Mariano Rubio Jiménez. Rubio, exiliado voluntariamente a Francia tras su salida de prisión, había trabajado para la OCDE, un organismo fundamental en el periodo de apertura española. El matrimonio no duró para siempre: Isabel de Azcárate se marcharía con un playboy venezolano, Javier de los Arcos, y Rubio terminaría contrayendo nupcias con Carmen Posadas, una escritora uruguaya hija de un diplomático.

Mariano Rubio era amigo de otro expresidiario, notable economista y dubitativo integrante del PSOE: Miguel Boyer Salvador. Ambos habían sido cazados en algaradas estudiantiles integrados en la Asociación Socialista Universitaria, la ASU ya mencionada, nacida como consecuencia de los sucesos del 56 y absorbida por el Partido Socialista Obrero Español. Boyer había pasado más de un año en prisión por el reparto de panfletos antifranquistas en compañía de Luis Gómez Llorente, un marxista que nunca logró imponer sus tesis en el PSOE, y de Miguel Ángel Martínez, que llegó a ser diputado. Licenciado en Físicas, Boyer había perdido su trabajo en la Junta de Seguridad Nuclear como consecuencia de su actividad política, y había decidido estudiar Económicas. Con el tiempo se convertiría en el ministro de Economía con mayores competencias de la democracia española.

Boyer acudía a La Dehesilla en compañía de su esposa, la médico Elena Arnedo, influyente feminista que también militó en el PSOE. Residían en la calle Velázquez y procedían ambos de familia republicana. La de Boyer había tenido que exiliarse en 1939 y refugiarse en la localidad francesa de San Juan de Luz. Quien fuera posteriormente ministro de Economía, Hacienda y Comercio en el Gobierno socialista de Felipe González era a su vez nieto de Amós Salvador, ministro liberal alfonsino. También era descendiente de otros titulares ministeriales en el periodo republicano. Como la de Justino de Azcárate, su familia procedía de una élite liberal que se había hecho transversal a la monarquía alfonsina y a la Segunda República.

Si los apellidos Rubio y Boyer constituyen la raíz del clan de La Dehesilla, hay muchos más protagonistas que se entrecruzan y que adquieren grados variables de protagonismo en función de los cronistas. El tercero quizá fuera Manuel de la Concha, que acabaría siendo síndico de la Bolsa de Madrid y condenado posteriormente por delitos financieros, como promotor de un banco de inversiones, Ibercorp.

Aparte de estos pilares hay muchos más nombres. Boyer y Rubio eran amigos de Juan Manuel Kindelán, ingeniero de minas perteneciente a la ASU y que había pasado también por el exilio. Pariente de Alfredo Kindelán, aviador participante en el alzamiento de 1936, se había casado con la politóloga Carlota Bustelo García del Real.

Carlota Bustelo era hermana de Carlos Bustelo, que sería ministro de Industria con UCD, y de Francisco Bustelo, dirigente del PSOE erigido en uno de los mayores críticos de Felipe González. Francisco también había tenido que exiliarse y vivió un cierto exilio interior al denunciar el auge del liderazgo mediático por encima de la participación de la militancia[49]. En los años noventa fue rector de la Universidad Complutense de Madrid.

El clan de Ribadeo

La familia Bustelo representa un componente ineludible de esta red. Sus orígenes merecen una mención especial. Gallegos procedentes de Ribadeo, localidad limítrofe entre las actuales comunidades de Galicia y Asturias, cruzan sus caminos con otra familia residente en el mismo pueblo: los Calvo Sotelo. En dicha localidad, los primos Calvo Sotelo y Bustelo pasaban

[49] Bustelo, Francisco (1996), *La izquierda imperfecta. Memorias de un político frustrado*, Barcelona, Planeta.

los veranos más o menos ajenos a los avatares de la dictadura. La tía de estos se llamaba Carlota García del Real. El periodista Joaquín Estefanía ha sintetizado en un artículo en *El País* una historia que refleja similitudes con la obra de Gabriel García Márquez *Cien años de soledad*: la tía Carlota guardaba en una agenda las citas sociales y los cumpleaños de todos los primos. Esta fiel testigo documentó de manera informal los primeros contactos de una red que retó al franquismo desde sus propias instituciones y que logró ocupar puestos clave en el régimen posterior.

También de Ribadeo era la familia Del Pino. Uno de sus miembros, el ingeniero de caminos Rafael del Pino, había fundado Ferrovial, constructora y concesionaria de obras públicas en la etapa de la expansión económica. Para ello había contado con su cuñado, Leopoldo Calvo Sotelo, también ingeniero. En dicha fundación, como se ha comentado anteriormente, también participaron Claudio Boada y José María López de Letona, que en los ochenta intentó ser presidente de Banesto y fue derrotado por otro gallego no nacido en Ribadeo ni afín a sus círculos de sangre, Mario Conde, y que estaba casado con una prima segunda de Mariano Rubio. Según algunas crónicas[50], De Letona había sido decisivo para Rubio, el futuro gobernador del Banco de España minimizase su estancia en prisión.

Los matrimonios vertebran las familias de manera directa e indirecta, máxime cuando estas familias son unas pocas que comparten objetivos y procedencias. Otra hermana de Leopoldo Calvo Sotelo se uniría al diplomático Fernando Morán, un socialista ecléctico y heterodoxo que plantó oposición

[50] Jesús Rivasés (1991), *Mariano Rubio, los secretos del Banco de España*, Madrid, Temas de Hoy.

a Felipe González y que terminó siendo su primer ministro de Exteriores, en 1982.

La red de Ribadeo se fusionó con la de La Dehesilla como un proceso social natural, como sucedería con las ideologías de los estandartes más técnicos de la Unión de Centro Democrático y del Partido Socialista Obrero Español. Les unía una gradual oposición a lo existente, y un ansia por salir del aburrimiento en blanco y negro del franquismo. Pero también un espíritu de grupo que no ocultaba una difusa conciencia de clase que se fue exacerbando con el paso de los años, de los puestos y de los logros.

La red social creada en torno a La Dehesilla no podía ser, por tanto, patrimonio de un partido, ni de dos. Su importancia era transversal y contribuiría a estructurar la democracia bipartidista. Cuando comenzase la transición, buena parte de los cuadros técnicos de la Unión de Centro Democrático y del PSOE estarían integrados por los miembros de este equipo. La importancia de los reunidos en La Dehesilla atrajo también a otras personalidades insignes, como los hermanos Garrigues Walker, representantes de empresas norteamericanas y dirigentes de la Unión de Centro Democrático; también a directivos del influyente mundo del balompié, como Ramón Mendoza, presidente del Real Madrid; o a familias del régimen como los Entrecanales, fundadores de Entrecanales y Távora, que ha llegado hasta hoy con el nombre de ACCIONA. El fundador, José María Entrecanales, era cuñado de Justino de Azcárate. Se puede comprobar cómo los representantes políticos y los empresariales lograban estrechar sus ligazones a través de lazos familiares o de sangre, algo que lograba matizar y suturar las diferencias ideológicas.

Finalmente, y sin querer poner fin a una lista que tiene muchos matices, destacan los hermanos Fernández Ordóñez, especialmente Francisco y Miguel Ángel, que pasarían, con distinta suerte y popularidad, por los gobiernos de UCD y PSOE; los Solana Madariaga, en particular Javier y Luis, que fueron claros exponentes de los gobiernos socialistas en ministerios y en empresas públicas; y otros altos funcionarios y economistas, como Luis Ángel Rojo, que tuvo un peso ideológico clave, distinto al del profesor y economista Pedro Schwartz, dirigente del Partido Liberal, que fue absorbido por la Alianza Popular de Manuel Fraga (lo que posteriormente promovería la entrada en la derecha de discursos como el de Esperanza Aguirre Gil de Biedma, o como el de su sucesora en la Comunidad de Madrid, Isabel Díaz Ayuso), el técnico comercial y futuro ministro centrista Juan Antonio García Díez, o el abogado del Estado Alberto Oliart.

Mientras la transición se fraguaba en las huelgas sindicales, en las protestas estudiantiles, en las calles y en el trabajo de los partidos políticos, la estructura estatal necesaria para que algunas cosas cambiaran y otras continuaran con el grado de estabilidad necesario se fortalecía en lugares de ocio y trabajo apartados de los principales focos. Sus protagonistas compartían un propósito, pero no imaginaban que el futuro fuera a estar tan cerca. Las potencias internacionales, que temían un vuelco a finales de unos intranquilos años setenta, miraban estas estructuras con celo. La estabilidad del mundo podía planificarse desde fuera, pero debía dejar margen a la autoorganización nacional. Y en esta última, la médula central la representaba la alta burocracia ilustrada y atenta a sus nexos con un mundo empresarial que esperaba un impulso modernizador.

El entrismo con corbata

Una parte emergente de la élite franquista estaba interesada en La Dehesilla y favoreció la promoción de este grupo. De este modo, y mientras Comisiones Obreras agitaba las fábricas, los burócratas de nuevo cuño, buenas escuelas, viajes al extranjero y lecturas atrevidas asaltaron las oficinas del régimen armados de corbatas, y en ocasiones, como ocurriría en el Banco de España, sin estas siquiera.

Estas alianzas entre una vieja élite con una conciencia aperturista y otra nueva de cambio podían considerarse naturales: al tiempo que muchas empresas crecían mirando cada vez más allá del BOE, proliferaban clases profesionales con expectativas de desbordar el marco autoritario, demasiado limitado para unas pretensiones que el crecimiento había disparado. La España oficial cada vez se quedaba más pequeña. Las universidades, con la constante fabricación de titulados, estaban contribuyendo a agravar este problema.

A La Dehesilla acudieron dirigentes franquistas con ansias de modernización y, sobre todo, de no quedar extinguidos. Estos ofrecieron oportunidades a los nuevos tecnócratas. Destacaron ingenieros como los ya mencionados José María López de Letona y Claudio Boada, que en 1969 lideraban el Ministerio de Industria.

También Alberto Monreal Luque, cesado por Franco tras su propuesta de reforma fiscal. Monreal trabajaría en Hacienda con dos de los economistas que marcarían las reformas de los años siguientes: Enrique Fuentes Quintana, que pertenecía a una generación anterior, en un principio ligada a la Falange y al Instituto de Estudios Políticos, y Mariano Rubio, una de las piezas nucleares de la nueva élite. Fuentes Quintana fue el principal impulsor de los denominados Pactos de la Moncloa para hacer frente a la crisis capitalista de principios de la democracia; y Rubio, desde el Banco de España, afrontó una crisis que arrasó a la mitad de las entidades financieras españolas. Ambos reformadores se habían gestado en el viejo aparato del Estado y contribuyeron desde dentro a renovarlo.

Conscientes de la utilidad de contar con cualificados miembros de las nuevas generaciones, estos dirigentes del franquismo eligieron a algunos de ellos para estos puestos clave en ministerios como Hacienda, Comercio, Industria o en lo que se estaba convirtiendo en el pulmón de la política económica española: el Banco de España.

Estos reclutamientos tuvieron trascendencia, pues se producían en instituciones y ministerios en los que se estaba gestando la transformación del capitalismo industrial español, muchas veces a marchas forzadas. El impacto de las crisis del petróleo en los años setenta tuvo un largo alcance sobre dichos centros, y fue entonces cuando estos reclutas tecnocráticos pasaron a la primera fila.

Lo que el teórico político Robert Michels denominó la fusión de élites[51], o la combinación de viejas energías y talentos con las emergentes, renovadoras y en ocasiones díscolas, se produjo lejos de las catacumbas de la oposición comunista, y de manera casi cotidiana, a la vista de cualquiera que quisiera prestar un poco de atención. La transición tecnocrática consistió en una fusión de caracteres similares con perspectivas políticas divergentes que por sus puntos en común funcionó de manera sincronizada.

Lejos de la valiente agitación sindical, la Administración General del Estado comenzaba a llenarse de personas con una

[51] Michels, Robert (2017 [1913]), *Los partidos políticos. Un estudio sociológico de las tendencias oligárquicas de la democracia moderna*, Madrid, Amorrortu.

buena formación universitaria, conocimiento del extranjero, cultura y ambición política. En la etapa democrática muchos de estos serían ministros con experiencia en sus carteras correspondientes, y algunos de ellos ocuparían posteriormente puestos relevantes en el Gobierno de la Unión Europea, precisamente el destino final de la evolución democrática de España.

El pulmón de las finanzas

El lugar del primer asalto de la nueva tecnocracia fue el Banco de España, uno de los centros neurálgicos de las reformas en el Estado español desde la llegada al poder de los tecnócratas del Opus Dei. El banco central, entidad sistémica de la economía y las finanzas nacionales, había sido nacionalizado en 1962 y estaba gobernado desde 1965 por el exministro de Hacienda Mariano Navarro Rubio.

Navarro Rubio había contado con el economista Joan Sardà, inspirador del Plan de Estabilización, para la reforma del servicio de estudios del banco emisor. Con Sardà, el servicio sufrió una refundación, y quedó convertido en un centro de estudios y pensamiento sobre la economía española que es una referencia hoy día. La modernización del banco no solo exigía disposiciones legales que incrementaran la independencia de la entidad, que había estado tradicionalmente adscrita al Ministerio de Hacienda. También requería de un personal renovado, formado en economía y con competencias para integrar la central de balances, o el departamento de balanza de pagos, entre otras posiciones de máxima especialización.

El reclutamiento del nuevo personal se realizó a través de pruebas específicas que dieron entrada a una serie de economistas de distinta evolución ideológica[52]: Miguel Boyer, economista y físico; Carlos Solchaga, navarro de Tafalla que había cursado estudios en la Universidad Complutense; Pedro Schwartz, aspirante a diplomático frustrado por la represión franquista; Raimundo Ortega, que había militado en el Frente de Liberación Popular; o Pedro Montes y Jesús Albarracín, que mantuvieron posiciones críticas al poder financiero durante toda su carrera[53]. Todos estos se unieron en el servicio de estudios a Mariano Rubio, que tras su breve exilio en Francia había tenido un efímero paso por el Ministerio de Hacienda, al catedrático de Economía Ángel Rojo, que se convertiría en una referencia intelectual para los economistas y académicos españoles gracias a su trabajo en el banco y en la Universidad Complutense, y a Ángel Madroñero, que procedía también de Hacienda. Este nutrido equipo trabajaría en la elaboración de estudios, estadísticas, propuestas de regulación y reformas, entre otros aspectos. En todo ello tuvo una clara influencia el alto mando, que dependería durante años del Opus Dei: entre 1965 y 1969, sería Mariano Navarro Rubio el que ocupara el primer puesto del banco, dando paso, ese mismo año, a Luis Coronel de Palma; y, en 1976, a José María López de Letona. A López de Letona le sucedería ya en la transición el profesor Álvarez Rendueles con Mariano Rubio de subgobernador, con una influencia que no dejaría de crecer hasta su forzada marcha del banco en 1992.

La red del Banco de España hacía compatible trabajar en uno de los núcleos de influencia de la tecnocracia franquista y criticar al régimen. Un ejemplo de ello fue la publicación de la revista *España Económica*, suerte de *Cuadernos para el Diálogo*

[52] Rivasés, Jesús (1991), *op. cit.*
[53] *Ibid.*

en el ámbito de la Economía, donde se criticaba la defectuosa apertura comercial, los controles proteccionistas y los escándalos de corrupción. *España Económica* terminó siendo presa de la censura franquista a finales de los años sesenta.

Hacienda y la impotente reforma fiscal

Paralelamente al banco central como centro del poder técnico destacaba también el ya mencionado Ministerio de Hacienda, la cartera que centralizaba las finanzas del Reino de España, y que todavía ejercía una fuerte influencia sobre el banco emisor. Allí se encontraba buena parte de la alta burocracia que, junto con la del Ministerio de Comercio, trataba de reformar el Estado.

En Hacienda, Alberto Monreal Luque, uno de los primeros economistas del Estado, ejerció como titular entre 1969 y 1973, momento en que fue cesado por el dictador. Monreal trató de consumar una reforma fiscal que avanzaba hacia un sistema progresivo, pero que solo podría culminar su entonces mano derecha, el profesor Enrique Fuentes Quintana, en los inicios de la democracia.

En el ministerio de finanzas también sirvió Mariano Rubio. Rubio dimitió por el denominado proceso de Burgos, juicio sumarísimo contra 16 etarras que provocó protestas internacionales. Acto seguido, regresó al Banco de España, y pronto destacaría al frente de la empresa recién nacionalizada Enagás, en compañía de Rafael del Pino.

También estuvo en Hacienda Francisco Fernández Ordóñez. El mayor de una familia de diez hermanos, este inspector de Hacienda alternaría en los setenta organismos públicos y empresas privadas, como los bufetes fiscales y financieros.

Ordóñez pasó por Hacienda y, posteriormente, fue presidente del Instituto Nacional de Industria. En aquellos años, el INI albergó a una nueva camada de juristas, ingenieros y economistas que poblarían los gobiernos democráticos.

Los reclutas del INI

El INI de los setenta había renovado su estructura y espíritu. Al frente se encontraba Claudio Boada. Considerado un experto en liquidación de empresas no rentables, Boada fundó un servicio de estudios al frente del organismo. Se trataba de un paso similar al que se había producido en el Banco de España: los propósitos reformistas querían dotarse de un gabinete que produjera los estudios necesarios para adoptar las mejores decisiones, o al menos para poder justificarlas. Para la dirección de dicho servicio, Boada evaluó distintos perfiles. El propuesto fue el tándem formado entre dos técnicos jóvenes: los ya mencionados Juan Manuel Kindelán, ingeniero de minas y experto en energía nuclear, y Miguel Boyer. Para Boada eran dos superdotados[54].

Boada tuvo que mantenerse firme frente a las quejas de ministros que consideraron inapropiado el fichaje de dos representantes del antifranquismo, en particular, de dos antiguos miembros de la ASU que habían pasado por la cárcel, y que militaban en el clandestino Partido Socialista Obrero Español.

Pero la mala suerte y no la dictadura alteró los planes. En una sesión de equitación en la finca La Dehesilla, Kindelán sufrió una grave caída que le causó un traumatismo

[54] Heras, Raúl (1988), *op. cit.* A juicio de Boada, Boyer y Kindelán eran dos superdotados que habían elaborado un genial informe sobre el futuro del petróleo, lo que compensaba sus credenciales antifranquistas.

craneoencefálico. Boyer se hizo cargo del servicio de estudios y Kindelán tuvo que esperar para incorporarse. Miguel Boyer reclutó como subdirector a Carlos Solchaga. Solchaga había conocido a los profesores José Luis Sampedro y Ángel Rojo en la Universidad Complutense, mientras estudiaba Economía en el viejo caserón de la calle San Bernardo. Este último le marcaría especialmente[55].

Con Solchaga entró en el INI un grupo de credo antifranquista. A Boyer y a Solchaga, al recuperado Kindelán y al técnico comercial Carlos Bustelo se les unieron los profesores Fernando Maravall —hermano del futuro ministro socialista de Educación— y Óscar Fanjul. Otros destacados en el INI fueron el técnico comercial Guillermo de la Dehesa, la economista procedente del Banco Urquijo Carmen Mestre, el comunista Martín Gallego o el maoísta José María Pérez Prim[56]. Una infiltración de una izquierda tolerada que compaginaba su actividad y militancia con una destacada contribución al funcionamiento de las instituciones.

En 1973, la dictadura nacionalizó la distribución del gas natural. Se fundó Enagás y se puso al frente a Rafael del Pino. Del Pino reclutó a Mariano Rubio y a Carlos Bustelo, dos piezas esenciales de la red de La Dehesilla.

En sus marcas: la crisis de 1974 como ensayo

En diciembre de ese mismo año, el presidente del Gobierno, el almirante Luis Carrero Blanco, moría asesinado en un atentado organizado por la banda terrorista ETA. La ultraderecha

[55] Tomás, Carmen y Alonso, Ignacio (1993), *El provocador. Carlos Solchaga: de la reconversión industrial a la crisis económica y social*, Madrid: Temas de Hoy.
[56] *Ibid.*

franquista, recelosa de las posiciones críticas de la Iglesia y de las veleidades reformistas de los tecnócratas, exigía venganza. El giro autoritario, como respuesta al magnicidio y como expresión de la debilidad de la dictadura, se puso en marcha.

Los cambios políticos llevaron a nuevos equilibrios. Boada pasó al sector privado, como presidente del Banco de Madrid, una entidad con acciones preferentes en el Palacio de El Pardo; el INI pasó a estar presidido por Francisco Fernández Ordóñez. Enagás, por el abogado del Estado Luis Valero, representante de los sectores ultra y próximo a Girón de Velasco.

La creciente presión y la publicación de escándalos de corrupción que afectaban a la familia del Generalísimo y al establishment franquista —como el del aceite desaparecido de Redondela o la quiebra de Sofico, un grupo de empresas de personas vinculadas al régimen— provocaron el cese del ministro de Información y Turismo, Pío Cabanillas. Con este se marchó el titular de Hacienda, Antonio Barrera de Irimo, en una insólita dimisión. Se trataba de una inédita protesta contra el comportamiento autoritario de un régimen que pugnaba por sobrevivir, pero que solo parecía saber hacerlo a través de la represión. En dicha protesta se mezclaban los que aspiraban a hacer de la dictadura una forma racionalizada de dominación con visos de supervivencia y los que luchaban por una democracia homologable a las europeas. Quienes defendían esta última posición también dimitieron de sus responsabilidades en el INI, y entre estos estaban Francisco Fernández Ordóñez, Miguel Boyer y Carlos Solchaga.

Lo curioso de este cambio es que la represión política no pudo evitar que los miembros de la red de La Dehesilla se recolocaran en puestos destacados. La nueva inteligencia técnica se había hecho imprescindible —como lo había llegado a ser la tecnocracia afín al Opus Dei—, mientras que el alto mando del Estado comenzaba a descomponerse. La vieja clase política no parecía resistir la presión interna y externa, y la nueva se refugió en el sector privado a la espera de su turno.

Algunos, como Mariano Rubio, volvieron al Banco de España. Boyer pasó por Explosivos Río Tinto, presidida por Leopoldo Calvo Sotelo. Solchaga fue contratado por el Banco Vizcaya para la creación de un servicio de estudios, donde el navarro permaneció hasta marcharse como consejero de Hacienda del ente preautonómico vasco.

En el año 1977, después de la muerte del dictador, la transición comenzaba con pasos inseguros en un contexto de ruptura del orden económico construido durante la posguerra mundial. El paso a la democracia exigió enormes desafíos políticos, pero también importantes cambios desde el punto de vista de la economía y de sus instituciones rectoras. Para dichos cambios ya se había formado una red de personal altamente cualificado, conectado con las expectativas del momento y con independencia del partido en el poder. Tanto la Unión de Centro Democrático, la coalición de partidos que gobernó desde 1977 a 1982, como el Partido Socialista Obrero Español, que lo hizo desde 1982 a 1996, contaron con sus miembros. La red de La Dehesilla, con los años renombrada como la *beautiful people*, constituiría una parte de la clase dominante española en la democracia.

4. Transición y actualización del sistema

El carácter previsible de la muerte, el 20 de noviembre de 1975, del dictador Francisco Franco, no hizo que el vacío de poder generado con la desaparición del jefe de Estado fuera menor. Cuarenta años de socialización política, intensamente vivida por los principales jerarcas del régimen, habían dejado una profunda marca.

Precisamente la naturaleza mítica de un régimen que descansaba aún en el teórico heroísmo de Franco hizo imposible que la circulación de las élites permitiera a la dictadura sobrevivir. Al no haber un recambio a tan arcaica estructura, el régimen se desmoronó con la colaboración de algunos de sus altos funcionarios. El óbito del dictador simbolizaba la implosión de una élite agotada ya tiempo atrás. Y lo difícil estaba aún por llegar. A la guerra entre las familias del régimen, desasidas de su cemento estructurador, a los atentados terroristas y a la protesta callejera, estudiantil y sindical se añadió una crisis embalsada, una recesión que explotó en la etapa democrática.

La transición se libraría en una encrucijada político-económica en la que la inflación reflejaba la lucha de las mismas clases sociales que negociaban algunos de los pilares normativos de la nueva democracia.

La primera crisis del petróleo, que había azotado al mundo desde finales de 1973, no parecía haber hecho notar sus efectos aún en 1975. España, dependiente del crudo para impulsar la industria, los transportes y los servicios, y dotada de una moneda débil, la peseta, se encontraba entre las naciones que más podían acusar los efectos de la terrible perturbación de los precios energéticos.

Fueron los gobiernos democráticos de la UCD y del PSOE los que tuvieron que lidiar con la mayor parte de sus causas, ya que los Ejecutivos del último franquismo solo impusieron cataplasmas a fin de garantizarse la estabilidad en las calles y en los centros de trabajo.

Todo ello provocó que los primeros años de la democracia tuvieran que afrontar un desafío múltiple. Se enfrentaron a una combinación terrible de factores: en primer lugar, al incremento incesante de los precios; en segundo, al aumento de un paro potenciado por el regreso de la emigración; en tercero, a la agitación sindical, motivada a un tiempo por la protesta democrática y por la pérdida de poder adquisitivo. En cuarto lugar, a la crisis de la balanza comercial, que amenazaba la solvencia de muchas entidades españolas, incapaces de devolver las deudas adquiridas; en un quinto, a una crisis industrial de un aparato productivo escasamente competitivo y amenazado por el alza del coste energético y laboral. Y en un sexto lugar, a la desaparición de medio centenar de entidades bancarias arruinadas gracias a un crecimiento descontrolado y a veces asociado a una expansión industrial ahora fantasma…

A todos estos desafíos había que añadir las enormes expectativas proyectadas. Esperanzas que se ampliaban a un nuevo modelo territorial que respetara las reivindicaciones nacionalistas, culturales y lingüísticas de los distintos pueblos. Que exigían una amnistía, un debate sobre memoria histórica, el retorno de los exiliados y, cómo no, un moderno Estado del bienestar. Y que también albergaban la legítima aspiración a avanzar hacia el socialismo, uno de los mayores temores para ciertos estratos de la sociedad.

No es extraño, en este sentido, que la transición se haya juzgado como un éxito. Se trata, en efecto, de un proceso logrado en contra de numerosas dificultades, de una herencia económica y política funesta, pero también gracias a la entronización de unas nuevas élites políticas. Para dichas élites, parte de cuyo recorrido previo ha sido descrito anteriormente, 1977 representa un momento emblemático, fundacional, de la democracia española. Se trata del inicio de un periodo de acuerdos y reformas que se recuerdan como el espíritu de la transición y la concordia, pero que también supusieron muchas renuncias e imposiciones.

De nuevo, la hora de la economía: los Pactos de la Moncloa

La inflación interanual había llegado al 28.4 por ciento en el mes de agosto de 1977, justo en el arranque de la primera legislatura de la democracia. Mucho más alta que la media de una Europa que llevaba luchando contra la amenaza inflacionaria desde antes del estallido del conflicto del Yom Kippur. La inflación no solo se elevaba sino que además disparaba su ritmo de ascenso. El panorama era oscuro, casi negro.

El Gobierno recién formado después de las elecciones del 15 de junio de ese año, integrado por la Unión de Centro Democrático, había vencido a un resucitado Partido Socialista Obrero Español, y había sido favorecido por los medios institucionales con los que el presidente interino Adolfo Suárez había contado. El propio Suárez había sido director general de RTVE y había importado a parte de su equipo al gabinete presidencial.

El proyecto del Gobierno, del alto funcionariado y de los grupos de poder empresarial era un nuevo plan de estabilización, un conjunto de medidas que, en medio de la crisis y la conflictividad social, contribuyesen a restaurar las tasas de beneficio de las grandes empresas y, con ello, a un lento retorno al crecimiento económico[57]. Una política de manual generalizada en Occidente.

La economía convencional se impuso como el método prioritario para que la aventura democrática fuera posible. Así lo expresaría el nuevo vicepresidente económico, el profesor Enrique Fuentes Quintana, en un discurso en Televisión Española: «La hora de la economía». De nuevo. Fuentes Quintana había estado presente en los planes de estabilización y desarrollo, era catedrático de economía y técnico comercial. Los mecánicos del Estado democrático se habían forjado en los años de la dictadura.

Fuentes Quintana recurrió en varias ocasiones a la comparación entre una economía nacional y una familia para explicar los cambios necesarios. Sus mayores aciertos consistieron en criticar veladamente la inacción económica de los ejecutivos previos, así como los problemas estructurales de la economía franquista; y, también, reconocer que no podrían solucionarse con oscuras fórmulas técnicas, sino a partir de decisiones políticas. Para que la democracia no descarrilase, la economía debía atarse en corto. La inflación se convertía en el gran enemigo a abatir para que la ciudadanía española pudiera celebrar el nuevo orden. El Gobierno se comprometía a responder protegiendo a las clases más desfavorecidas mediante los gastos y los ingresos públicos. La prometida reforma fiscal, que a Fuentes Quintana se le había negado tantas veces, pasaría a ser una realidad.

[57] Estefanía, Joaquín (2014), *La larga marcha. Medio siglo de política (económica) entre la historia y la memoria*, Barcelona, Península.

Todos los grupos sociales contribuirían a la recuperación económica, y todos los políticos deberían participar del diálogo, del acuerdo y del pacto. Ese espíritu de concordia obligada abrazó por detrás el cambio de régimen.

El tono del ministro, y en especial, su posición con respecto a los impuestos progresivos, una auténtica rareza todavía en España, era prácticamente opuesta a la de Mariano Navarro Rubio, el titular de Hacienda que lanzó el Plan de Estabilización en 1959 y que se mostraba reacio a que existiese dicha forma de redistribución. La construcción de la nación democrática se fundaba ahora sobre una fórmula política distinta en la que la definición del ciudadano sustituiría, al menos sobre el papel, a la del súbdito de un ya antiquísimo régimen. Existía, por lo tanto, una diferencia sustancial con respecto a 1959, cuando se habían aplicado un conjunto de medidas que habrían dado lugar al milagro económico de los años sesenta.

En 1977, con la inflación cerca del 30 por ciento, una política exclusivamente destinada a moderar el nivel de precios hubiera provocado numerosas protestas. La población pretendía ir a más; la emigración retornada se cruzaba con unas mujeres que, con cada vez mejores estudios, salían del católico hogar a ganarse su sustento. No existía voluntad ni posibilidad, como a finales de los cincuenta, de endurecer el Código Penal, ni de seguir permitiendo la tortura. Parecía un más difícil todavía.

El poder sindical, de una menor tradición que en Europa y de una dura experiencia tras la clandestinidad, iba en aumento. Su legitimidad resultaba de la lucha diaria en las fábricas, un combate que no solo tenía lugar para mantener el poder adquisitivo de los trabajadores, sino para reclamar libertad de asociación, amnistía y elecciones libres. Dicho movimiento se fundía con las protestas de las asociaciones de vecinos, las reivindicaciones feministas y las exigencias de una miríada de grupos y partidos políticos clandestinos. La sociedad refulgía al tiempo que la economía nacional se poblaba de desequilibrios: la ilusión de las masas se mezclaba con el pánico de los gráficos económicos televisivos. Economía y política parecían divorciadas.

En este contexto se enunció el pacto económico como un método ideológicamente neutral para ratificar la democracia. Enrique Fuentes Quintana, armado con una serie de técnicos como su secretario de Estado, el técnico comercial José Ramón Álvarez Rendueles, su subsecretario, el profesor Manuel Lagares, y su director general de Política Económica, el también profesor José Luis Leal Maldonado, salió a la caza del consenso.

El primer gobierno, comandado por la UCD, un compendio de antiguos falangistas, liberales y democristianos pendientes de la mirada del exterior y de la necesidad de ganar acuerdos, necesitaba promover un conjunto de normas que, por una parte, escenificaran una nueva forma política de actuar, y que, por otra, prepararan el terreno económico para la Constitución.

En este propósito de nuevo contrato social nacieron los Pactos de la Moncloa, un conjunto de acuerdos para mitigar los esfuerzos de la crisis que tuvieron efectos temporales, pero que, como en 1959, contribuyeron a reconstruir un nuevo sentido común: el consenso entre los distintos grupos políticos como una maqueta para un país dispuesto a equipararse a Europa. La doctrina del pacto y de la superioridad de los criterios económicos se convirtieron en condiciones necesarias, pero no suficientes, para promover el porvenir de una España que aspiraba a consolidar su democracia y a ocupar un lugar destacado en los grandes conjuntos económicos mundiales.

Firmados en octubre de 1977 y aprobados unas semanas después, los Pactos de la Moncloa consistieron, en primer lugar, en medidas de contención del crédito para aplacar la inflación y enfriar la economía, subidas de los tipos de interés, devaluación de la peseta y moderación de los incrementos salariales. Todas ellas iban destinadas a disminuir o por lo menos neutralizar el incremento de la inflación y sus denominados efectos de segunda ronda: que las reivindicaciones sindicales, atentas a exigir un aumento salarial para compensar el incremento constante de los precios, no provocasen un efecto en cadena. Junto con las medidas contra la inflación comenzaron a abordarse otros aspectos esenciales. Se afrontaron las fugas de capitales, es decir, el dinero que los más potentados apartaban del país por miedo a su fiscalización. Pagar impuestos se convertía, por primera vez, en un objetivo deseable.

Los acuerdos moderaron la inflación, pero no un poder empresarial que, según había analizado ya el economista Tamames a finales de esa década, contaba con concentración y capacidad de sobra para sacar partido a las subidas del coste de la vida, incrementando los precios por encima del aumento general sin perder cuota de mercado.

También se introdujo una fiscalidad progresiva. Y un conjunto de medidas de libertad sindical, de asociación y derechos civiles que abrieron el camino a la promulgación de la Constitución democrática de diciembre de 1978.

Los pactos permitieron el acuerdo entre distintos sectores representativos, como el PCE, el PSOE, la UCD y en parte la Alianza Popular liderada por el exministro franquista Manuel Fraga, solo de acuerdo con el plan de saneamiento de la economía. La principal patronal, la CEOE, presidida por el catalán Carlos Ferrer Salat, se opuso, aunque terminó firmando, al igual que Comisiones Obreras y la UGT. La CNT quedó fuera y afrontó su definitivo declive.

La economía volvía a preceder a la política, y los técnicos eran de nuevo las principales inspiraciones, haciendo de su figura una inevitable herencia para el periodo democrático que estaba a punto de comenzar. No había oposición posible al espíritu de concordia resultante, al que se habían unido también los comunistas de Santiago Carrillo, lo que contribuyó a aplacar e incluso desactivar una movilización social que por entonces era creciente.

La silenciosa importancia de la crisis bancaria

Un campo de batalla menos conocido fue el bancario, y en particular, el de la autoridad, cada vez más autónoma, del Banco de España. El inicio del proceso democrático coincidió con una liberalización financiera que pretendía abrirnos a un mundo cada vez más globalizado. Y, además, con una de las peores crisis bancarias que se recuerdan. Una enfermedad española a cuya cirugía correspondió un Banco de España que gracias a ello apuntalaría su influencia política.

Las leyes financieras del segundo franquismo habían permitido la expansión de la banca por todo el territorio urbano y rural, pero también la proliferación de numerosas entidades de dudosa solvencia. La abundancia de bandoleros financieros capaces de lograr expansiones sorprendentes a base de trucos contables, préstamos preferentes a sus propias empresas y esquemas piramidales se juntó con las entidades que habían apostado demasiado por una industria que había entrado en decadencia. La quiebra las amenazaba a todas ellas y a sus respectivos ahorradores. El saldo final de la crisis fue la desaparición de medio centenar de entidades, con una actividad frenética por parte del Banco de España para intervenirlas, cerrarlas, sanearlas y entregarlas a otros nuevos propietarios.

Los principales puntales del Banco de España fueron José María López de Letona, el gobernador —sucedido por José Ramón Álvarez Rendueles—, y Mariano Rubio. Tuvieron que ser implacables con bancos y banqueros afincados en unas instituciones franquistas que los protegían, y que no comprendieron que la legislación sobre solvencia tuviera que cumplirse. Los funcionarios del banco sufrieron amenazas, sin que su decidida acción pudiese ser celebrada ni siquiera como un logro, sino como el remedio de un gran mal que por haber sido minimizado no había podido trascender.

Todas estas entidades tóxicas habían financiado buena parte de su balance con los depósitos de los ciudadanos, lo que hacía que permitir su quiebra tuviera efectos fatales. Por ello se crearon dos instituciones: la Corporación Bancaria, primero, y el Fondo de Garantía de Depósito, después, con el objetivo de operar como una UCI financiera y evitar que la infección se gangrenara. Posteriormente saneadas, las entidades se podían adjudicar a los grandes bancos que con más garantías pudieran hacerse cargo de aquellas, de sus oficinas, de sus trabajadores, y por supuesto, de los depósitos de sus clientes.

Se trataba de uno de tantos pactos entre la autoridad del Banco de España, en la que Mariano Rubio adquiría cada vez una influencia mayor, y la aristocracia financiera representada principalmente por los siete bancos de mayor volumen y activos. El Fondo de Garantía de Depósitos, creado en aquellos años, representaba una alternativa a la nacionalización bancaria, que fue exigida por algunos representantes de la oposición, pero que, a través del pacto operado, quedó apartada del debate.

Si bien la fórmula de los rescates bancarios que se realizaron exigía el apoyo financiero de la banca privada y al mismo tiempo el del presupuesto público, que la crisis bancaria se pudiese anunciar superada a principios de los ochenta contribuyó a asentar al Banco de España como cirujano de hierro económico. Gracias a esta victoria, que no pudo ocultar la mala situación de algunas de las entidades resultantes, las políticas del Banco de España, que recurrían a elevados tipos de interés para luchar contra la inflación, fueron más fáciles de legitimar. La economía se convertía en un área para expertos.

El premio nobel Milton Friedman, en una visita a España, elogió el papel del banco central, y en especial el de Mariano Rubio, que rigió la entidad radicada en la Plaza de Cibeles de Madrid desde 1984 hasta 1992, y que se había convertido en uno de los mayores hombres de Estado de la democracia. Para Friedman, Rubio había hecho aquello de lo que no había sido capaz la Reserva Federal en el inicio de la Gran Depresión[58]. La influencia de Mariano Rubio, apoyada en la sabiduría del catedrático Ángel Rojo, fue transversal a los primeros gobiernos de la democracia; tanto el uno como el otro asesoraron a la UCD y al PSOE. Del servicio de estudios del Banco de España salieron muchos de sus ministros técnicos y, después, numerosos ejecutivos de la banca.

[58] Schwartz, Pedro (1999), «Mariano Rubio y la transición económica», *El País*, 6 de octubre.

UCD: LOS CENTRISTAS DE LA GRAN EMPRESA

Si la transición puede dividirse en etapas, habría que considerar la primera, la comprendida entre 1977 y 1979, como la de las reformas más atrevidas. Se trató del periodo en el que el Ejecutivo de la Unión de Centro Democrático y su presidente, Adolfo Suárez, gozaron de un mayor grado de legitimidad, lo que les permitió sentar unas bases fundamentales para la convivencia.

Pero la UCD no había salido de la nada. Una parte de sus representantes bicamerales habían sido procuradores en las Cortes franquistas, altos cargos de la Administración o dirigentes de los organismos corporativos del régimen. Otros provenían de los consejos de administración de la gran banca, cuando no de sus principales empresas participadas. La representación de los primeros años reflejaba la inevitable sombra de un franquismo tecnocrático con el que no se había roto. Esto puede observarse en un análisis del gabinete formado después de las elecciones de 1977. En este destaca la sustancia de la época: un conjunto de altos funcionarios, principalmente abogados radicados en Madrid; muchos de ellos tenían múltiples conexiones con el mundo financiero.

El presidente era Adolfo Suárez González. Abogado y antiguo gobernador civil de Ávila, había crecido en los aparatos del Movimiento Nacional, donde había conocido al ministro franquista Fernando Herrero Tejedor, miembro del Opus Dei de influencia decisiva para el desmontaje en 1976 del aparato franquista. Suárez acumulaba experiencia desde sus inicios en el gabinete de Laureano López Rodó, en la gestión de la empresa turística Entursa, y en la dirección general de Radio Televisión Española. Allí coincidiría con el director de sus informativos, un periodista procedente del diario *Pueblo* llamado

Juan Luis Cebrián, que en 1977 sería director del diario *El País*, el periódico más influyente del periodo democrático.

En sus comienzos, antes de ser elegido por un parlamento democrático, jugaría un papel esencial una mujer, Carmen Díez de Rivera, que ejercería como jefa de gabinete y cuya vida novelesca merece una breve reseña. Formada en el corazón de la élite de poder, Díez de Rivera rompió abruptamente con su vida al conocer que su prometido era, en realidad, su hermano, pues ambos eran hijos de Ramón Serrano Súñer, que había mantenido una relación extramarital con su madre, Sonsoles de Icaza, musa de Cristóbal Balenciaga. Después de trabajar como cooperante en Costa de Marfil, estudiar en la Sorbona y trabar amistad con el filósofo Jean Paul Sartre, Díez de Rivera se uniría al equipo de Suárez en Televisión Española. Saldría de su Gobierno y militaría en el Partido Socialista Popular de Enrique Tierno Galván, y posteriormente representaría a España en el Parlamento Europeo.

Suárez podía considerarse un político nato del franquismo. Un empleado de la gran fábrica de puestos de trabajo del Movimiento que combinaba distintos perfiles cercanos al falangismo y a las corrientes religiosas dominantes. Su acercamiento posterior a la socialdemocracia respondía a sus ansias de competir con el PSOE y de homologar la democracia española a sus vecinos europeos. Pero su procedencia no podía ocultar la evolución que España estaba experimentando.

Los salones más oscuros de la democracia

El primer gobierno de la democracia y el tercero de la monarquía trajo consigo una novedad que no por evidente puede pasar desapercibida. Se trataba de un nuevo ministerio, la cartera de Defensa, dependiente de una vicepresidencia regida por un militar, Manuel Gutiérrez Mellado. Con dicho ministerio desaparecieron las tres carteras militares del franquismo —los ministerios de Tierra, Aire y Marina—, para centralizarse en un único aparato burocrático. Faltaban pocos años para que un civil, el catalán del PSOE Narcís Serra, se convirtiera en su máxima autoridad, y para que la transición hacia un Ejército democrático pudiese considerarse, al menos sobre el papel del Boletín Oficial del Estado, concluida.

La fusión entre una élite franquista y una oposición moderada y abierta al exterior caracterizaban al Gobierno de Suárez. El falangismo más o menos institucionalizado impregnaba una parte de esta estructura. El ministro de Interior, entonces denominado de Gobernación, Rodolfo Martín Villa, había hecho su carrera política en los sindicatos verticales, comenzando por aquel SEU que se enfrentó a los estudiantes protestatarios en 1956. El papel de Martín Villa en la respuesta a la protesta social que tuvo lugar durante los años de la transición no ha quedado aún suficientemente aclarado y constan denuncias contra su desmedida violencia represiva. El título de sus memorias, *En defensa del Estado*, es un buen resumen. Martín Villa pasaría posteriormente por las empresas de seguridad, el sector en el que se había especializado políticamente, por la empresa pública de electricidad Endesa y por la presidencia de honor del Partido Popular. Ha participado en múltiples entidades del sector privado y de la sociedad civil, muchas en honor al espíritu constitucional de la transición.

En una de las últimas empresas, Técnicas Reunidas, se reuniría con algunas familias procedentes de este primer Ejecutivo y etapas anteriores. La circulación de las élites no entiende, al menos, de edad.

A las fuerzas de Defensa e Interior cabe añadir las de Economía. El primer ministro de esta cartera sería Enrique Fuentes Quintana, un académico y gran entendido de las entrañas de la Administración del Estado de quien ya hemos hablado en páginas anteriores. Fuentes Quintana es uno de los factores comunes en la evolución de la economía española en la segunda mitad del siglo XX y su nombre va normalmente asociado a la idea de la modernización de nuestro aparato económico. Desde su inicio en los sindicatos falangistas, donde contribuyó, en compañía de Juan Velarde, a moderar las reivindicaciones de la Falange, hasta su impronta socialdemócrata en los Pactos de la Moncloa, con su énfasis por los impuestos progresivos, este catedrático y técnico comercial refleja el papel preponderante del especialista en el gobierno del Estado.

Fuentes Quintana, que ese mismo año lograría plasmar parte de sus reivindicaciones en una reforma fiscal, había ejercido su influencia desde los años cincuenta en los ministerios de Comercio —dirigiendo la revista académica *Información Comercial Española*— y el de Hacienda, presidiendo el Instituto de Estudios Fiscales, uno de los más importantes centros de pensamiento sobre la economía española.

Al frente de economía duró escasamente un año, pues presentó su dimisión por discrepancias con la dirección política, y en particular con dos de sus competidores: por una parte, el vicepresidente para Asuntos Políticos, Fernando Abril Martorell, y por otra, el ministro de Hacienda, Francisco Fernández Ordóñez, que terminó siendo el principal impulsor de la reforma fiscal.

Fernando Abril Martorell ha sido considerado uno de los principales responsables del espíritu de colaboración en el que se funda la transición. Ingeniero agrónomo, venía de ser ministro de Agricultura y procurador en Cortes por la provincia de Segovia. Abril colaboró con el diputado Alfonso Guerra para preparar el terreno de los acuerdos constitucionales, y se mantuvo al lado de su líder, Adolfo Suárez, hasta que la descomposición de la UCD se tornó irreversible. Acabó vinculado al consejo del Banco Central, primero, y después de la entidad resultante de la fusión bancaria, el Banco Central Hispano. A principios de los noventa publicó lo que se conocería como el Informe Abril, que advertía de la insostenibilidad de determinadas prestaciones del sistema sanitario público y reclamaba numerosas reformas.

Otro de los rostros más populares de la transición fue el del ministro de Hacienda, Francisco Fernández Ordóñez. Inspector fiscal y dirigente del Partido Social Demócrata, había formado parte de la cúpula de Hacienda durante el tardofranquismo, había presidido el INI y, además, tenía una trayectoria en el sector privado fiscal y financiero. Fue el impulsor del Impuesto sobre la Renta de las Personas Físicas. Posteriormente fue ministro de Justicia y promovió la ley del divorcio. Su militancia socialdemócrata y su olfato político le llevaron a migrar al grupo del PSOE en el peor momento de los centristas; los socialistas le premiarían con la presidencia del Banco Exterior, en 1982, y posteriormente con el Ministerio de Exteriores, donde se mantuvo hasta su fallecimiento.

Liberales atlantistas

Cabe destacar el peso de un sector que informalmente podría denominarse «liberal», con dirigentes no explícitamente vinculados a las familias del franquismo y nexos con grandes corporaciones.

Se trata de Joaquín Garrigues Walker. Hijo de Antonio Garrigues, que había sido embajador en Estados Unidos y en la Santa Sede, y también ministro de la Monarquía, Walker fue ganando prominencia en el Gobierno como representante del ala liberal relacionada con la influencia de la Comisión Trilateral, hasta su repentina desaparición, que sucedió al tiempo que la UCD implosionaba.

Dentro de este grupo también podría incluirse el ministro de Transportes y Comunicaciones, José Lladó Fernández-Urrutia. Profesor de Química, Lladó había asesorado al franquismo en sus planes de desarrollo y había ejercido de ministro de Comercio el año anterior. Un año después fue nombrado embajador en Washington, y sus gestiones le permitieron traer de vuelta a España el *Guernica* de Picasso. La familia Lladó confirmaba con ello su compromiso por la concordia y la cultura que había siempre animado la Sociedad de Estudios del Banco Urquijo, donde su padre, Juan Lladó Sánchez-Blanco, había ejercido de presidente. El ya exministro de Transportes acabaría presidiendo la empresa Técnicas Reunidas, especializada en ingeniería e infraestructuras, donde terminaría coincidiendo con otro colega, Rodolfo Martín Villa, ya bien entrado el nuevo milenio.

Entre los liberales destacan el titular de Industria, y posteriormente de Defensa, Alberto Oliart. Abogado del Estado y alto directivo de Renfe, fue asimismo máximo responsable de empresas vinculadas al consorcio Banco Hispano Americano y Urquijo, así como a la multinacional Siemens.

También del Urquijo y de Renfe provenía Leopoldo Calvo Sotelo, encargado de la misión clave destinada a las Comunidades Europeas. Ingeniero de caminos y consejero de

Ferrovial, Calvo Sotelo pasaría por distintos gobiernos de la UCD hasta ser nombrado efímero presidente. Su primo Carlos Bustelo sería en 1979 titular de Industria.

Católicos y ministros territoriales

De la constelación de distintos grupos católicos hegemónicos destacaban el ministro de Justicia, el letrado del Consejo del Estado Landelino Lavilla, que sería el candidato a la presidencia del Gobierno en 1982, al frente de los restos de la coalición centrista. Lavilla había sido vicepresidente de Editorial Católica, el principal ente editorial de la Asociación Católica de Propagandistas, con numerosas ramificaciones mediáticas, como el diario *Ya*, así como consejero de Banesto.

También a Banesto, y en particular a la gran constructora de los años cincuenta, Agromán, gran participante en el Valle de los Caídos, aparecía vinculado el ministro de Exteriores, el diplomático de raíces democristianas Marcelino Oreja Aguirre, con una dilatada experiencia en ministerios como los de Exteriores e Información y Turismo.

Otro demócrata cristiano de Banesto —en particular, consejero de Acerinox— era Pío Cabanillas, exministro franquista de Turismo. Notario y registrador de la propiedad, Cabanillas había sido trasladado a Tabacalera en un retiro dorado. Su hijo Pío Cabanillas Alonso sería ministro del Gobierno conservador de José María Aznar.

Entre los ministros de extracción demócrata cristiana cabe mencionar también al titular de Educación y Ciencia, Íñigo Cavero, vinculado a la Fundación Konrad Adenauer, de matriz alemana e interesada en el fomento de partidos de centro reformista en España. Cavero, profesor universitario, había participado en diversas empresas de automoción y transportes, como Robert Bosch España, Tractores Españoles y la multinacional Chrysler, lo que, además de a la República Federal Alemana, lo conectaba con el mundo empresarial estadounidense.

La lista de ministros del primer Gobierno de UCD llegaba hasta la veintena, por lo que solo se han referido aquí a los más destacados por grupo burocrático, vinculación ideológica y corporativa. Cabe destacar un rasgo que sería constante a partir de entonces: el creciente peso de las regiones en la extracción de los ministros, los miembros de un Gobierno que debía desarrollar el futuro Estado de las autonomías.

El primer Ejecutivo de la democracia después de Franco fue el que acumuló una mayor popularidad y apoyo. El clima comenzó a cambiar en la siguiente legislatura, con unas mayores ambiciones electorales del PSOE y la erosión de la coalición gubernamental. Para explicar su final cabe comprender el papel de las potencias y las circunstancias exteriores, en un clima de Guerra Fría algo inestable.

Los excesos demócratas de Suárez

La figura de Adolfo Suárez ha quedado canonizada como un icono de la transición. El mito individual coincide con la fórmula política de la democracia: todo aquel que quiera criticar nuestro sistema ha de conocer, primero, lo que costó. La mayor contribución de Suárez fue la de abandonar voluntariamente las cadenas de la dictadura para ofrecer al pueblo, en contra de un violento búnker, una democracia.

Pero Suárez no fue siempre un icono: desde poco después de la firma de la Constitución, las dificultades comenzaron a acumularse y las resistencias, a ponerlo a prueba. La particular composición de la UCD, una coalición de partidos con distinto peso territorial e ideológico, así como diversas vinculaciones con grupos de poder privados, dificultaba la organización de una coalición que se fue dividiendo en forma de «baronías», o alternativas de poder con relevante peso territorial.

La inflación y el desempleo, persistentes y sin visos de marcharse, pesaban sobre el ánimo de una población decepcionada y bombardeada por el terrorismo y las amenazas militares. Comenzaba por entonces a notarse en la sociedad española «el desencanto» inmortalizado en la película homónima de 1976 de Jaime Chávarri.

A la inestabilidad económica y política se unieron los retos del nuevo sistema autonómico. Las llamadas a los gobiernos de concentración se repetirían hasta fechas previas al intento de golpe de Estado de febrero de 1981[59]. El Ejecutivo de Suárez parecía débil y enfermizo. Sus lazos con la alta función pública y las corporaciones no serían suficientes. El gran capital necesitaba una nueva clase política. La derecha empresarial, desperdigada entre la Alianza Popular de los siete exministros franquistas y la patronal CEOE de Carlos Ferrer Salat, andaba todavía huérfana. Y en su interés por ser el presidente de todos los españoles y por disputar la hegemonía electoral al PSOE, Suárez se había acercado estratégicamente al PCE, el Partido Comunista Español.

El presidente había plantado cara a banqueros del antiguo régimen; la política fiscal y la ley del divorcio habían soliviantado a las capas más sensibles educadas en el régimen

[59] La producción periodística y académica sobre las causas, desenlace y efectos del 23F es tan ingente que constituye casi un género en sí mismo. En este trabajo no podemos detenernos a considerar estas obras, ni mucho menos a extraer conclusiones sobre posibles autorías y colaboraciones, parte de las cuales continúan hoy día en el aire.

anterior. Crecido por sus primeros logros políticos, Suárez había prometido incrementar los rasgos socialdemócratas de su proyecto político y había expresado su escepticismo hacia la entrada de España en la OTAN. Washington, financiador de la apertura externa de la economía española desde los cincuenta, tomaría nota como acreedor ideológico. Uno de sus ministros, Joaquín Garrigues Walker, incrementó las críticas al presidente. La prensa agitaba las debilidades de Suárez y estas encontraban eco en el discurso del PSOE, partido de la oposición que esperaba su turno electoral. La presión parecía irresistible: Suárez era, de nuevo, un falangista advenedizo e incapacitado para el mando.

Otros sectores del partido intentaron dar un golpe de timón que permitiera una renovación en el liderazgo: candidatos como Joaquín Garrigues o como Leopoldo Calvo Sotelo, mejor conectados con el núcleo de poder, parecían mejores opciones para esta segunda etapa de la transición. El fallecimiento de Garrigues tras sufrir una leucemia galopante acabó con una opción en la que habían llegado a confluir distintos intereses políticos, empresariales y, además, periodísticos. El modelo de acoso político al presidente del Gobierno —un acoso en el que, por motivos electorales, participó el PSOE— se repetiría en años y décadas posteriores.

El relevo correspondió finalmente a Calvo Sotelo, pero su presidencia nació marcada por el fallido golpe de Estado del 23 de febrero de 1981 y la incorporación acelerada a la OTAN, que el nuevo mandatario realizó sin someter la decisión a referéndum alguno, algo que se convirtió en un activo electoral para los socialistas de Felipe González. Calvo Sotelo, procedente de una de las familias más renombradas de la burguesía española, la radicada en Ribadeo, había sido presidente de Renfe y de Explosivos Río Tinto, además de consejero del

Banco Urquijo y Ferrovial. Condujo la presidencia posterior al golpe y previa a la victoria socialista de octubre de 1982. Su perfil de administrador y su discurso atlantista lo hacían atractivo a las potencias occidentales, entre las que destacaban Estados Unidos, donde Ronald Reagan había abandonado el breve intervalo de moderación internacional regido por Jimmy Carter a finales de los setenta[60].

El fin de Suárez como digestión de un sueño

La desaparición política de Adolfo Suárez, que perdería todas sus opciones por la presidencia, ilustra la debilidad de la democracia española, y en general, de todo sistema que aspire a desafiar los principios de lo que eufemísticamente puede denominarse la gobernanza mundial.

El último Suárez permite, además, estudiar un caso especial de la teoría de los excesos democráticos. Dicha teoría emerge de la publicación, en 1975, del informe «La crisis de la democracia», de Samuel Huntington, Michel Crozier y Joji Watanuki, integrantes de la Comisión Trilateral de cuya estructura ya hemos hablado antes.

La doctrina de los excesos, enunciada a través de la publicación del informe «La crisis de la democracia», subrayaba una paradoja: la democracia debe contenerse para continuar existiendo. El contexto es clave para entender esta noción en principio algo simplista. Los años sesenta habían sido de agitación social: las protestas estudiantiles, los movimientos en contra del racismo y los sindicatos estaban modificando el

[60] Garcés, Joan (2012), *Soberanos e intervenidos. Estrategias globales, americanos y españoles*, Madrid, Siglo XXI.

statu quo de la democracia. Los gobiernos se veían obligados a incrementar sus partidas de gasto para satisfacer a sectores cada vez más exigentes; los trabajadores de las economías en situación de pleno empleo demandaban salarios crecientes y multiplicaban las huelgas en las fábricas; los sindicatos, con una elevada afiliación, querían tomar parte de las decisiones en las empresas.

Al mismo tiempo, numerosos países iniciaban aventuras democráticas que podían dar lugar a alteraciones en las relaciones comerciales y en los equilibrios de poder mundial. La última había sido la de Chile, que había concluido con un golpe militar con apoyo estadounidense. La URSS seguía viva y, además, había extendido sus redes al continente africano.

En este contexto, especialmente caldeado en el sur de Europa, con una República de Portugal aún regida por militares cercanos al Partido Comunista, una Grecia inestable y una España en crisis política y económica, experimentar con la democracia podía conducir al mayor de los excesos: el socialismo. La Comisión Trilateral recomendó en aquel informe que se moderaran los niveles educativos universitarios. Los años sesenta, exitosos en el plano económico, habían dejado una enorme herencia de insatisfacción social entre los miembros de una generación que no había vivido la guerra. La teoría de la modernización de Rostow, tan acogida por los ideólogos de las reformas en el Estado español, parecía ahora darse la vuelta. España debía garantizar un equilibrio que favoreciese al que iba a ser el bando vencedor de la Guerra Fría. Esto implicaba la entrada en la OTAN. El nuevo Gobierno de UCD a principios de 1981, una vez dimitido Suárez y evitado el golpe de Estado, aprobó en 1982 la entrada en la Alianza Atlántica. Uno de los líderes opuestos a esta entrada, el socialista Javier Solana, sería paradójicamente secretario general de la Alianza Atlántica en 1995.

La victoria, en 1982, del PSOE, pondría a una nueva generación política frente a este difícil cuadro. La urgencia del momento y la endémica debilidad del Estado español contribuyeron a que la integración internacional sin apenas exigencias pareciera inevitable.

No obstante, es preciso dedicar un espacio a la evolución del Partido Socialista Obrero Español antes de su llegada al poder político. Un partido que, pese a su carácter centenario, no había ostentado aún el poder en solitario. El PSOE experimentaría durante los años previos una transformación que lo convertiría en una maquinaria electoral que superó todo tipo de expectativas y fidelidades ideológicas.

5. La rosa, replantada en la transición

El Partido Socialista Obrero Español experimentaría una metamorfosis política durante los años setenta, cuando sentó las bases para convertirse, primero, en un partido de masas, y después, en una formación de gobierno, como quedaría demostrado tras su victoria por mayoría absoluta en las elecciones de 1982. Pero el cambio vivido por el PSOE no debe reducirse, como se ha hecho frecuentemente, a la decidida y planificada acción de determinada potencia exterior, ni tampoco a las extraordinarias cualidades de una serie de hombres que lograron renovar el partido a mediados de los años setenta. Las transformaciones experimentadas por el principal partido de los socialistas en España deben entenderse, en cambio, de manera paralela a las modificaciones económicas y sociales vividas durante el periodo descrito por este trabajo. La gran transformación interna del régimen dictatorial y su transición hacia formas democráticas homologables con Europa no solo cambió sustancialmente el poder estatal, sino que también condicionó la evolución de los distintos partidos de la oposición.

Estabilizada la economía e iniciado un periodo de crecimiento y desarrollo material sin precedentes como el que tuvo lugar entre 1960 y 1975, España se alejaba de aquel país que había vivido una guerra fratricida. Por una parte, el crecimiento económico, el aumento de la renta per cápita y de los niveles de consumo estaban dando lugar, durante los años sesenta, a una emergente clase media que, alejada de la experiencia de la contienda militar, tenía sus expectativas situadas en una futura prosperidad con apellido europeo. Por otra parte, no debe olvidarse que los resultados de la victoria franquista, de la represión posterior, de la miseria y del exilio minaron con mucho las energías protestatarias. Las nuevas generaciones se educaron bajo un sistema nacional construido para legitimar la dictadura, y el crecimiento económico venía a cerrar el círculo de la hegemonía: recordar los avances democráticos y las fallidas promesas de la Segunda República implicaba, en los prometedores años sesenta, rememorar la guerra y la pobreza. Para una buena mayoría de los ciudadanos, mirar hacia delante se convirtió en una máxima para mantener la cordura. El tejido social de oposición estaba roto. Los propios dirigentes del PCE ya habían realizado un cambio estratégico con su consigna de la reconciliación nacional en 1956, con la que abandonaban la lucha armada contra el régimen y llamaban a la huelga pacífica, a la colaboración con las latentes fuerzas de la oposición, así como a la progresiva infiltración en los sindicatos verticales.

Mientras tanto, los máximos responsables del PSOE en el exilio, que habían vivido la posguerra como un enfrentamiento permanente entre facciones del partido, parecían atorados en un estrecho túnel temporal, lo que mantenía inactivas las siglas del partido en el interior, así como las de su sindicato hermano, la Unión General de Trabajadores. Una miríada de organizaciones socialistas se encontraba desperdigada por el mapa nacional, y el denominado Partido Socialista del Interior, PSI, presidido por el profesor Enrique Tierno Galván, aspiraba a disputarle la hegemonía.

Rodolfo Llopis, secretario general de la agrupación central de los socialistas exiliados, situada en la ciudad francesa de Toulouse —uno de los centros a los que más emigrantes españoles habían acudido después de la guerra—, mantenía su puesto de mando desde 1944, una vez dimitido Indalecio Prieto. Con Llopis habían terminado las distintas divisiones del socialismo, originadas en el periodo republicano y después en la guerra, pero la formación se mantenía anclada todavía en el pasado.

Los dirigentes socialistas, que aspiraban a la construcción de un nuevo orden una vez fallecido el dictador, mantenían en los años sesenta un discurso que por una parte pretendía la superación del capitalismo y que por otra rehuía cualquier pacto posible con el PCE, por entonces dotado de una capacidad de organización y de penetración superior en la sociedad española.

Patronazgo y financiación alemanes

La languidez del socialismo en el exilio, y su falta de contacto con la evolución socioeconómica de España, llevaba tiempo siendo observada por el resto de los partidos de la influyente Internacional Socialista. Entre ellos cabe destacar el papel del SPD alemán, el gran partido de la socialdemocracia que a finales de los años cincuenta había renunciado al marxismo y que en la segunda mitad de los sesenta se preparaba para formar parte de su primer gobierno de coalición con los conservadores, en el que el exalcalde de Berlín, el socialdemócrata Willy Brandt, se estrenaría como ministro de Exteriores.

Kurt Schumacher y Willy Brandt, líderes del SPD, habían expresado su afinidad con el PSOE y con la causa republicana[61]. El drama del nazismo y su complicidad con la España

[61] Muñoz Sánchez, Antonio (2012), *El amigo alemán. El SPD y el PSOE de la dictadura a la democracia*, Barcelona, RBA Libros.

franquista había movilizado un activismo socialdemócrata contra el régimen prácticamente desde el principio. Los socialistas alemanes habían promovido durante los años cuarenta y cincuenta el aislamiento de España de las instituciones multilaterales y, por supuesto, de la Comunidad Económica Europea. Pero la estrategia cambió. Liderados por Brandt —antiguo militante del Partido Obrero de Unificación Marxista (POUM) y coincidente con George Orwell en la Barcelona republicana de 1937—, los dirigentes del SPD iniciaron un diálogo, por una parte, con los jerarcas de la España desarrollista, y por otra, con distintos representantes de la oposición, excluyendo siempre al PCE, como había sucedido en la República Federal Alemana desde su refundación.

El deshielo coincidía con el cambio de orientación que los socialistas deseaban para la República Federal Alemana, la denominada *Ostpolitik*, enfocada a una mejora de las relaciones con el campo socialista y en especial con la República Democrática hermana, la RDA, orientada aún a Moscú. La RFA, aparentemente liberada del estigma de su pasado en los años treinta y cuarenta, buscaba un nuevo lugar en el mundo y un papel que pudiera ir más allá de elegir maniqueamente entre un lado y otro del telón de acero. Este cambio de orientación, que siempre mantuvo el peligro comunista como principal alerta, adquirió más importancia tras la primera crisis del petróleo, en 1973. En Portugal, unos meses más tarde, la crisis de las colonias portuguesas llevó a un grupo de oficiales del Ejército a dar un golpe de Estado contra la dictadura de Marcelo Caetano. En poco tiempo, la nueva república de Portugal se encontraba en medio de un proceso revolucionario.

Asimismo, la infiltración comunista en Chipre, la crisis del Estado griego, sus roces militares con Turquía, y además la erosión de la democracia cristiana en Italia abrían un nuevo frente político en el Mediterráneo. Un par de años antes de la muerte de Franco, su principal hombre fuerte, el almirante Luis Carrero Blanco, había sido asesinado por la banda terrorista ETA.

La amenaza comunista seguía operativa. Los socialdemócratas alemanes, que habían otorgado puntualmente apoyo financiero al PSOE desde los años cincuenta, buscaban un interlocutor válido para hacer de este partido el principal referente de la izquierda. Descartado Llopis, los alemanes tantearon a Tierno Galván, pero terminaron encontrando en Felipe González, un abogado sevillano que en 1972 había logrado romper con la hegemonía socialista de los dirigentes del exilio, a su mejor enlace. La Fundación Ebert, principal centro de pensamiento vinculado a la izquierda socialdemócrata alemana, nombrada en honor a un presidente socialdemócrata de la República de Weimar, financió numerosos cursos de formación y ofreció múltiples ayudas al PSOE.

Distintas fechas en la evolución de unas siglas

En 1974, los socialistas españoles celebraron su congreso en la ciudad francesa de Suresnes; una cita que se recuerda con no poca mitificación, y como la refundación, pero a la que asistieron pocos líderes internacionales. De aquella cita salió Felipe González elegido secretario general; para ello, González había contado con el apoyo de la federación vasca, comandada por el sindicalista Nicolás Redondo y el excomunista Enrique Múgica, además de otros dirigentes como Ramón Rubial o Eduardo López Albizu, padre del expresidente del Congreso de los Diputados Patxi López. Andaluces y vascos lograron entonces reorganizar el partido frente a las críticas de unos líderes en el exilio que quedaron definitivamente apartados de posiciones de poder, y que terminaron fundando sin pena ni gloria el PSOE Histórico, una escisión socialista sin repercusión electoral.

El primer congreso en el interior, con un PSOE todavía ilegal, pero cada vez más tolerado por unas autoridades franquistas abocadas a aceptar el futuro, se celebraría en el año 1976. El partido, con postulados formalmente marxistas, defendió el derecho de autodeterminación de las regiones del Estado español y una profunda socialización de la riqueza del país.

Para uno de sus históricos militantes, poco tiempo después convertido en un crítico del partido, Francisco Bustelo, se trataba de la declaración política más radical en Europa. Bustelo, miembro de la ejecutiva del partido hasta 1979, describe cómo el PSOE, que en 1976 se encontraba a la izquierda del resto de los partidos de la Internacional Socialista, evolucionaría hasta ser, en 1979, uno de los más conservadores[62].

Fue el congreso de 1979 y su reedición extraordinaria unos meses después el que estableció modificaciones que marcaron el rumbo definitivo del partido. El PSOE había sido derrotado por segunda vez consecutiva en unas elecciones generales por la Unión de Centro Democrático, y ni siquiera había logrado acercarse en número de escaños. El presidente, Adolfo Suárez, había aprovechado la carta del miedo en la campaña electoral, alertando a los electores del peligro que suponía que un partido marxista pudiera hacerse con el poder.

Quizá fuera esta una de las razones por las que el congreso de 1979, el número XXVIII desde su fundación, debatiera en una propuesta programática la decisión de mantener explícita la definición marxista del partido. Una cuestión que podía

[62] Bustelo, Francisco (1996), *op. cit.*

ser secundaria, pero que gozaba de repercusiones mediáticas, electorales, simbólicas y, como se vería posteriormente, de consecuencias en el liderazgo del partido. La mayoría de los asistentes apoyaron la moción que proponía mantener dicha definición ideológica marxista como componente esencial. Pese a haber sido el vencedor del congreso, Felipe González anunció sorpresivamente su renuncia como secretario general. La militancia, la ejecutiva y la oposición quedaron paralizados. No existía un liderazgo alternativo, pese a que dirigentes como Pablo Castellanos, Fernando Morán, Luis Gómez Llorente, Enrique Tierno Galván o Francisco Bustelo habían respaldado el calificativo marxista.

El congreso extraordinario de finales de año supuso la derrota de la moción marxista y el regreso de González. El reñido debate sobre esta cuestión había hecho pasar desapercibido el cambio más importante: se había modificado sustancialmente el mecanismo de representación, centralizando el voto de los delegados autonómicos, erosionando así la participación de los militantes[63].

El PSOE había pasado de ser un partido de militantes a ser un partido de electores, como afirmaría el vicesecretario general Alfonso Guerra, convertido en uno de los máximos responsables de sus futuros éxitos electorales. Desde entonces, con González a la cabeza, el PSOE tendría asegurado un camino libre hacia la victoria electoral y el gobierno de la nación. Ninguna oposición interna lograría ya impedírselo, y con el tiempo, el partido operó un cambio adicional: de una formación personalista y con una cúpula dominante pasó a ser un partido en el que el Gobierno y en particular algunos de sus tecnócratas fueron adquiriendo un peso decisivo, de

[63] *Ibid.*

modo que se difuminaba la línea de separación entre Partido Socialista y Gobierno.

Antecedentes europeos para dejar de dar miedo

En la evolución del PSOE y de sus futuras políticas públicas no solo influyó la persistente amenaza del comunismo, sino también la del capitalismo. La forma en que los distintos gobiernos socialistas se enfrentaron al periodo recesivo de los años setenta determinaría el margen de las políticas nacionales, así como la orientación de lo que sería la futura Unión Europea.

La etapa de la gran inflación y de la ruptura de los consensos keynesianos transformó la marca y el programa de los partidos socialdemócratas en Europa occidental, reorientando las capacidades de los Estados y redefiniendo las propuestas de sus líderes. El PSOE tomaba notas.

En los años setenta, el futuro presidente de Francia François Mitterrand mantenía un pacto verbal con los comunistas y un programa alternativo al capitalismo. En Italia, la decadencia de la democracia cristiana amenazaba con abrir espacio a una izquierda que había abrazado el eurocomunismo, una versión democrática del socialismo que en aquellos tiempos de crisis podría representar una alternativa separada de Moscú.

Pero la izquierda no logró sacar la cabeza. La situación en el Reino Unido no era tampoco estable. Los problemas derivados de la crisis del petróleo, el déficit de competitividad y la caída de la libra no ofrecían alivio alguno. En el invierno de 1976, el ministro de Hacienda, Denis Healey, renunció a los principios laboristas y decretó una subida de los tipos de interés y un plan de austeridad económica. La socialdemocracia británica responsabilizó al Fondo Monetario Internacional, que había hecho un préstamo a Inglaterra en vista de la crisis de divisas que padecía. Pero el cambio era más profundo: en un comité interno del Partido Laborista, el primer ministro, James Callaghan, concluyó que, pese a que muchas de las crisis previas se habían solucionado con el gasto y la deuda pública, en la presente situación no había «otra alternativa» que la aplicada. Sería el preludio de lo que se conocería como el invierno del descontento, que adelantó la llegada de Margaret Thatcher al poder. Las consecuencias no tardarían en notarse. Lejos de la situación británica se encontraban los alemanes, que habían afrontado la primera crisis de inflación moderando las consecuencias y logrando que una política de altos tipos de interés del Bundesbank, el banco central alemán, no afectara significativamente a los niveles de empleo. El modelo alemán, dirigido por los socialdemócratas, primero con Willy Brandt y después con Helmut Schmidt, comenzó a ser envidiado en Europa y terminaría representando el embrión de la futura Unión Europea.

Pero, pese a los vientos de cambio, y a la victoria electoral de Ronald Reagan en Estados Unidos y de Thatcher en el Reino Unido, Francia se resistió. Mitterrand había logrado una holgada mayoría y formó gobierno en 1981 con varios ministros comunistas. Nacionalizó buena parte de la banca y de las eléctricas, eliminó la pena de muerte y elevó el salario mínimo. Sus planes de expansión de la demanda en plena crisis perseguían incrementar la producción y frenar la sangría del empleo. Sin embargo, distintos hechos acabaron paralizando al Gobierno galo. Las fugas de capitales en un país que marchaba en dirección contraria a la mayoría de las potencias occidentales pusieron al franco contra las cuerdas. El episodio británico parecía repetirse con la moneda francesa. El banco central se estaba quedando sin divisas, mientras que el Bundesbank observaba callado la caída de un Gobierno que veían atrincherado en la Galia.

Todas estas dificultades, la influencia del ala tecnócrata del Gobierno francés comandada por Jacques Delors y la ambición política del presidente Mitterrand, condujeron a la retirada del programa socialista, a la ruptura con los comunistas y a la presentación de un plan de austeridad que dio la vuelta a buena parte de las medidas implementadas. Los franceses, después de los británicos, evidenciaban no poder dar la batalla a la crisis internacional y a un mundo globalizado en el que los mercados financieros parecían ejercer cada vez más influencia sobre las decisiones soberanas.

Todos estos eventos inauguraban un nuevo mundo que encontraría más tarde, en 1989, su puesta de largo con la caída del Muro de Berlín. Un terreno en el que el Partido Socialista Obrero Español debutaría en 1982. Los socialistas españoles aprenderían la lección de Mitterrand: de la construcción democrática del socialismo, el partido se quedó con el deseo del primer secretario en la campaña de 1982, que España funcionara. La emergencia de Felipe González, un líder con una enorme capacidad de comunicación a través de la televisión, se produjo al tiempo que el modelo socialdemócrata quedaba sigilosamente congelado. El Estado del bienestar, puesto en marcha y culminado por los gobiernos socialistas, nacería castrado por estos condicionantes.

PARTE II

LA EDAD DORADA. RENOVACIÓN DEL CAPITALISMO ESPAÑOL EN LA ERA DE LA LIBERTAD (1982-2008)

6. La verdadera foto del Palace

La victoria electoral del 28 de octubre de 1982 había sido histórica. El futuro presidente del Gobierno, Felipe González, posaba aquella noche en una ventana del Hotel Palace con el futuro vicepresidente, Alfonso Guerra.

Las fotografías inmortalizaron un cambio social: el final de la transición a la democracia y el inicio de un proceso de democratización inédito. A principios de los ochenta muchos sueños políticos se consideraban todavía posibles, más aún en un país que acababa de abandonar un autoritarismo en blanco y negro y se asomaba a una democracia europea y en colores.

El PSOE no había participado en un gobierno desde el final de la Segunda República y ni siquiera entonces con un protagonismo siquiera aproximado. Se trataba de la gran oportunidad de los socialistas.

El periódico *The New York Times*[1] reflejaba las expectativas internacionales hacia el nuevo gobierno al referirse a este como un grupo de jóvenes nacionalistas con una visión propia de la política y dudas con respecto a la alianza militar. Esta perspectiva expresaba la curiosidad sobre qué haría esta nueva generación frente a los poderes fácticos, pero al mismo tiempo servía para subrayar el carácter electoralmente transversal y escasamente ortodoxo del socialismo vencedor.

En otros países del sur de Europa, como Grecia o Portugal, también gobernaban partidos de corte socialdemócrata.

[1] Markham, James (1982), «New generation has its own perspective», *The New York Times*, 5 de diciembre.

Asimismo en Francia, desde 1981, y en Italia, desde 1983. En la URSS, su presidente, Leonid Brézhnev, moriría días después de la victoria del PSOE, dando lugar a una sucesión de liderazgos que abriría la puerta a la reformista perestroika de Mijaíl Gorbachov.

Pero los vientos mayoritarios apuntaban a otros ejes ideológicos. En Inglaterra y Estados Unidos, la derecha conservadora se hacía poco a poco con la hegemonía política. En China comenzaban a notarse los primeros efectos de la política de apertura a las inversiones internacionales, iniciada unos años antes por Deng Xiaoping, y que contribuyó a impulsar la migración de la industria de Occidente a Oriente, debilitando a los sindicatos. Y en la República Federal Alemana el canciller demócrata cristiano Helmut Kohl era el nuevo representante de la economía social de mercado, un modelo económico que había logrado emerger de la lucha contra la inflación de los setenta sin apenas crear desempleo, instaurando una nueva ortodoxia que impregnaría el futuro proyecto de unión monetaria, condicionando de este modo el margen de elección en política económica de muchos países como España.

La victoria del PSOE había levantado numerosas expectativas. Las ansias de cambio y el ambiente de euforia podrían resumirse en una frase del vicesecretario general del partido, Alfonso Guerra: «A España no la va a conocer ni la madre que la parió». El paso del tiempo pudo confirmar parte de esta promesa, pero por el camino quedaron también numerosas esperanzas traicionadas: el PSOE transformó el país, siendo asimismo transformado por los cambios habidos en España y en su área geopolítica de influencia.

El PSOE tenía 202 diputados en el Parlamento, y la oposición se reducía a un centenar de representantes de Coalición

Popular, un conjunto de partidos en torno a la Alianza Popular del exministro franquista Manuel Fraga. La designación oficiosa de Fraga como «jefe de la oposición» representaba un reconocimiento político al ministro franquista, pero también establecía un nuevo equilibrio bipartidista en el que el poder ejecutivo representaba el presente y la oposición parlamentaria, un pasado que olvidar.

El Partido Comunista apenas sumaba cuatro diputados; Santiago Carrillo, el líder histórico de la formación, había dimitido, y Ramón Tamames, otro de sus principales ideólogos, había comenzado una particular carrera política que le llevaría al conservadurismo. La capacidad de influencia de vascos y catalanes en el Parlamento quedaba limitada por el potencial de la mayoría absoluta del PSOE, que se renovaría en 1986. En los años noventa volverían a ser decisivos.

La necesidad de una nueva estabilización

La oportunidad del socialismo en España era, sin embargo, paradójica. La rosa del emblema del partido tendría que crecer en un jardín de espinosas circunstancias. La mayoría absoluta del PSOE cumplía una función en el sistema económico y político internacional: constituía un colchón electoral para que las medidas más difíciles y dolorosas fueran asimiladas por una mayoría que podía resultar resistente.

España experimentaba una de las peores resacas económicas. A los problemas derivados de las crisis del petróleo, se añadían factores propios: una epidemia bancaria que había dejado más de medio centenar de entidades en la UVI financiera del Banco de España; una anquilosada industria ahogada por el corte del grifo del crédito y los altos precios energéticos; un enorme déficit de competitividad, disimulado por los sucesivos planes de desarrollo de la dictadura…

El dinero se marchaba de España como un eco del inicio de la Segunda República. Los atentados de la banda terrorista ETA se cobraban decenas de víctimas mortales al año. Las tramas de militares golpistas y de ultraderecha apuntaban incluso a la monarquía, a la que consideraban traidora de la sublevación del 18 de julio de 1936. El PSOE debía acometer reformas urgentes sin decepcionar las expectativas.

Hacía falta un plan de estabilización más complejo, si cabe, que sus ancestros. Quedaba por construir un Estado del bienestar homologable al resto de las naciones europeas; distintos grupos marginados por la dictadura esperaban una compensación pública; el mundo de la cultura pugnaba por expresarse en una España que por fin iba a poder respirar más allá de los Pirineos, y los derechos de las mujeres esperaban su turno en una sociedad que apenas se había separado de cuatro décadas de integrismo católico. La actividad de los socialistas sería frenética.

Las ideologías de los gobernantes

La moderación del PSOE no solo era un resultado de las circunstancias, sino que venía de fechas pretéritas, de un largo proceso de cambios discursivos en el que la nacionalización de los medios de producción quedó transmutada en una ubicua modernización de la economía y la sociedad. El mantra de la modernización demostraría ser una alfombra capaz de cubrir más de una promesa electoral. La gran excepción había sido la propuesta de generación de 800 000 puestos de trabajo, introducida a última hora por dirigentes cercanos a Alfonso Guerra.

Carlos Solchaga, futuro ministro de Industria, la descartó antes y después de la victoria del PSOE; el ministro de Economía y Hacienda, Miguel Boyer, lo haría de inmediato.

La política de contención del conflicto social del último franquismo —que había agravado los problemas de la economía a cambio de mantener a flote a la cúpula dirigente—, unida a la debilidad de los gobiernos de la UCD, habían dejado auténticos agujeros en las arcas públicas. Esta herencia era incuestionable: el PSOE tendría que cargar con los problemas industriales previos y con los excesos de inflación y de déficit público. Las circunstancias económicas exigían, en suma, un nuevo plan de estabilización, un conjunto de medidas que moderaran la inflación, que otorgaran previsibilidad a la evolución de la peseta, que permitieran generar ingresos fiscales adicionales y que aseguraran la solvencia del parque empresarial público y de la banca privada. Pero otro nuevo plan de estabilización tendría sus costes. Su gestión no podía depender, como en 1959, de la eficacia de la represión policial y judicial, sino de la capacidad de los gobernantes de convencer a los ciudadanos de que dichas medidas eran necesarias.

En los primeros años de la gestión socialista, la población española se avino a aceptar que el fortalecimiento de la protección social, el fomento del empleo, la entrada en la Comunidad Económica Europea y el crecimiento de las oportunidades laborales y económicas exigían un nuevo plan de ajuste. Quizá por todo ello el desgaste electoral de las medidas de política económica adoptadas desde 1983 fue en un principio reducido.

Todos estos condicionantes internos y externos condujeron a la formación de un gobierno a un tiempo singular y con similitudes con el de 1957. La nación necesitaba un Ejecutivo fuerte dotado de dirigentes con capacidad técnica. Una versión socialdemócrata de la tecnocracia estatal se asentaba en el Gobierno tras el otoño de 1982.

La continuidad en el Gobierno del cambio

El Gobierno de 1982 combinó a representantes de las familias o clanes principales del socialismo español, reservando las posiciones clave de la economía a técnicos formados en las más altas instancias del aparato industrial franquista. Esta distribución de las cuotas de poder reflejaba el papel nuclear de la alta burocracia y la relativa continuidad en las formas de hacer política desde el Plan de Estabilización de 1959.

Si en el Ministerio de Interior la política de seguridad y antiterrorismo había heredado parte del saber hacer del franquismo tardío, en Economía e Industria las políticas racionalizadoras acusaban una fuerte inercia burocrática, combinada con los nuevos vientos del neoliberalismo consolidado en Occidente.

Al perfil del presidente Felipe González, abogado laboralista erigido en secretario general del PSOE desde 1974, y del vicepresidente Alfonso Guerra, ingeniero industrial y licenciado en Filología, que se encontraba también al frente del PSOE, se añaden los siguientes.

Javier Solana Madariaga ocuparía el Ministerio de Cultura. Procedía de una familia madrileña emparentada con el liberal Salvador de Madariaga, presente en el ya mencionado «Contubernio de Múnich» en 1962. Solana había participado en las protestas contra la súbita entrada de España en la OTAN, en 1982; en 1995, y tras más de doce años al frente de las carteras de Cultura, Educación y Exteriores, sería nombrado secretario general de la organización atlántica. Posteriormente fue nombrado alto representante para la Política Exterior y de Seguridad Común de la Unión Europea.

Su hermano Luis, abogado con experiencia en el Banco Urquijo, había sido uno de los principales contactos del PSOE con los militares y la monarquía. En 1982 fue presidente de la empresa estatal Telefónica; en 1989, director general de Radio Televisión Española.

En Educación fue nombrado titular José María Maravall, profesor universitario de Sociología e hijo de José Antonio Maravall, catedrático de Historia y discípulo del filósofo José Ortega y Gasset. Maravall estaba considerado como uno de los ideólogos del partido, y desempeñó, en compañía de algunos de sus asesores, procedentes del diario *El País*, un papel relevante en las batallas de ideas de la época, incluidos los debates presidenciales de Felipe González con José María Aznar en los años noventa. Maravall, que dirigiría posteriormente el Centro de Estudios Avanzados en Ciencias Sociales de la Fundación Juan March, reformó la educación pública en un contexto de persistente influencia de la Iglesia católica, lo que permitió a esta conservar numerosos privilegios, como la vigencia de los colegios concertados. Algunos de los cambios promovidos llevaron al enfrentamiento con unos estudiantes que reivindicaban la gratuidad de la matrícula universitaria, un malestar estudiantil que parece una forma asentada de protesta contra el poder, independientemente de su origen.

El economista catalán Narcís Serra, alcalde de Barcelona, ocupó la cartera de Defensa, donde procedió al reordenamiento y reforma de las Fuerzas Armadas poco después del intento de golpe de Estado. Serra, un civil que ni siquiera había hecho el servicio militar, representaba el poder territorial del Partido Socialista de Catalunya, el PSC, uno de los principales factores del éxito electoral del PSOE. Serra también suponía una conexión con la burguesía catalana. Se había formado en la Universidad de Barcelona como discípulo de Fabián Estapé, uno de los asesores del Plan de Estabilización. Pertenecía al prestigioso Cercle d'Economia, había fundado un bufete de abogados con Miquel Roca, uno de los padres de la Constitución, y estaba vinculado a algunos de los industriales catalanes más respetados, como Pere Duran, que se convertiría en presidente de Gas Natural. Su tío, Narcís de Carreras, había sido presidente de La Caixa.

En la Universidad de Barcelona, uno de los principales centros de formación de economistas en España, Serra había coincidido con Ernest Lluch. Lluch, ministro de Sanidad en 1982, había sido secretario general del Cercle d'Economia catalán. Culminaría la universalización de la Sanidad en 1986, un hito fundamental en la historia del Estado del bienestar. A finales del año 2000, tiempo después de su regreso a la cátedra de Historia del Pensamiento Económico en la Universidad de Barcelona, moría asesinado por la banda terrorista ETA.

Pese a que la oposición interna era escasa, algunos ejercieron un papel crítico frente a la corriente principal. La historia ha reservado escaso espacio a una moderada disidencia que estuvo presente en los primeros años del gobierno socialista. Se trata de Julián Campo, inspector de Hacienda y de militancia previa en el Frente de Liberación Popular. Fue hasta 1985 ministro de Obras Públicas; sus medidas de expansión del gasto le llevaron a chocar con el equipo económico del Ejecutivo, comandado por Miguel Boyer. La crisis gubernamental de 1985 lo dejó fuera del poder ejecutivo.

Por dicho sector crítico también pasaría el ministro de Exteriores Fernando Morán. Casado con una hermana del expresidente del Gobierno Leopoldo Calvo Sotelo, era diplomático de carrera y el más añejo de los ministros. Cercano a las tesis formalmente marxistas, Morán condujo las etapas finales de la entrada de España en la Comunidad Económica Europea y manifestó sus dudas sobre la permanencia en la OTAN, sugiriendo la retirada de su comité militar. La crisis de gobierno de 1985 lo dejó sin ministerio; posteriormente fue eurodiputado y candidato socialista al Ayuntamiento de Madrid.

La postura de José Barrionuevo, inspector de trabajo y ministro de Interior, era diferente. Se trataba de una de las carteras clave para rematar la transición. Los acontecimientos posteriores demostrarían las enormes dificultades para gestionar tal cambio.

El peso burocrático en el gobierno era evidente. La clase dirigente española, aquella que, al margen de su extracción socioeconómica, estaba destinada a adoptar las grandes decisiones ejecutivas y legislativas, bebía del sistema de cuerpos funcionariales. El Ejecutivo del PSOE no podría ser ajeno a la influencia de esta forma de gobierno, la racionalidad dominante no solo en España sino en todo Occidente.

Boyer y Solchaga acaparan ministerios

La élite burocrática era también mayoritaria en Economía e Industria. La economía era la condición necesaria pero no suficiente para que la experiencia no acabase como una réplica de la de 1931. El Ministerio de Economía, Hacienda y Comercio, una gigantesca cartera, lo ocupó el economista Miguel Boyer Salvador. Activo en el Partido Socialista desde los años sesenta, Boyer podía presumir de formar parte de una burguesía republicana respetada en los círculos de los negocios. Inestable en el PSOE, había sido asesor de Felipe González en fechas previas a la gran victoria. Había servido de puente para que este pudiera convencer a los principales líderes de la industria y la banca de que el PSOE no sería una amenaza.

Hacía ya tiempo que este descendiente del ministro alfonsino Amós Salvador había abrazado posiciones liberales, dejando a un lado sus anteriores ambiciones socialistas: en un debate a finales de los años setenta había defendido la creación de un parque de empresas nacionalizadas, un pequeño sector privado y un ámbito de entidades mixtas o privadas bajo régimen autogestionario[2]. Los vientos de cambio en Europa y las perspectivas de la economía española habían cambiado su punto de vista. Formado en las canteras burocráticas del franquismo, destacado en el Banco de España y en el Instituto Nacional de Industria, desconfiaba de la capacidad del sector público español.

En 1982, Boyer reclamaba poderes absolutos para hacer las reformas requeridas. No había tiempo que perder. Las protestas, protagonizadas por Nicolás Redondo, líder de UGT y también diputado, sonarían para Boyer como una música reaccionaria, un pasado que había que dejar atrás. Las críticas de la derecha a Boyer se plantearon desde la portavocía económica, presidida por su amigo Pedro Schwartz, compañero en el Banco de España. Todos ellos pensaban de manera parecida.

Boyer podía considerarse uno de los ministros más preparados para el cargo, si para ello recurrimos a los requisitos convencionales. Acreditaba experiencia en el banco emisor, en el Instituto Nacional de Industria (INI), así como en empresas privadas como Explosivos Rio Tinto.

Las secretarías de Estado, los segundos niveles técnicos de la cartera, cobraban protagonismo por su relevante peso. La de

[2] Heras, Raúl (1988), *op. cit.*

Economía pasó a manos de Miguel Ángel Fernández Ordóñez, hermano del exministro de Hacienda y Justicia de UCD, Francisco Fernández Ordóñez, al frente del Banco Exterior de España. Técnico Comercial del Estado, Miguel Ángel Fernández Ordóñez defendía la austeridad, la reducción de gasto público y la política monetaria restrictiva. Cuando consideró agotada su trayectoria política —aspiró a suceder a Boyer en el ministerio pero no lo consiguió—, se mudaría al Fondo Monetario Internacional. Terminaría su carrera como gobernador del Banco de España, una meta que parece punto de partida y de llegada de los economistas que más importantes decisiones han adoptado en la historia de la democracia española.

Los otros dos secretarios de Estado reflejaban el resto de las tendencias existentes en el partido. En Hacienda se encontraba José Víctor Sevilla, que daría más de un quebradero de cabeza a Boyer, debido a sus posiciones socialdemócratas y a sus a veces poco calculadas declaraciones. Sevilla fue sustituido por Josep Borrell tras rechazar una amnistía fiscal que convertía a los defraudadores en compradores de bonos del Estado. Se trataba de los pagarés «Afro», una fórmula implementada para lograr ingresos fiscales adicionales, pero que reflejaba la eterna subordinación de la Hacienda nacional a los intereses privados. Sevilla no volvería a la política. Su hermano Jordi, promotor de la corriente en el PSOE que logró encumbrar a José Luis Rodríguez Zapatero, sería en 2004 ministro de Administraciones Públicas y, en 2019, presidente de Red Eléctrica.

En la Secretaría de Comercio estaba Luis de Velasco. Técnico comercial, representaba el peso del partido más cercano a Alfonso Guerra. Fundador del Instituto de Comercio Exterior, ICEX, De Velasco había iniciado su carrera como funcionario en la embajada comercial del Chile gobernado por Salvador Allende. El golpe de septiembre de 1973 lo marcaría de por vida.

Su lejanía de la «gente guapa» que rodeaba al equipo económico del presidente y su carácter introvertido lo mantendrían apartado de la corriente dominante. Abandonaría el partido en los años noventa y sería diputado de Unión, Progreso y Democracia en la Asamblea de Madrid.

Otros altos cargos reseñables eran el secretario general de Comercio, el también técnico comercial Guillermo de la Dehesa, y el secretario general técnico, Pedro Solbes, de la misma procedencia funcionarial. Ambos, altos funcionarios en el tardofranquismo y en los gobiernos de la UCD. Solbes ascendería hasta ministro de Agricultura y también de Economía y Hacienda; De la Dehesa escogería el sector privado, especialmente la banca, donde llegó a ser una referencia.

El Ministerio de Economía, Hacienda y Comercio reflejaba la desigualdad entre las tendencias socialistas y las de los tecnócratas del Banco de España. La marcha de la cartera bajo la batuta de Miguel Boyer y, posteriormente, de Carlos Solchaga, no harían sino exacerbarla.

El ministerio de la desindustrialización

El segundo de los dos pilares técnicos era el Ministerio de Industria y Energía. Carlos Solchaga Catalán, también a distancia del núcleo del PSOE, fue designado para conducir la cartera de la que dependían tanto el Instituto Nacional de Industria (INI) como el Instituto Nacional de Hidrocarburos (INH).

La industria parecía condenada a la depresión y requería cambios drásticos. La UCD había vendido algunas empresas públicas, iniciando la reconversión industrial, en la práctica, la extinción de buena parte del aparato productivo. No obstante, y heredando la tendencia franquista a la elusión del conflicto social y a la socialización de pérdidas, se había procedido también a la nacionalización de entidades en apuros, generando lo que por entonces se denominó un hospital de empresas de futuro incierto. El parque empresarial se acercaba a la ruina. Había reformas urgentes que adoptar en el terreno energético, donde las grandes empresas privadas formaban un oligopolio; y negociaciones pendientes para asegurar el suministro de energías alternativas al petróleo. El titular de la cartera no podría siquiera pestañear.

Procedente de una familia con vínculos con la Unión General de Trabajadores, Carlos Solchaga había estudiado ciencias económicas en la Universidad Complutense de Madrid. Su mujer, Gloria Barba, compañera de promoción, presidiría la empresa pública FOCOEX, dedicada al fomento de las exportaciones. Solchaga había formado parte del servicio de estudios del Banco de España dirigido por el catedrático Ángel Rojo, uno de sus principales inspiradores universitarios. Desde allí había seguido a Miguel Boyer hasta el INI. Tras abandonarlo en 1974, se integró en el Banco de Vizcaya. Allí trabajó con algunos de sus futuros compañeros: Francisco Luzón, José Recio y Claudio Aranzadi. Luzón sería presidente de Argentaria, y posteriormente, directivo del Banco Santander; Recio pasaría por la política regional andaluza y por una consultora con la que, en compañía de Solchaga, asesoró al IBEX 35; Aranzadi sería presidente del INI y ministro de Industria. Parte del clan del Vizcaya inspiraría el primer proceso de privatizaciones.

Solchaga llevó a Industria a un equipo forjado en los aparatos técnicos del franquismo. Allí se integraron Fernando Maravall, hermano del ministro de Educación y profesor universitario; Óscar Fanjul, de familia exiliada a Chile; el abogado

Eduardo Santos; el ingeniero Juan Manuel Kindelán, amigo de Boyer, y Carmen Mestre, apodada Caperucita Roja, temida por sus convicciones izquierdistas y feministas.

La inteligencia técnica de la oposición al franquismo, la que había integrado el servicio de estudios del INI, entre otras entidades clave del aparato burocrático español, se encontraba en la alta dirección del Gobierno y la Administración. Al grupo del INI se unió en Industria Luis Carlos Croissier. Militante del PSOE, escritor del programa económico para las elecciones y técnico de la Administración Civil, formaba parte de uno de los cuerpos burocráticos con mayor transversalidad ideológica. Su cuñado, Josep Borrell, sería secretario de Estado de Hacienda en 1984.

El ambiguo contrapoder guerrista

El Gobierno alternaba la tecnocracia emanada de la Administración del pasado con algunos dirigentes del partido cuyo discurso tenía más proyección mediática. La tecnocracia encontraba en la retórica una letra acorde con la modernización, pero también un contrapeso político que exhibir.

El caso más destacable era Alfonso Guerra. Ingeniero técnico industrial especialmente interesado por la cultura —había regentado la biblioteca Antonio Machado de Sevilla—, representaba en aquel Ejecutivo lo que algunos analistas políticos han denominado el liderazgo de los valores, el ejercicio de un carisma basado en un discurso destinado a reforzar las convicciones de militantes y seguidores[3]. Dicho liderazgo valorativo

[3] Laumann, E. O., y Pappi, F. U. (1976), *Networks of Collective Action: A Perspective on Community Influence Systems*, Nueva York, Academic Press.

solo se explica por su combinación con otros tipos más afines a los grupos dominantes: si Felipe González y Miguel Boyer tuvieron que entenderse con los banqueros, Guerra tuvo que hacerlo con los ciudadanos, con los sindicatos, con los medios, con las tendencias del partido y con el poder territorial.

La retórica guerrista ensalzaba las esencias socialistas del Gobierno y del partido —y en ocasiones, las del partido a pesar del Gobierno—, llamaba al cuidado contra una derecha franquista que no debería regresar nunca y ejercía un populismo sobreactuado y pragmático. Las posiciones de Guerra, que afirmó estar «de oyente» en el Gobierno, resaltaban la vocación del PSOE como única izquierda. El discurso guerrista remataba la fórmula política de la modernización como democratización de la sociedad española y como entronización de un Estado del bienestar irrenunciable.

Pero la cuota de Guerra representaba una inmensa cantidad de poder más allá del discurso. Clave en la financiación del partido, y al mando de fundaciones como la Pablo Iglesias y Sistema, el equipo del vicepresidente adquirió posiciones en la radiotelevisión nacional, en el poder autonómico y en la presidencia de las cajas de ahorro, el segundo nivel del sistema financiero. El poder guerrista representaba las esencias pero también el peso del partido, que había hecho de la profesionalización de la política uno de sus primeros recursos. Cuando, tras el escándalo que afectaba a su hermano Juan, Guerra se marchó del Gobierno, la guerra intestina dentro del partido, mantenida entre los partidarios del vicepresidente y los apoyos del presidente, contribuyó a la erosión de la élite socialista.

La *beautiful people*: la burguesía que se arrugó en el poder

La retórica guerrista era un reflejo de los equilibrios de fuerzas en el partido; estos se inclinaban, a la hora de la verdad, sobre los decisores del ámbito económico. Mientras que Guerra y sus colaboradores dominaban el aparato comunicativo —el primer presidente socialista de RTVE fue José María Calviño, uno de los encargados de las finanzas del partido y padre de Nadia Calviño, que ha sido ministra y en el momento de escribir estas líneas preside el Banco Europeo de Inversiones—, la jugada presupuestaria y técnica tenía lugar en otros lugares. La gestión económica representaba uno de los mayores retos del nuevo Gobierno. Felipe González y sus principales ministros reclutaron a los nuevos presidentes de las empresas públicas del ámbito privado y descartaron a numerosos gestores del partido.

Pero todo pasaba, primero, por la joya de la corona: el Banco de España representaba todavía el corazón del sistema financiero y la máxima autoridad monetaria. Desde 1980, el puesto de gobernador lo ocupaba el profesor José Ramón Álvarez Rendueles, que había formado parte del Ministerio de Hacienda del franquismo. Una de las primeras decisiones del gabinete socialista atañía a su renovación, y con ello, a enviar una señal de continuidad. Pese a que había sectores del partido que promovían un cambio, el gabinete González confirmó a Rendueles, cercano al Opus Dei. Con el nombramiento de Mariano Rubio, por entonces subgobernador, como presidente en 1984, se confirmó la continuidad de la política económica. El ascenso de Rubio levantó protestas en el aparato del partido. Alfonso Guerra había propuesto candidatos como Julián Campo o Enrique Barón, dos ministros del primer gabinete.

Una parte mayoritaria del partido y del sindicato proponía políticas más favorables al crecimiento económico, a la creación de empleo y al refuerzo de la posición de los trabajadores. Algo que resultaba incompatible con los altos tipos de interés, con las políticas de reducción de la masa monetaria y con la firme voluntad de fijar y defender el valor de la moneda, la peseta, algo que tenía que conseguirse a costa de reducir el gasto público. El presidente hizo oídos sordos a toda alternativa y, en sintonía con el ministro de Hacienda, Miguel Boyer, contó con Rubio. Así venía sucediendo desde que, a finales de los años cincuenta, los economistas primaran la estabilización sobre otro tipo de consideraciones aparentemente residuales.

Las críticas se exacerbaron cuando el propio Rubio contó como número dos con Juan Antonio Ruiz de Alda, hijo del aviador que había fundado la Falange. Considerado por sus colegas como una inteligencia especial, Ruiz de Alda acompañó a Rubio hasta 1988, cuando un accidente de coche terminó con su vida.

El clan de La Dehesilla dominaba la economía. Otros miembros de dicho clan, como Carlos Bustelo o Pedro Schwartz, ocupaban también puestos clave: Bustelo era consejero del Banco de España y figuraba en distintas empresas privadas, y Schwartz era el portavoz conservador de economía en el Congreso.

Mientras la ortodoxia se mantenía en el banco emisor, Felipe González y Miguel Boyer se encargaron de las empresas públicas. Para ello, contactaron con el Círculo de Empresarios, patronal fundada en 1977 y vinculada a la Asociación para el Progreso de la Dirección, una plataforma de influencia norteamericana para formar a administradores de empresas. Mucho menos crítica con el PSOE que la CEOE, el Círculo de Empresarios se convirtió en uno de los principales centros de extracción de gestores para el primer gobierno socialista[4]. Para el Instituto Nacional de Industria, el Gobierno designó a Enrique Moya, que había alojado a Miguel Boyer el día del intento de golpe de Estado del 23F; para el Instituto Nacional de Hidrocarburos, germen de la futura Repsol, se nombró a Claudio Boada, el expresidente del INI que había reclutado a Boyer y a Solchaga en 1969. La cúpula del INI y del INH estaba controlada por los mismos hombres clave de finales de los sesenta.

Dos generaciones diferentes de tecnócratas volvían a darse la mano en una completa circulación de élites: los técnicos al servicio de los dirigentes ministeriales del Opus Dei eran ahora los veteranos; los jóvenes reclutas de las carteras técnicas en el último franquismo adoptaban ahora las decisiones, designando a aquellos veteranos para las empresas públicas.

Con estos nombramientos se reconfiguraba lo que muchos periodistas denominaron la *beautiful people*, el colectivo de «gente guapa» o económicamente agraciada que mantenía relaciones prioritarias con el poder socialista.

Se trata de un término de valor universal asignado a este colectivo por la prensa española, pero refleja una crítica más amplia, propia de unos tiempos en los que la democracia en España sufría un ajuste de expectativas. Un gobierno modernizador imprimía cambios que implicaban una apertura a una realidad en la que los flujos financieros y las oportunidades económicas se presentaban como únicos para unos pocos. La proximidad del Gobierno con una parte de la clase superior o dominante parecía inevitable.

El fenómeno *biuti* ofrecía varios significados. Hablar de la «gente guapa» cercana al poder político subrayaba la meta-

[4] Estefanía, Joaquín (1983), «El Círculo de Empresarios, "semillero" de altos cargos», *El País*, 9 de enero.

morfosis experimentada por el Partido Socialista. Pero también señalaba a una clase dominante con múltiples vínculos en el extranjero. Una élite empresarial y política que lideró el país durante la segunda mitad de los ochenta, cuando las reformas, la apertura al exterior y el fin del miedo a la socialdemocracia provocaron una entrada masiva de flujos financieros. El enriquecimiento que una pequeña parte de la población española experimentó en estos años, y la persistencia de las desigualdades, cebaron el enfado de una mayoría que ya había acogido la victoria del PSOE en 1982 contagiada de desencanto. Además, la *beautiful people* representaba un cebo, un sujeto al que criticar en medio de un proceso de transformaciones complejas. La *biuti* fue objeto de las críticas de la izquierda, pero también de una derecha que, limitada a poco más de cien escaños, se mantenía todavía sin discurso en el Parlamento.

No todo era *beautiful people* y no todos se integraron en la denominada jet set marbellí, aunque muchos se adscribieron a la selecta noche de la localidad malagueña donde familias de diferente procedencia política celebraban sus coincidentes trayectorias y el buen momento del país. La parte más relevante señala al conjunto de políticos y altos cargos que formaban parte del Gobierno socialista, pero también de la UCD. Se trata de un conjunto de empresarios-políticos, pues terminado su mandato pasarían por numerosas empresas de relevante tamaño. Uno de sus elementos característicos era su elevado nivel burocrático y su conocimiento de la Administración. Otro, sus conexiones con un empresariado puro y con mayor experiencia.

La figura quizá más fotografiada fue Miguel Boyer. Como ministro, y todavía casado con la médica Elena Arnedo, la prensa comenzó a hablar de sus relaciones con Isabel Preysler, protagonista de la prensa del corazón. Amiga de la nieta del dictador, Carmen Martínez-Bordiú, Isabel Preysler había estado casada, primero, con el cantante Julio Iglesias, y después, con el marqués de Griñón, ejemplo de las oligarquías del franquismo. De este último matrimonio nacería la estrella mediática Tamara Falcó.

La ola que ahogó a los socialdemócratas

Preysler y Boyer se fusionarían tras unos escarceos que duraron años, y que hicieron del papel cuché una herramienta clave para el análisis político. Al principio del verano de 1985, Boyer solicitó a González una de las vicepresidencias del Gobierno. El ministro estaba cansado de las injerencias de los ministros que presidían carteras con grandes volúmenes de gasto, y en especial de la influencia del vicepresidente, Alfonso Guerra. El ministro de Hacienda reclamaba mayores poderes para hacer más reformas.

La negativa de González provocó la dimisión de aquel. En la crisis de gobierno el presidente sustituyó a Boyer por Carlos Solchaga. La victoria política de Alfonso Guerra no podía ocultar, sin embargo, el refuerzo de la tecnocracia en el Ejecutivo: el relevo gubernamental de 1985 terminó con los sectores críticos a la política económica y apuntaló los perfiles dominantes. El ascenso de la *beautiful people* y dicho relevo no pueden considerarse de manera aislada.

El titular de Exteriores, Fernando Morán, fue sustituido por el exministro de UCD Francisco Fernández Ordóñez; también dejaron el Gobierno Julián Campo y Enrique Barón, que habían expresado críticas a la política económica. Boyer continuó como asesor del presidente al pasar al Banco Exterior de España, la entidad pública de mayor tamaño. La mano derecha de Solchaga en Economía pasó a ser Guillermo de la Dehesa, de reconocida orientación liberal.

Quedaban pocos contrapesos. Uno de estos era Josep Borrell. Ingeniero aeronáutico, había ejercido como experto fiscal desde la refundación del PSOE. Su papel como secretario de Estado de Hacienda parecía ser el opuesto al de la *beautiful people*. Su protagonismo en la inspección por fraude a la cantante Lola Flores fue un ejemplo de los retos de un país en el que pagar impuestos había sido solo una opción para los más pudientes. Sería ministro de Obras Públicas, Telecomunicaciones, Transportes y Medio Ambiente, pero fracasó en su intento de suceder a Felipe González.

Metáfora exquisita de un país

En enero de 1988, se ofició la boda de Miguel Boyer con Isabel Preysler. A esta acudió un selecto grupo de personas, entre las que destacaban los dos testigos del casamiento: por parte de la novia, Margarita Vega-Penichet, amiga íntima de Isabel Preysler y esposa de Manuel Guasch, presidente de Renault España. Y por parte del novio, el abogado del Estado José María Amusátegui, mano derecha de Claudio Boada en el Instituto Nacional de Hidrocarburos y futuro presidente del Banco Central Hispano Americano.

La boda se convirtió en la comidilla nacional. La historia de un exministro socialista que se comprometía con una representante de la alta sociedad multiplicó las críticas en el partido. A la polémica se unió un reportaje vendido a la revista *¡Hola!* en el que se mostraba la residencia de los Boyer-Preysler, una mansión en el barrio de Puerta de Hierro. La casa-palacio, dotada de 17 baños —información que la prensa aireó con especial insistencia—, aparecía fotografiada con todo detalle. Esta historia reflejaba el ascenso de los niveles de vida pero también la resistencia de una endémica desigualdad en España. Los socialistas aparecían como una élite más. La huelga general de finales de 1988 y, con ella, la ruptura de la Unión General de Trabajadores con el PSOE apuntaban a una escisión dentro del grupo político dominante. Desde 1988, y pese a la nueva mayoría absoluta de 1989, el poder socialista comenzó a debilitarse. El reportaje de *¡Hola!* y su efecto también apuntaban a otra ruptura, la de las relaciones entre los políticos socialistas y una prensa que había simpatizado con las promesas modernizadoras del primer PSOE.

La historia de la *beautiful people* refleja la persistencia de una red de poder que fue transversal a los gobiernos del principio de la democracia. Boyer había sido clave en el primer gobierno socialista. Pero otros miembros, como Mariano Rubio, Carlos Bustelo o Leopoldo Calvo Sotelo, se encontraban más cerca del centro liberal y diverso de la descompuesta UCD. Algunos de ellos se implicarían en la fracasada iniciativa del Partido Reformista Democrático, PRD, formación liberal de oposición al PSOE encabezada por Miquel Roca e integrada por Antonio Garrigues Walker y Florentino Pérez.

La caída de la *beautiful people* quedó enmarcada en el denominado caso Ibercorp, con el destape de las prácticas ilegales de un banco de inversión comandado por el exsíndico de la Bolsa de Madrid, Manuel de la Concha. Ibercorp, que había utilizado información privilegiada, gestionaba los ahorros de La Dehesilla.

La condena a Mariano Rubio, gobernador del Banco de España, y al financiero Manuel de la Concha cercenó la cabeza de la red. La llegada de José María Aznar a la Moncloa, en

1996, promovió una nueva sustitución de élites con un mayor peso de los sectores religiosos, de los apellidos del régimen previo y de una serie de empresarios y financieros desligados de la *biuti*.

7. La captura mutua: el PSOE pacta con la oligarquía

Pero detrás de la *beautiful people* anidaba el poder más impenetrable. Una parte más discreta de la «gente guapa» se encontraba en las finanzas, que recibieron especial atención por parte del Gobierno socialista. Política, banca y medios de comunicación construyen un triángulo de amor y celos en el que se dilucida el funcionamiento real de los sistemas democráticos. La mayoría del debate ciudadano se concentra en el combate entre partidos o grupos parlamentarios, y la crispación a menudo se atribuye exclusivamente al choque entre sus portavoces. Esto ocurre quizá porque el votante influye solo en la composición del Parlamento, o porque, hasta ahora, ha preferido no mirar más allá. Pero el análisis se centra pocas veces en ese cruce entre el poder financiero, el político y el mediático. Una zona menos iluminada de la ciudad democrática, pero no menos transitada. Penetrar en ella implica pisar un terreno periodísticamente virginal al que llegan pocas cámaras.

Los medios, que necesitan financiación pública y privada, establecen relaciones privilegiadas con los políticos y con la banca; los políticos necesitan aliados mediáticos que ofrezcan coberturas favorables a sus narrativas, y también facilidades financieras para sus campañas; las finanzas se esfuerzan por cuidar su imagen y por mantener una distancia cómplice con el poder político, pues de este depende la ejecución regulatoria. Estas necesidades determinan un sistema de intercambio que sobrevive, con modificaciones, a los cambios de gobierno, e incluso a los de sistema político.

La etapa de máxima popularidad de los Gobiernos presididos por Felipe González coincidió con el establecimiento de un imperio reticular, de un conjunto de lazos clave con la banca, con las grandes empresas y con los medios de comunicación. Solo los sindicatos resistieron, y solo durante un tiempo, la incontestable fuerza de dicha red. El capital electoral socialista constituía un botín para determinados grupos de poder que siempre han extraído enormes plusvalías. Entre estos destacan, en primer lugar, la banca, que había salido del franquismo manteniendo buena parte de su protección como esencia de la riqueza española; en segundo lugar, las empresas públicas y buena parte de las privadas; y en tercer lugar, un híbrido de los dos poderes anteriores: los medios de comunicación, empresas de producción simbólica en las que la banca tenía una notable influencia y que, además, iban a vivir un relevante proceso de concentración.

La banca tiene que estar con el Gobierno

Pocas frases podrían resultar más tranquilizadoras que la pronunciada a principios de los años ochenta por el presidente del Banco Vizcaya, Pedro Toledo, entonces considerado como una de las grandes esperanzas financieras españolas: «La banca tiene que estar con el Gobierno»[5]. Pocas sentencias más inquietantes para una democracia: que la banca tenga que estar con el Gobierno refleja una permanente connivencia entre el poder financiero y el público. Y una marcada continuidad con el sistema de relaciones previo, en el que banca y política trabajaron casi siempre al unísono.

[5] Rivasés, Jesús (1988), *Los banqueros del PSOE*, Barcelona, Ediciones B.

La popularidad de esta frase en el cambio democrático reflejaba los límites de este.

En España, una banca protegida había acompañado a los distintos Ejecutivos desde la Restauración borbónica. La dictadura franquista solo afianzó y legitimó esta relación. El Consejo Superior Bancario, organismo de supervisión controlado por los principales bancos del país, había sido creado en 1924 por el empresario y ministro de Hacienda Francesc Cambó y persistiría sin modificaciones significativas hasta 1994[6]. Los regulados influyeron durante todo este periodo de manera decisiva en los reguladores. Los siete grandes bancos que manejaban el sistema del crédito privado, sin ser especialmente voluminosos o eficientes en comparación con los europeos, controlaban el mercado español en forma de cártel[7], imponiendo tipos de interés mínimos y márgenes empresariales, y acordando su política crediticia en íntimos conciliábulos. Y, aunque dichos acuerdos no siempre se respetaran, determinaban un equilibrio y un sistema de normas para que la distribución del beneficio siguiera siendo favorable para todos ellos. Esta coalición de beneficio privado estaba relacionada, asimismo, con una estructura elitista de carácter oligárquico que ha sido mencionada en los capítulos sobre la etapa franquista.

El prominente papel de la banca se basaba en distintos pilares: en su posición de principal acreedora del Gobierno, pues adquiría buena parte de la deuda pública; en su papel de impulsor de la industria; y en la cohesión interna de sus élites, ligadas al régimen previo y a la monarquía. Su influencia se acrecentaría con los préstamos a los partidos políticos en liza electoral desde 1977, incluyendo el PCE. El papel de

[6] Sánchez, Carlos (2024), *op. cit.*

[7] Rivasés, Jesús (1988), *op. cit.*

prestamista bancario otorgaba el poder de condonar deudas, y con ello, ciertas ventajas regulatorias y tributarias. La banca no solo era la acreedora, sino el verdadero sistema al que las nuevas fuerzas tendrían que acomodarse.

La separación secular Estado-Iglesia había formado parte del debate de la transición, pero la profunda penetración financiera no parecía tan evidente. Las tentativas de nacionalización bancaria, enunciadas por el PSOE en su etapa posterior a la refundación de Suresnes, aunque siempre dotadas de una enorme ambigüedad, se transformaron en una no menos clara propuesta de cohabitación entre Estado y banca, un juego de intereses en el que el poder bancario pudo mantener buena parte de sus privilegios. De enemiga de la democracia y el socialismo, la banca pasó a ser un poder fáctico transversal.

En lugar de desmontar esta estructura de dominación privada que partía de una banca protegida y llegaba hasta los oligopolios y a diversas instituciones públicas, los gobiernos del PSOE mantuvieron el cordón umbilical Estado-banca y se adaptaron a este, colocando a su tecnoestructura, es decir, a sus altos cargos técnicos, en puestos financieros clave. Se trataba de otro nuevo pacto entre élites, un acuerdo del que se derivaba la gobernabilidad por un prolongado periodo. Una alianza que, además, requería el apoyo estatal para que el capital financiero patrio no perdiera el tren de Europa y pudiera adaptar su tamaño a la globalización financiera.

El principio marxista de que el Estado es el comité ejecutivo de la burguesía asomaba como una realidad. Los socialistas, que habían rechazado oficialmente dicha retórica, prefirieron cabalgar la contradicción en lugar de enfrentarla. No es extraño, en este punto, que la mencionada afirmación del banquero Pedro Toledo sonara como un refrendo corporativo al nuevo

Gobierno. España volvía a estar a salvo pese a las urnas: en aquellos momentos, los brillantes discursos de los primeros socialistas trataron de aunar un mensaje de tranquilidad para las corporaciones y una promesa de notable bienestar para la mayoría. El mantra de la modernización del país haría posible que estos fines, a veces opuestos, parecieran no poder excluirse mutuamente.

A las finanzas se les quita el miedo

La cohabitación entre banca y poder político se produjo desde antes de la entrada del PSOE. En sus primeros encuentros, los principales dirigentes socialistas ya habían ofrecido perspectivas esperanzadoras a las élites financieras. La banca no tendría que preocuparse por las nacionalizaciones y sí aceptar un conjunto de acuerdos, un nuevo trato con el Ejecutivo y con el Banco de España. Dicho nuevo trato se materializó en un intercambio entre los ministerios técnicos —Economía y Hacienda, principalmente—, la dirección del Banco de España y los siete grandes bancos: el Banco Español de Crédito (Banesto), el Banco Central, el Hispano Americano, el Popular, el Vizcaya, el Bilbao y el Santander. Banca y Gobierno no se morderían, y, para suavizar las diferencias, se tendería todo un puente de tecnócratas de afinidad socialista.

Pese a los esfuerzos iniciales, la desconfianza resistió durante los primeros años. Había distintas razones para que existiera una diversidad de pareceres entre los máximos dirigentes bancarios: el choque entre banca y poder socialista no era el único que producía inquietud; se encontraba en juego también una ruptura generacional, con auténticos diplodocus que mantenían su mando en plaza desde etapas tempranas del franquismo, y que se enfrentaban a un cambio que no solo se estaba produciendo en nuestro país.

Bancos como Coca, cuyo presidente moriría tras dispararse en la cabeza a mitad de los ochenta acuciado por las deudas, y Banesto contaban con dirigentes que habían forjado su carrera incluso antes del estallido de la guerra civil. El presidente del Hispano Americano, Luis Usera, llevaba en altos puestos de la entidad desde los años cuarenta. El del Central, Alfredo Escámez, había entrado como botones hacía casi cincuenta años. Los bancos Banesto y Bilbao eran sospechosos de haber financiado la intentona golpista del 23F. Existían, además, claras diferencias políticas entre la élite financiera, pues sus consejos de administración contaban en algunos casos con exministros de la dictadura, frente a otras entidades con mayor vocación modernizadora. El Banco de Bilbao y el de Vizcaya, de carácter más dinámico y, pese a su conexión con Madrid, con una histórica vinculación al capital vasco, miraban a Europa, mientras que otras entidades de mayor tamaño como el Central o el Banesto, parecían únicamente preocupadas por permanecer como las de mayores volúmenes de activos.

Pese a que los dirigentes de los siete grandes se habían reunido en más de una ocasión con el presidente del Gobierno, solo respiraron cuando los hechos confirmaron las promesas. Los dirigentes de los ministerios económicos, los burócratas del Banco de España y las élites financieras comprendieron pronto el imperativo de cooperación, constituyendo una densa red de relaciones y una comunidad de intereses. Las puertas giratorias no eran más que una manifestación de la creciente similitud entre los integrantes de las distintas facciones del poder tecnocrático.

La influencia era mutua, y las relaciones tenían los dos sentidos que requieren los vínculos exitosos. Cuando se observa la presencia de consejeros bancarios conectados y afines al Gobierno socialista se percibe el interés del mundo financiero por estar bien relacionado con el Ejecutivo, pero también el del Gobierno por influir en los directivos del poder privado. El primero de los casos es el del Banco de Bilbao.

El Bilbao, presidido por el profesor José Ángel Sánchez Asiaín, catedrático y alto cargo del Ministerio de Industria durante la dictadura, mantenía buenas relaciones con la presidencia socialista. Estas se habían establecido gracias a los oficios del primer secretario general de la Moncloa, el publicista Julio Feo[8]. Feo había sido uno de los responsables de las campañas electorales socialistas, parte del gabinete que se enfrentó a la primera convocatoria electoral, en junio de 1977[9]. Formado en Estados Unidos, prestaba, además, servicios de comunicación, relaciones públicas y marketing a los principales bancos vascos: el Banco de Bilbao y el Banco de Vizcaya. En su empresa Comunicación 2000 participó José Recio, uno de los principales enlaces de Carlos Solchaga, y la directora de cine y futura presidenta de Televisión Española Pilar Miró.

A las buenas relaciones entre Asiaín y González habría que añadir los contactos del primero con el gobernador del Banco de España, Mariano Rubio, cercano a su vez a Miguel Boyer, que controló hasta 1988 el Banco Exterior.

[8] García Abad, José (2016), *El malvado Ibex. Cómo ejercen su poder los «lobbies» empresariales frente al poder político*, Madrid, El Siglo.
[9] Feo, Julio (1993), *Aquellos años*, Barcelona, Ediciones B.

El presidente del Vizcaya, Pedro Toledo, mantenía un notable vínculo con el ministro de Industria y Energía, Carlos Solchaga. Ambos habían trabajado en aquella entidad años antes de formarse el primer Gobierno de González. Solchaga lideró allí un equipo en el que se integró Claudio Aranzadi, después ministro de Industria.

Los hombres de Solchaga ocuparon durante una década las plazas clave de la política económica española. Hasta 1993, año del inicio de la quiebra de la élite socialista, el grupo de Solchaga controlaba Industria, el INI, y la CNMV, los principales centros donde se ejecutó una política de privatizaciones[10] que también respondía al mantra de la modernización económica.

Pero en el Vizcaya existían más coincidencias. José Recio, abogado laboralista y militante del PSOE, como Solchaga, estuvo presente en el ente preautonómico vasco y, después, en el Gobierno andaluz. Sería consejero del BBV tras la fusión entre las dos entidades vascas y uno de los mayores embajadores políticos en la empresa privada[11]. Terminó formando equipo con Solchaga en una consultora para el IBEX 35, Solchaga, Recio & Asociados, en la que también participó Claudio Aranzadi. Otra figura del Vizcaya era Francisco Luzón. Un economista de origen humilde que acabó presidiendo la banca pública, Argentaria, en 1991. A su salida de Argentaria se convertiría en uno de los mayores directivos del Banco Santander, y en el responsable de su expansión en Latinoamérica. Su lucha contra la esclerosis lateral amiotrófica (ELA)

[10] Chari, Raj (1998), «Spanish socialists, privatising the right way?», en *West European Politics*, 21(4), págs. 163-179.

[11] Díaz Herrera, José y Tijeras, Ramón (1991), *op. cit.*

y su actividad filantrópica en plena enfermedad marcaron los últimos años de su vida.

Los bancos vascos, lejos de ser socialistas, mantenían un continuo diálogo con el Gobierno y con el Banco de España. Mariano Rubio dio el visto bueno en 1988 para que Bilbao y Vizcaya se fusionaran constituyendo el BBV, entonces el mayor banco del país, con participaciones en la actual Iberdrola, Repsol y Telefónica. En su consejo de administración se sentaron representantes directos o indirectos del poder socialista como el presidente de Repsol, Óscar Fanjul, o José Recio.

La presencia del BBV en Iberdrola, Telefónica o Repsol reforzaba la influencia del Estado en las mayores entidades estratégicas[12], y también vías alternativas de financiación política, como las que fueron reveladas en el caso FILESA, que apuntaba a un entramado de empresas recaudadoras de dinero a cambio de estudios ficticios. El sistema socialista, carente de competidores, había engendrado las bases de su destrucción.

El banco de la beautiful people

La red establecida con el Banco Hispano Americano reflejaba una proximidad aún mayor. Denominado «el banco de la *beautiful people*», este atravesaba en la primera mitad de los años ochenta múltiples problemas como consecuencia de una serie de absorciones que se habían convertido en agujeros contables. Las cuentas del Hispano, seguidas de cerca por el Banco de España, amenazaban con infectar el sistema financiero.

[12] Díaz Herrera, José y Durán, Isabel (1994), *Los secretos del poder. Del legado franquista al ocaso del felipismo. Episodios inconfesables*, Madrid, Temas de Hoy. Los autores se refieren a esta estrategia como nacionalización indirecta.

El patriarca Luis Usera, a la cabeza del banco desde los años cuarenta, había dejado la presidencia en 1983 a Alejandro Albert, por entonces cuñado del ministro de Cultura, Javier Solana. Su breve gestión, concluida por una grave enfermedad, dio paso a una crisis corporativa.

El Gobierno, con la intermediación del Banco de España, influyó en el nombramiento de un presidente llamado a evitar el peor de los escenarios. Su nombre subrayaría de nuevo el largo cordón umbilical entre el poder estatal y el financiero: Claudio Boada. Expresidente del INI y del INH, su papel como administrador de negocios en dificultades, de minimizador de pérdidas empresariales y de reductor de personal lo habían convertido en un candidato ideal[13], y sus relaciones con los tecnócratas socialistas habían hecho de él un intermediario inmejorable, un estadista público y privado. Boada modificó la estructura de un consejo de administración envejecido. Su mano derecha, el abogado del Estado gaditano José María Amusátegui, le acompañó en esta aventura. Otros miembros de la red de La Dehesilla, como Leopoldo Calvo Sotelo y el dueño de Ferrovial, Rafael del Pino, se integraron en el máximo órgano directivo. En el tercer banco del país también estaban perfiles cercanos a todo poder político como Felipe Benjumea, primer ejecutivo de Abengoa, o el exministro de Defensa Alberto Oliart. Unos años después, Amusátegui heredaría el mando de Boada e impulsaría la fusión del Hispano con el Banco Central, dando lugar, en 1991, al Banco Central Hispano (BCH). La concentración de poder bancario frustrada en época de Franco se logró durante la democracia.

La red de consejeros interpuestos anticipaba unas buenas relaciones entre los dos principales poderes fácticos: el Gobierno

[13] Heras, Raúl (1988), *op. cit.*

y la banca. En otro nivel menos íntimo pero cordial quedaban otros bancos, como el Popular, en la órbita del Opus Dei, la Banca March, caracterizada por su discreción política, o el Banco de Santander, siempre controlado por la familia Botín. Su nuevo presidente, Emilio, era el último vástago de una saga de empresarios santanderinos; su hermano Jaime presidía Bankinter, también perteneciente al grupo familiar, donde su hija, Ana Patricia, comenzó su carrera. Los Botín parecían prestarse a una mayor apertura hacia los gobiernos de la democracia.

Los bancos mencionados mantenían buenas relaciones con el Ejecutivo. La Obra de Dios controlaba el Popular, que se había beneficiado de la desamortización del Grupo RUMASA, pero también la Asociación Española Bancaria, donde Rafael Termes ejercía la presidencia. En 1990 le sucedió el exministro de UCD José Luis Leal Maldonado. Su cercanía al BBV, donde había asesorado al presidente Asiaín, aseguraba el entendimiento con el Gobierno.

Sin embargo, los dos bancos de mayor tamaño, el Central y el Banesto, se resistían al PSOE. Estaban integrados por directivos más próximos al pasado y menos abiertos al cambio. Su superior tamaño y plantilla los convertían en un reto. El baile adquirió una infinita complejidad.

Mario Conde rompe el equilibrio

Banesto era la pieza del mundo corporativo más alejada del Gobierno. Estaba presidido por Pablo Garnica, representante de una de las cuatro familias que se habían turnado en el poder de la entidad, y había sido regido hasta la democracia por José María Aguirre Gonzalo, un empresario de la construcción excelentemente integrado en el régimen franquista[14].

En los años ochenta, el banco de mayor tamaño pasaba por dificultades. Los problemas derivados de la crisis bancaria de finales de los setenta y de la adquisición de aparentes gangas como los bancos Madrid, Coca o Garriga Nogués estaban lacerando el crecimiento de una de las entidades más obsesionadas con el volumen de activos. La necesidad de encontrar intermediarios gubernamentales fiables había llevado a la cúpula del banco a debatir sobre una alternativa a los clanes tradicionales. Uno de sus primeros candidatos había sido el exministro franquista Gregorio López-Bravo, pero este había fallecido en un accidente de avión.

El siguiente candidato para apaciguar a los dinosaurios financieros fue otro exministro, José María López de Letona, cuñado del expresidente Calvo Sotelo, primo del constructor Rafael del Pino y pariente del gobernador del Banco de España. La *beautiful people* se cernía sobre el Banco Español de Crédito, algo que soliviantó a las élites viejas. En 1987, el consejo de Banesto aprobó el nombramiento de López de Letona como consejero delegado: todo parecía indicar que este sucedería a Garnica.

La vulnerable posición financiera de Banesto lo convirtió en un objeto de interés para el Banco de Bilbao, embarcado en la carrera de las fusiones y absorciones bancarias. Pero el acuerdo, apoyado por el Gobierno, no fue posible, lo que se cobró el cadáver de López de Letona. En su lugar había aparecido un joven ejecutivo externo al aristocratizante mundo de la banca, un abogado del Estado sobre el que se escribirían miles de artículos: Mario Antonio Conde Conde.

[14] Sánchez Soler, Mariano (2020), *Los ricos de Franco. Grandes magnates de la dictadura, altos financieros de la democracia*, Barcelona, Roca Editorial. El autor hace una descripción completa sobre el fundador de la constructora Agromán.

Tras impulsar la venta multimillonaria de la empresa Antibióticos, Conde se hizo con un paquete decisivo de Banesto en compañía del empresario y terrateniente Juan Abelló, cuya familia había puesto a disposición del público el medicamento Frenadol. Una parte mayoritaria de las viejas familias de Banesto se decidió por Conde frente a López de Letona. Lo que siguió es una de las historias más fascinantes y complejas del poder en España[15].

Mario Conde llevó a cabo una revolución corporativa, financiera, industrial y mediática que lo convirtió en un poder emergente y en una amenaza al *statu quo*. Su biografía es un ejemplo de individualismo empresarial, populismo económico y superación constante, y es útil para dibujar un mapa de las finanzas, los medios y el gobierno en nuestro país. Conde rompió el equilibrio hasta entonces existente y terminó devorado por el sistema al que desafió.

El sistema intentó resistirse antes de morder. A finales de los ochenta se constituía en Madrid la sociedad Cartera Central. Cartera Central recogía los intereses del petróleo kuwaití, representado por la empresa KIO —Kuwait Investment Office—, y el acuerdo entre su principal delegado en España, el financiero catalán Javier de la Rosa, y los constructores madrileños Alberto Cortina y Alberto Alcocer. Los dos primos, conocidos como los Albertos, descendientes directos del poder franquista, eran por entonces esposos de Esther y Alicia Koplowitz, herederas de Construcciones y Contratas.

[15] Sobre dicha historia existe una literatura periodística que supera con creces los objetivos de este libro, e incluso de cualquier tentativa de tesis doctoral que aspire a explicar la evolución del sistema financiero nacional.

Cartera Central, producto de todos los lazos anteriormente mencionados, emergía como un poder financiero que recogía a parte de las familias empresariales de la etapa franquista. Gestora de los fondos de KIO —enriquecida por la subida de los precios del petróleo en los años setenta—, había entrado en el capital de Banesto y del Banco Central. Cartera Central intentó liderar un proceso de fusión entre estas dos grandes entidades, una estrategia que habría dado lugar a la mayor entidad financiera española: el Banco Central Español de Crédito. Para nombrar a un representante de Cartera Central en el banco resultante se propuso a Miguel Boyer. Su papel de asesor económico de Felipe González hacía de este un buen candidato para liderar la fusión más importante de la banca. Con el fichaje de Boyer quedaba oficiado un matrimonio entre la burguesía crítica con el franquismo y las familias que habían disfrutado del modo de producción tradicional de la dictadura: las finanzas protegidas, las concesiones administrativas y el negocio de la construcción. La red afín al PSOE seguía atenta a las fases finales de la transición económica.

Pero la fusión entre el Banco Central y el Banesto se frustró. Por una parte, las rivalidades por conducirla provocaron una ruptura entre los dos presidentes. Por otra, la prensa del corazón publicó una serie de instantáneas que caldearon el ambiente. Especialmente, las fotos íntimas de Alberto Cortina con Marta Chávarri, representante de la aristocracia madrileña. Esta publicación dio al traste con el matrimonio entre los Albertos y las hermanas Koplowitz, y también con el romance entre el Central y el Banesto.

Fracasada la fusión, el camino quedó despejado para Conde. Este comenzó una expansión de su cartera industrial, adquiriendo nuevas empresas a crédito y fomentando un crecimiento empresarial contrario a las tesis desindustrializadoras heredadas de la transición.

Su política de medios de comunicación preocupaba al Gobierno. Aparte de financiar a un nuevo diario, *El Mundo*, creado en 1989, intentó entrar en el Grupo Godó, propietario del diario *La Vanguardia*. La animadversión de la aristocracia bancaria se sumó a la desconfianza gubernamental al pretender la mayoría de un grupo mediático conciliador con el Ejecutivo. El Grupo Godó y *La Vanguardia* no eran solo un medio de comunicación, sino el órgano informal de una influyente burguesía catalana que encontraba su expresión política en la coalición Convergència i Unió, presidida por otro exbanquero, Jordi Pujol. Conde no parecía dispuesto a respetar ningún límite. Las presiones gubernamentales sobre Javier Godó provocaron que este diera marcha atrás. Conde condujo entonces a Banesto a tomar posiciones en Antena 3 televisión, participada por Godó y por el Grupo Zeta.

Por su parte, la Cadena SER, la principal emisora de radio del Grupo PRISA, se hizo con la mayoría de las acciones de Antena 3 Radio, desde la que se emitían duras críticas al Gobierno. La absorción de Antena 3 Radio, con un dictamen negativo del organismo regulador de la competencia, reforzaba la posición hegemónica de PRISA y parecía una respuesta a los movimientos anteriores.

El equilibrio entre medios, banca y gobierno estaba roto. A partir de entonces, la figura del banquero quedó puesta en cuestión. Su candidatura política adquiría popularidad y rivalizaba con la de Felipe González pero, sobre todo, con la de José María Aznar, líder de la derecha.

El ascenso de Conde llegó a su cenit antes de iniciar una rápida caída. En 1993 fue investido como doctor *honoris causa* por la Universidad Complutense de Madrid. El acto, presidido por el diplomático israelí Shlomo Ben Ami, contó con la plana mayor del PSOE, del PP y con el rey Juan Carlos. A la presencia del rey, del presidente y del líder de la oposición se añadía la del nuevo gobernador del Banco de España, Luis Ángel Rojo. Unos meses después del magno evento, Rojo decretaría la intervención de Banesto. El 28 de diciembre de 1993 terminó la aventura de Conde. La intervención del Banco de España confirmaba un descomunal agujero contable, pero, también, la condena política al financiero gallego.

La neutralización de Conde se produjo al mismo tiempo que los escándalos de corrupción que afectaban a la élite política. Parece difícil negar la actividad delictiva del presidente de Banesto, pero resulta imposible no interpretar el desenlace como la consecuencia de un choque mortal entre contendientes políticos. Banesto fue absorbido por el Banco Santander de Emilio Botín, uno de los elementos más resistentes de la aristocracia financiera. Su hija Ana Patricia fue designada número uno de Banesto. El ya exgobernador del Banco de España, Ángel Rojo, fue nombrado en 2005 miembro del consejo del Santander. El subgobernador de aquella etapa, Miguel Martín, sería en 2006 el nuevo presidente de la patronal bancaria. El exgobernador Mariano Rubio, encarcelado en 1997, moriría de cáncer poco tiempo después. La caída de Banesto marcaba el final de una época dorada. Dicha caída coincide, además, con la decadencia del poder socialista.

Mario Conde sirve como lección para comprender el funcionamiento de la élite española, y en la versión de Conde, del «sistema»[16]. Su historia prueba que los medios son una prolongación propagandística del resto de poderes. El patrocinio de Banesto al equipo ciclista comandado por Miguel Induráin, ganador del Tour de Francia entre 1991 y 1995, es un ejemplo llamativo.

El culto a la personalidad de Conde parece una versión financiera de la fascinación política por Felipe González, o del callado y fúnebre respeto al dictador Francisco Franco. El liderazgo elitista ha continuado en España por otros medios, como lo demuestra la etapa de gobierno del Partido Popular a partir de 1996. Esta nueva etapa no contaría con Conde pero sí con Emilio Botín, que representa la banca como poder concentrado, de pasado noble y mimado por la regulación. Su papel en el sistema de intercambios políticos ha favorecido un tratamiento más amable de las irregularidades a las que toda gran entidad está tentada.

La privatización de la banca pública

Con la privatización de la banca oficial quedó hipotecado el desarrollo de un sector del crédito que sigue activo en economías como la alemana, la francesa o incluso la norteamericana.

En España, la banca pública había sido correa de transmisión de las políticas del Estado autoritario y de los intereses financieros privados. Estaba formada por la Caja Postal, el Banco Hipotecario, el Banco de Crédito Industrial, el Banco de Crédito Local, el Banco de Crédito Agrícola y el Banco Exterior. En sus consejos se habían sentado numerosos representantes de las

[16] Conde, Mario (1994), *El sistema. Mi experiencia del poder*, Madrid, Espasa-Calpe. El autor sitúa el origen de la élite que le derrocó en el Plan de Estabilización.

altas finanzas, lo que condicionaba muchas de sus decisiones. A pesar de todo, realizaban una notable labor económica. Entre sus mayores críticos se encontraba el socialista Carlos Solchaga, ministro de Economía y Hacienda. La visión de Solchaga aconsejaba la desamortización de toda entidad estatal que pudiera prestar servicios alternativos a los del mercado. Un informe, encargado a un experto del Reino Unido —un país en el que la banca pública no existe— confirmó sus prejuicios.

A principios de los años noventa los principales diques de contención política comenzaron a ceder. En primer lugar, el papel de los sindicatos estaba en decadencia. Después de la huelga de 1988, las dos grandes centrales sindicales habían logrado un incremento del gasto público, pero la influencia de Nicolás Redondo, secretario general de UGT, había desaparecido. Y, en segundo lugar, el guerrismo tuvo que asumir una severa derrota. Alfonso Guerra dimitió de la vicepresidencia en 1991, después de la publicación del escándalo de corrupción de su hermano Juan. Su influencia política descendió hasta que en el congreso del PSOE celebrado en 1994 los denominados renovadores liberales se hicieron con la mayoría.

Fue precisamente a principios de 1991 cuando los diarios de Solchaga confirman este cambio en la correlación de fuerzas. En una entrada del 13 de marzo de 1991, manifestaba su disposición a acometer la privatización del sector bancario público[17]. Poco después nacería Argentaria, que albergaba a todos los bancos públicos y que pronto se convertiría en una entidad privada.

[17] «(…) me planteo impulsar desde ahora un gran proyecto de reforma de la banca oficial para hacerla más flexible y semejante en su funcionamiento a la banca privada (…) no tiene otra conclusión que la privatización final de todo el crédito oficial. Las circunstancias actuales de acumulación de poder en el gobierno y la propia situación de cambio de los núcleos responsables al frente de los distintos ministerios hacen aconsejable aprovechar este momento», en Solchaga, Carlos (2017), *Las cosas como son. Diarios de un político socialista (1980-1994)*, Barcelona, Galaxia Gutenberg.

Para crear Argentaria hacía falta trasladar la Caja Postal, una entidad de crédito asociada a Correos, al Ministerio de Economía y Hacienda, controlado por Solchaga. Dicho traslado se hizo gracias a un decreto publicado con discreción en el Boletín Oficial del Estado y aceptado por el nuevo ministro de Obras Públicas, Telecomunicaciones, Transportes y Medio Ambiente, Josep Borrell, antiguo colaborador de Solchaga. Este cambio repentino y el proyecto de privatización motivaron la dimisión del presidente de la Caja Postal, José Luis Martín Palacín.

Para el mando de Argentaria se descartó al presidente del Banco Hipotecario, el socialista Julio Rodríguez[18], y se nombró al primer ejecutivo del Banco Exterior, Francisco Luzón, uno de los compañeros de Solchaga en el Banco Vizcaya. Argentaria fue vendida al Banco Bilbao Vizcaya, que, en el año 2000, se convirtió en el BBVA. Luzón ocupó un puesto clave en el Banco Santander, que en un principio había figurado como el principal favorito para hacerse con la extinta banca pública.

Otras especies en peligro de extinción

La descripción del poder en el sistema financiero queda completada con una breve mención a las cajas de ahorro. Durante los años del PSOE, estas fueron controladas por representantes del poder del partido, que dirigieron su gestión a una mejora de las condiciones financieras de las autonomías, convirtiéndolas en un componente esencial del emergente poder territorial.

[18] Heras, Raúl (1993), *Dioses de barro. La caída de los mitos de la década socialista*, Madrid, Temas de Hoy.

Esas cajas fueron fácilmente confundidas con el poder del partido y del territorio, mayoritariamente favorable al PSOE. La llegada del PP a los gobiernos autonómicos, culminada en el año 1995, solo cambió el signo del poder, por lo que la gestión siguió obstaculizada por un finalismo político que condicionó sus resultados finales.

Existieron excepciones, como la designación del presidente de Caja Madrid, el profesor Jaime Terceiro Lomba, de un perfil más técnico que partidista. En 1996, Terceiro quedaría apartado de la gran caja madrileña tras el nombramiento de Miguel Blesa, un inspector de Hacienda próximo al entonces presidente del Gobierno, José María Aznar.

Destaca también el liderazgo de La Caixa, entidad centenaria de previsión social vinculada a la burguesía catalana y bien relacionada con el Gobierno de la Generalitat. La Caixa, que trataba de mantener puentes tanto con Madrid como con Barcelona, vería crecer su poder industrial con su entrada en Gas Natural y en Repsol, y con su penetración en Telefónica. Para todo ello contó con el Ejecutivo socialista y, además, con la creciente necesidad de apoyo de Felipe González en los noventa. Supo evolucionar a los tiempos aznaristas, y una nueva figura, vinculada al Opus Dei, Isidre Fainé, terminaría en los dos mil siendo el mayor motor del que es hoy uno de los tres mayores bancos españoles por volumen de activos.

El poder socialista ante la concentración de los medios

La relación con los medios de comunicación es otro rasgo clave de cualquier orden político. El de los socialistas, vigente hasta 1996, representó una oportunidad perdida para el periodismo independiente, para un ejercicio profesional que pretenda ir más allá de la crítica al poder político y analizar un sistema en su totalidad, teniendo en cuenta, sobre todo, los poderes que no se presentan a escrutinio ciudadano alguno. El nuevo cuarto poder emergido después del final de la dictadura se conformó con apoyar o con oponerse firmemente a los Ejecutivos de Felipe González, que controlaron la radiotelevisión pública y que influyeron en numerosos medios tradicionales.

La polarización y la crispación política que se fueron generando en los años noventa permitieron perder de vista al poder empresarial, cada vez más concentrado, y en particular, el bancario, presente en el accionariado de buena parte de los mayores medios: La Caixa estuvo siempre cerca de *La Vanguardia*, el Banco Santander, de PRISA, Banesto, en medios como Antena 3 o *El Mundo*, y BBV, en *ABC* y Vocento.

En aquel periodo las empresas mediáticas fueron experimentando procesos de concentración hacia los megagrupos hoy existentes. Los antiguos periódicos del movimiento fueron vendidos por el Ejecutivo a distintos grupos empresariales de implantación regional, muchos de estos con capitanes afines al mando socialista. Estos se acomodaron a los gobiernos territoriales de turno y prolongaron la tradición periodística regional, normalmente asociada a grandes empresas con intereses en distintos sectores y escasos incentivos para la información independiente. Algunas de estas empresas han llegado a la actualidad, como los grupos Vocento, Henneo o Prensa Ibérica.

Otro hecho importante es el lanzamiento de las televisiones privadas: Antena 3, participada por el Grupo Godó y el Grupo Zeta, concebida para un público conservador; Telecinco, en manos de una coalición entre el empresario Silvio Berlusconi y la entidad ONCE, más favorable a la izquierda;

y, por último, Canal Plus, en cuyo nacimiento hubo más de un protagonista e intereses diversos.

La candidatura de Canal Plus, una televisión de pago que ofrecía su programación codificada en el nuevo espectro radioeléctrico, fue rechazada por la mesa de contratación del Ministerio de Telecomunicaciones al no tratarse de una opción abierta. Sin embargo, el Ejecutivo socialista se puso de acuerdo con el Gobierno francés, que participaba en la empresa matriz. El socio español, PRISA, contaba con el paquete accionarial más relevante y mantenía excelentes relaciones con el Ejecutivo. Además, una coalición entre los bancos Bilbao Vizcaya y Santander Central Hispano —los más próximos a la tecnocracia socialista— presionaba para su lanzamiento.

Cambios operados en el ministerio adjudicador, como el reclutamiento de la ingeniera Elena Salgado, que después ha gozado de una extensa carrera política y empresarial, facilitaron que Canal Plus se estrenara en el verano de 1990. Su primer spot contó con decenas de rostros conocidos de la cultura, el arte, el cine y la intelectualidad.

Canal Plus se integró en la sociedad Sogecable, propiedad del Grupo PRISA, que agrupaba cadenas de radio como la Cadena SER, Los 40 Principales, Cadena Dial o M80, diarios como *El País* y *Cinco Días* y editoriales como Santillana. La influencia de PRISA traspasaba lo económico y se cimentaba en su buque insignia, el diario *El País*.

Aunque en su fundación había concurrido un representante del mundo conservador como Manuel Fraga Iribarne, *El País* encaró la tarea de convertirse en un intelectual colectivo, en una referencia cultural una vez fallecido el dictador. El diario contó en sus primeros años con una escuadra de lujo, al frente de la que estaba Juan Luis Cebrián, antiguo directivo del diario *Pueblo* y de los informativos de Televisión Española. En la jefatura de Opinión se encontraba el abogado Javier Pradera, un intelectual influyente en los gobiernos socialistas.

Con *El País* como diario más leído y la Cadena SER como la cadena más escuchada, PRISA generó una influencia que en ocasiones desbordaría al propio Partido Socialista, y que resistió a la llegada del Partido Popular presidido por José María Aznar. El endeudamiento resultante del salto digital promovido por Juan Luis Cebrián en los noventa ha llevado a la entidad a una enorme dependencia financiera y a una inestabilidad accionarial que han llegado hasta el presente.

8. La estabilización socialista: desempleo, financiarización y privatizaciones

El Gobierno presidido por Felipe González universalizó la educación superior y la sanidad pública, impulsó las infraestructuras y modernizó las comunicaciones de un país en el que viajar había sido hasta entonces una aventura. Consolidó un Estado de las Autonomías con un proyecto de creciente descentralización y acercamiento al ciudadano; y contribuyó a la democratización de la Justicia, la Policía y el Ejército, aunque algunas de estas instituciones hayan mostrado una notable resistencia.

Pero la economía socialista fue de reto en reto desde el invierno de 1982: había que poner fin a la crisis bancaria; afrontar una recesión industrial que exigía cambios drásticos; reducir la inflación, que superaba los dos dígitos; afrontar el incremento exponencial del paro; luchar contra el fraude fiscal, consolidado en la psique nacional; y compensar los distintos desequilibrios en las cuentas nacionales, requisitos para entrar en la Comunidad Económica Europea y lograr, con ello, la llegada a una isla de estabilidad política.

El Gobierno respondió a estos desafíos con la dureza que le permitía su mayoría absoluta. Además, la población española parecía acostumbrada a una necesidad periódica de purgar desequilibrios. Así había sucedido en 1959, con el Plan de Estabilización, y después, en 1977, con los Pactos de la Moncloa. Si la apertura y el inicio de la democracia habían exigido sacrificios, la consolidación de una democracia social, la entrada en Europa y la modernización no podían salir gratis. La asimilación de la fórmula política del sufrimiento económico, necesario, en teoría, para lograr el desarrollo, y la confianza depositada en unos líderes que gobernaban sin ataduras del pasado favorecieron que las primeras medidas pudieran llevarse adelante con protestas limitadas.

La primera iniciativa fue, como en 1959, la devaluación de la peseta. Junto a esta, se adoptaron otras de rigor presupuestario y reducción de gastos. Los altos tipos de interés y las políticas de austeridad ahondaron en la recesión económica y barrieron la promesa de los 800 000 nuevos puestos de trabajo. La crisis en España superó en duración y gravedad —con un enorme desempleo— a todas las naciones de su entorno; en esto influyó la grave situación acumulada hasta el momento, pero también la dureza de las medidas.

Algunos de los actores implicados, como el Miguel Boyer de las primeras reformas o el Carlos Solchaga de la reconversión industrial, expresaron haber querido ir más lejos. Otros, como el secretario de Estado de Economía Miguel Ángel Fernández Ordóñez, afirmaría que aquellas medidas anticrisis se quedaron cortas, y que podrían haberse aplicado políticas más exigentes aún[19].

El gobierno del Banco de España

Los tecnócratas del Banco de España, coordinados con los dirigentes de las carteras de Economía e Industria, defendían la dureza de las políticas contra la inflación, que constituía para ellos la prioridad. Una vez controlada la inflación, se estabilizaría la economía, mejorarían las expectativas de

[19] Iglesias, María Antonia (2003), *La memoria recuperada. Lo que nunca han contado Felipe González y los dirigentes socialistas*, Madrid, Aguilar.

beneficio empresarial y la inversión, y con todo ello se crearía empleo.

Pero, pese a que dichos tecnócratas tuvieran claras estas directrices, sus políticas tenían que mantener un cierto equilibrio con el diálogo social, con los sindicatos y con la reforma de una Administración que necesitaba más dinero para gastar en bienestar. Mientras el ministro de Hacienda, Boyer, mostraba su rectitud presupuestaria frente a la «banda del gasto», los altos funcionarios de la cartera de finanzas luchaban por encontrar fórmulas para que cada vez más gente pagara los impuestos que debía.

La difícil combinación de políticas económicas reflejaba, además, distintas facciones. Existía un conflicto latente entre un alma del PSOE que perseguía el fomento de la inversión pública para la expansión del empleo, como constaba en el programa electoral, y otra que pretendía mantener las medidas de austeridad. Esta última, representada por cargos como Boyer y Solchaga, era la que contaba con la mayor confianza del presidente. Pese a la influencia sindical y a la crítica dentro del partido, estas prioridades se fueron consolidando: la necesidad de estabilizar la economía y evitar la quiebra dio paso, primero, a la urgencia por la modernización y por la competitividad; y después, al cumplimiento de los requisitos fiscales para entrar en la unión monetaria.

Uno de los rasgos principales de la ortodoxia era la influencia persistente del Banco de España sobre el gabinete económico. Dicha influencia se producía de manera directa, a través de las relaciones entre su gobernador, Mariano Rubio, y los ministros técnicos del Gobierno socialista, especialmente Miguel Boyer y Carlos Solchaga.

El banco central, que había logrado sortear la crisis bancaria de finales de los setenta reduciendo el riesgo sistémico sobre el sistema financiero nacional, y ganándose un nivel mayor de legitimidad, practicaba una política de fuerte rigor monetario. Influidos por el supuesto triunfo de los bancos centrales sobre la inflación en numerosas naciones de Occidente, los tipos de interés se mantuvieron en tasas superiores al 20 por ciento en muchos momentos. El objetivo teórico era frenar la inflación y proteger el valor de la moneda nacional, la peseta, frente a movimientos especulativos exteriores y devaluaciones que supusieran un encarecimiento de las importaciones, y que de este modo realimentaran la inflación.

La política monetaria actuaba como un insecticida industrial que reducía las tasas de aumento de los precios sin ofrecer soluciones alternativas al paro. Las empresas endeudadas pasaban por un infierno financiero y los altos tipos de interés contribuían, por una parte, a potenciar la caída de una industria que no lograba recuperarse, y por otra, a atraer dinero caliente, es decir, flujos de capital especulativos que pretendían aprovechar las altas tasas de la deuda pública española y de otros productos financieros. La gran banca aprovechó los altos tipos para generar beneficios extraordinarios que no retornaron a una industria de la que cada vez se encontraba más alejada. El país, económicamente, parecía estar separándose en dos.

El Banco de España parecía haber dictado sentencia. Una de las verdades que se fueron consolidando fue la de la tasa de desempleo no aceleradora de la inflación, la NAIRU por sus siglas en inglés. Dicha tasa determinaba para cada país, en función de su estructura económica y de otros factores institucionales, como el mercado de trabajo, un nivel de desempleo mínimo para contener los precios, es decir, un ejército de reserva de la fuerza de trabajo que no provocara inflación al presionar sobre los salarios. Por debajo de dicha cifra, la creación neta de puestos de trabajo aceleraría la inflación.

El paro podría tener efectos ventajosos. El propio Mariano Rubio, poco antes de su dimisión, en 1992, afirmaría que la NAIRU se situaba para España en torno al 14 por ciento[20], por lo que reducir el paro por debajo de dicha tasa sería perjudicial. El sucesor de Boyer en el Ministerio de Economía y Hacienda, Carlos Solchaga, confirmaba con matices esta tesis, al considerar que el pleno empleo podía ser un objetivo que amenazara a determinados grupos sociales y que, en cualquier caso, no representaba una meta factible[21].

Los expertos en el poder ofrecían una salida. Sin apenas considerar el poder bancario de los oligopolios para fijar precios, causas de la inflación frecuentemente poco reseñadas, los tecnócratas prefirieron centrarse en la necesidad de flexibilizar el mercado de trabajo. Contratos menos rígidos y sueldos adaptados a la productividad de la empresa y de los sectores elevarían la competitividad y el crecimiento.

Con el convencido apoyo del presidente a la dirección guiada por el Banco de España, la política económica se mantuvo bajo un rumbo fijo. A falta de una oposición organizada, y dado el control que la presidencia del Gobierno ejercía sobre el aparato del partido, las críticas a la política económica provinieron principalmente de la Unión General de Trabajadores, UGT, que tenía a su secretario general, Nicolás Redondo, apoyo de González en Suresnes, como miembro del grupo parlamentario socialista.

La crispación se disparó cuando las cifras de crecimiento fueron remontando y dejando al trasluz el modelo. En los años 1986, 1987 y 1988, como consecuencia de las reformas aplicadas, del apetito inversor internacional, y del ingreso en

[20] Torres, Juan (2023). *Sí, necesitan el desempleo y lo provocan deliberadamente*. Nueva Tribuna, 17 de septiembre.

[21] Solchaga, Carlos (1997), *El final de la edad dorada*, Madrid, Taurus, pág. 189.

la Comunidad Económica Europea, el crecimiento adquirió un carácter especulativo que no se había dado en el pasado.

El «pelotazo» que rompió el consenso

Buena parte de estas inversiones eran adquisiciones de deuda pública, acciones, suelo e inmuebles cuyo valor comenzó a aumentar a tasas aceleradas. Una emergente economía adquisitiva, atenta a comprar barato para vender caro, comenzó a incrementar su influencia. España estaba en venta[22], en mitad de una burbuja inmobiliaria que duraría hasta los festejos de 1992.

El capital extranjero entraba en tromba y la moneda española, la peseta, se disparó, perjudicando las exportaciones y, con ello, la economía real. Mientras una parte del país podía ganar dinero con operaciones cada vez más rápidas, la otra marchaba como siempre.

El fuego financiero calentó los precios. Las fortunas emergían con rostros televisivos y pertenecientes a una vieja clase dominante ahora en colaboración con gobernantes que en diversos casos habían abandonado la Administración para pasar a la empresa privada, y que aparecían fotografiados en las noches veraniegas de Marbella. El mito de la *beautiful people*, la «gente guapa» que había logrado enormes riquezas y plusvalías por su cercanía al poder, o que simplemente simpatizaba con el ambiente económico fomentado, fue mermando la confianza de la población.

En un acto organizado en febrero de 1988 por la Asociación para el Progreso de la Dirección, APD, un foro patronal por

[22] Jurdao, F. (1990), *España en venta*, Madrid, Endymion Ediciones.

entonces afín a determinados líderes del PSOE, y que en aquel evento reunió a medio millar de empresarios, el ministro de Economía y Hacienda, Carlos Solchaga, pronunció un discurso en el que animaba a la moderación de los costes laborales en las empresas. Solchaga añadió que en aquellos momentos España era «el país donde se puede ganar más dinero a corto plazo de Europa y quizá del mundo. No solo lo digo yo: es lo que dicen los asesores y expertos bursátiles internacionales»[23].

La difusión de estas frases, más allá de sus versiones acotadas, reflejaba el contraste entre la firmeza en la contención de los salarios y la llamada a la entrada de inversiones especulativas. Aunque posteriormente declararía arrepentirse[24], la actuación del ministro en un foro afín ofrecía una caricatura de un país que parecía partirse en dos, y de una nación en la que la economía financiera e inmobiliaria se separaba de la real. En este contexto se enmarca la huelga general celebrada el 14 de diciembre de 1988, que paralizó la actividad en algunos sectores y que supuso una demostración de fuerza y apoyo a los sindicatos. Pero, pese a que el Gobierno, renovado en 1989, incrementó algunas partidas de gasto público y realizó esfuerzos para mejorar el diálogo social, las prioridades tecnocráticas se mantuvieron.

Nada volvió a ser igual, ni para un Gobierno que comenzaría a ver menguar su apoyo electoral hasta casi perder las elecciones de 1993, ni para unos sindicatos que empezaron su estancamiento. El escándalo de la quiebra de la cooperativa de viviendas PSV, un intento para promover casas a bajo precio para los trabajadores, se cobró la dimisión del secretario general de la UGT en 1993. Para entonces, la coalición político-social

[23] Matías, Gustavo (1988), «Solchaga anima a los empresarios a moderar los costes laborales en torno al 4% indicado por el gobierno», *El País*, 5 de febrero.
[24] Iglesias, María Antonia (2003), *op. cit.*

que garantizaba la hegemonía socialista estaba rota, y el recambio ideológico solo esperaba su momento.

La financiarización de la economía y el nacimiento del IBEX 35

En los años ochenta, la financiarización, la extensión de las finanzas a todas las dimensiones de la economía, estaba en auge. España no podría ser una isla ajena a ello. Pero necesitaba un pilar jurídico. Pese a que los flujos financieros iban ganando preeminencia sobre las políticas de los Estados, los primeros requerían la legitimidad de los segundos para ser posibles y legales.

La España de los años ochenta representó otro ejemplo de lo anterior, con la promulgación de leyes y regulaciones para impulsar y modernizar los mercados financieros, con la promoción de fórmulas para atraer inversiones de distintos tipos, con la potenciación del mercado de acciones y derivados y, como colofón, con la creación de un índice bursátil, el IBEX 35, como la marca española en la bolsa, un símbolo de modernización, en esta ocasión, financiera.

Nacionalizaciones que se dan la vuelta

Pero había que acometer antes algunas operaciones para que la confianza en la economía se consolidase. Un trabajo sucio que el Gobierno del cambio se echó también sobre las espaldas.

De manera paralela al final de la crisis bancaria se decretó, el 23 de febrero de 1983, la expropiación del conglomerado financiero e industrial de RUMASA, que agrupaba casi doscientas empresas y poco menos de una veintena de bancos pertenecientes al empresario del Opus Dei José María Ruiz Mateos. Ruiz Mateos, descarriado de la élite opusdeísta, había aprovechado los permisivos años sesenta y setenta para realizar todo tipo de operaciones opacas, privilegiando los préstamos a sus propias empresas y las más dudosas operaciones en el exterior. A finales de 1982, los informes sobre las cuentas del holding, que pagaba decenas de miles de nóminas y en el que confiaban miles de depositantes, apuntaban a la suspensión de pagos.

El Estado pasó a ser titular de las empresas del Grupo RUMASA, que se consideraron de nulo valor en bolsa. Sus antiguos propietarios comenzaron una actividad litigadora apoyada por el grupo parlamentario de Alianza Popular. El Tribunal Constitucional cerró por una mínima diferencia su apoyo a la forma del proceso expropiatorio, no ajeno a presiones políticas.

En un mitin socialista, el vicepresidente, Alfonso Guerra, había resumido con sorna populista el resultado de la expropiación: «¡Hala! ¡*To p'al* pueblo!». Pero en la práctica el resultado sería bien distinto. Pocos meses después comenzó el proceso de reventa de las empresas. Los casos más llamativos tratados por la prensa fueron la venta de Galerías Preciados al grupo empresarial del venezolano Gustavo Cisneros, próximo al presidente Carlos Andrés Pérez, que mantenía excelentes relaciones con Felipe González. Pero también la de Loewe a un grupo francés, con una supuesta mediación de Isabel Preysler, por entonces ya cercana al titular de Economía, y la de la hotelera Hotasa al empresario balear Gabriel Escarrer, que formaría el conglomerado Sol Meliá.

La idea de que la nacionalización se había materializado en una reventa favorable a amigos del poder socialista se extendió.

Cisneros se deshizo de Galerías Preciados multiplicando su valor de adquisición. La gran banca se adjudicó la casi totalidad de los bancos de RUMASA. El propio Emilio Botín Sanz de Sautuola, patriarca del Banco Santander, había felicitado al presidente por su operación de salvamento financiero.

La nacionalización de RUMASA apuntaba a dos coordenadas que habían sido constantes en el pasado: por una parte, a la socialización de pérdidas y privatización de beneficios, consistente en adquirir activos defectuosos, sanearlos con dinero estatal y venderlos a un buen precio que los compradores maximizaban en posteriores ventas, alimentando el tradicional clientelismo entre el Estado y determinados empresarios afines. Por otra parte, a la eliminación de un incómodo bandolero que por sus operaciones arriesgadas inquietaba o al menos molestaba a la élite financiera. Manteniendo los equilibrios de poder constantes, y a los poderes fácticos relativamente satisfechos, el Gobierno socialista logró un mínimo desgaste político, más allá del acoso y derribo que el empresario Ruiz Mateos llevaría a cabo sobre el ministro Boyer, al que llegó a golpear en un acto público.

La caída del banco de Jordi Pujol

Poco después de RUMASA se producía la desaparición de Banca Catalana. Había sido fundada por la familia Pujol en los años sesenta y el presidente de la Generalitat se había encontrado entre sus principales directivos. El *president* hizo de Banca Catalana una causa política. Según este, el poder madrileño quería cobrarse una nueva ficha atacando la legitimidad de las instituciones catalanas, y se requirió el apoyo de los votantes. Las pesquisas del fiscal Carlos Jiménez Villarejo, encargado del caso, dejaron de contar con el apoyo gubernamental y la causa terminó sobreseída.

En las elecciones de 1984, Convergència i Unió, la coalición del presidente Pujol, se hizo hegemónica. Unos años después serían imprescindibles como apoyo en el Congreso de los Diputados: primero del PSOE y después del Partido Popular. No todos los delitos podían ser iguales. Y mucho menos el de los poderes periféricos. Desde entonces no hay gobierno en minoría que pueda no contar con ellos.

Reconversión financiera y despegue

Al Gobierno socialista le había tocado lidiar con las finanzas, pero también con una industria en decadencia. El parque industrial dependiente del Instituto Nacional de Industria, el INI, protegía empresas de plantillas sobredimensionadas e inadecuada capacitación tecnológica para competir en el exterior. Algunos sectores, como el minero, el de los astilleros, las potasas, el de la siderurgia o el textil, entre muchos otros, no parecían dar más de sí.

En este contexto se decretó la reconversión industrial, anunciada por el ministro de Industria y Energía, Carlos Solchaga, como un programa de saneamiento financiero para redimensionar el sector público empresarial y salvar la mayor cantidad de entidades posibles. El decreto preveía además la posibilidad de generar nuevos sectores que serían los destinos de los trabajadores despedidos y, además, una nueva salida económica.

Sin embargo, la reconversión se quedó en un conjunto de ayudas para que los trabajadores despedidos no acabasen en la miseria. La banca, que, como consecuencia de la crisis del petróleo, había encarecido los préstamos a las empresas que ahora languidecían, exigía el cumplimiento de las obligaciones crediticias para recuperar su dinero. El saneamiento sirvió para responder a estas expectativas bancarias, haciendo de la industrial una reconversión para las finanzas.

La reconversión industrial ha dejado estampas, fotografías e historias sobre épicas batallas entre la clase obrera protestataria y los responsables de un Gobierno que había sido elegido para velar por sus intereses. Fue el primero de los enfrentamientos entre los dirigentes gubernamentales, con Carlos Solchaga al frente, y los representantes sindicales, entre los que destacaban Marcelino Camacho por Comisiones Obreras y Nicolás Redondo por UGT. La protesta logró que el periodo por el cual se concedían los subsidios al desempleo se prolongara, lo que se consiguió en contra del criterio del ministro de Industria, que consideraba que dicha decisión dificultaría la recolocación de los trabajadores en otros sectores que pudieran absorber esta mano de obra.

Un modelo inmobiliario inamovible

Al tiempo que se consumaba la reconversión financiera, se apuntaló el modelo inmobiliario. El conocido como Decreto Boyer, de 1985, liberalizó alquileres y horarios comerciales. Se pretendía con esto acabar con los topes que durante el franquismo habían limitado el precio de los inmuebles, lo que protegía a los inquilinos, pero había llevado a algunos propietarios a declararlos en ruinas al no haber contado con rentabilidad suficiente para poder reformarlos. Liberalizar el precio del alquiler introducía criterios de mercado en la vivienda para que la inversión fluyese y la oferta de pisos permitiera responder a la demanda. Como siempre, en teoría.

Con esta reforma se apuntaló el modelo de propietarios ya instaurado: la vivienda era un bien de mercado. Más allá de su valor de uso o refugio, tener una casa pasó a ser un activo. Medidas para potenciar la promoción de viviendas protegidas en régimen de alquiler, que habían funcionado en experiencias emblemáticas como la de la ciudad de Viena, fueron dejadas de lado. El precio de la vivienda se sintonizó, además, con otras variables, como los ingentes flujos financieros que llegaban a España. Particularmente en Madrid, comenzó a vivirse un fenómeno que se denominó el pelotazo, y que poco tenía que ver con el fomento de un crecimiento innovador: comprar barato para después vender caro, utilizando o no información privilegiada. Había especuladores financieros que hacían este tipo de operaciones incluso varias veces al día.

Con la euforia financiera, los medios españoles se poblaron de rostros que mezclaban el corazón y el dinero rápido. Se trataba de una situación que podía hacer enloquecer a cualquiera: el ministro de Economía y Hacienda declararía que España iba camino de convertirse en El Dorado.

La reforma que lanzó al IBEX

La Bolsa española necesitaba un nuevo impulso regulatorio. La figura que coordinaba a los corros de compradores y vendedores de valores era el agente de cambio y bolsa. Estos altos funcionarios formaban un gremio y un cártel que controlaba el mercado bursátil.

La reforma financiera de 1988 eliminó esta figura. La mayoría de estos agentes se reorganizaron en sociedades que aprovecharon el «boom» del dinero caliente para hacer de intermediarios con las principales capitales mundiales.

Se crearon así sociedades como Renta 4, Asesores Bursátiles, Beta Capital, Ibersecurities o FG Inversiones Bursátiles. En ellas destacaron Manuel Pizarro, que sería presidente de la Bolsa de Madrid y que adquiriría responsabilidades en las privatizaciones bajo el gobierno de José María Aznar; Luis de Guindos, posteriormente ministro de Economía; Francisco González, después, número uno de Argentaria y BBVA; o César Alierta, privatizador de Tabacalera y presidente de Telefónica.

Uno de los cerebros de esta modernización financiera era Guillermo de la Dehesa, por entonces secretario de Estado de Economía. De la Dehesa, técnico comercial del Estado, atesoraba una extensa experiencia internacional que le había llevado a presenciar la dinámica del apartheid desde la embajada comercial de Johannesburgo. Era una de las influencias más liberales del ministerio, lo que le había valido el sobrenombre de Guillermo «de la derecha» en el aparato del PSOE, donde las posiciones socialdemócratas no lograban traducirse en suficiente influencia. Una vez terminada la reforma de los mercados financieros, De la Dehesa abandonó la Administración. Su primer destino fue el Banco Pastor y el consejo de la eléctrica Unión Fenosa, joyas de la corona del primer franquismo. Posteriormente recalaría en el Grupo Santander, así como en Goldman Sachs.

Las sucesivas reformas en el ámbito financiero se consideraron culminadas en enero de 1992, cuando se estrenó una nueva marca, el IBEX 35, un índice selectivo de las 35 mayores empresas por capitalización bursátil. El IBEX 35 serviría desde entonces de referencia para los recién creados mercados de opciones y futuros, pero constituiría además un índice de la marcha de la economía. En dicho índice se integraba el capital tradicional español y buena parte de las grandes empresas mayoritariamente participadas por el Estado.

Exministros del franquismo, de UCD y del PSOE destacaban en el inicio del índice selectivo unos diez años después de que el PSOE ganara las elecciones. Se trataba de un año, 1992, que había sido oficialmente mágico para España. Los titulares de la prensa mundial hablaban del nuestro como el país de celebración de la Exposición Universal de Sevilla, la Expo 92, o de las exitosas Olimpíadas de Barcelona.

Una figura destacada de las olimpíadas, el presidente del Comité Olímpico Internacional, el COI, era Juan Antonio Samaranch. Antiguo presidente de La Caixa, Samaranch había sido jefe de la Falange en Barcelona y perteneciente al círculo interno del caudillo. Su presencia en aquel momento en que España se asomaba al mundo con sus mejores galas mostraba la perdurabilidad del franquismo en las instituciones tras el cambio democrático.

Privatizaciones, de entrada no

El IBEX 35 necesitaba gasolina, y tanto el PSOE como posteriormente el PP responderían a las expectativas financieras. El PSOE llevó a cabo, entre 1985 y 1996, una privatización superior en valores absolutos a la del periodo del Partido Popular, entre 1996 y 2004.

Algunos de los argumentos socialistas para privatizar intentan diferenciarse de la etapa conservadora. Para Guillermo de la Dehesa, uno de los exponentes de la modernización financiera, las motivaciones principales fueron pragmáticas. El Estado hacía caja vendiendo patrimonio, lo que permitía otros gastos fundamentales; además, se deshacía de entidades que no contaban con suficiente tamaño como para ser competitivas en un mercado cada vez más internacionalizado, y ayudaba con todo ello a la modernización del sistema financiero[25].

La desinversión en el sector público se habría producido para dar entrada a nuevos actores del sector privado, lo que teóricamente contribuiría a una mayor eficiencia. Estas ventas de activos públicos permitirían, además, amortizar deuda pública, en un contexto en el que la anemia fiscal exigía la contención de determinados gastos sociales. Las privatizaciones como política financiera, es decir, como forma de juntar dinero para pagar otras cosas, siempre fueron oficialmente rechazadas; pero lo cierto es que el tamaño del déficit público, las presiones de convergencia con Europa y la necesidad de seguir haciendo inversiones convirtieron esta efímera fuente de ingresos en una alternativa. Carlos Solchaga, ministro de Economía y Hacienda, reveló las presiones de otros ministros para que vendiera empresas y liberara ingresos para más gastos e inversiones[26].

Si se produjo una presión directa de Europa para vender, tal presión se debió únicamente a la política de defensa de la competencia, que prohibía las ayudas estatales a empresas de determinados sectores. Empresas acostumbradas a ser subvencionadas para poder competir con las extranjeras podían tener, por tanto, incentivos para ser vendidas a la competencia y así formar grupos más fuertes. No obstante, las empresas no siempre se vendieron a grupos europeos y los países miembros del Mercado Común conservaron formas indirectas de proteger la competitividad patria.

Las privatizaciones servían también para animar la bolsa, llevando a los ciudadanos a depositar su ahorro en valores de

[25] De la Dehesa, Guillermo (1993), «Las privatizaciones en España», *Moneda y crédito*, núm. 196, págs. 131-141.
[26] Solchaga, Carlos (2017), *op. cit.*

empresas todavía controladas por el Estado o ya vendidas, lo que incrementaría también el valor bursátil de las compradoras y reformaría el anticuado sistema financiero español. De esta manera se favorecía a un grupo social que podría estar buscando maximizar el ahorro más allá de las tradicionales cuentas a plazo fijo y deuda pública. Un sector por el que pronto competiría la nueva derecha.

Los socialistas trataban de diferenciarse de la línea ejercida por Margaret Thatcher, que se había deshecho de todos los monopolios naturales en el Reino Unido. Pero, pese a que no compartieran como los del Partido Popular la esencia de la revolución conservadora, la globalización se impuso. Con esta se normalizaron determinadas concepciones sobre las funciones de las empresas como la generación de beneficios financieros, las capacidades de apalancamiento para adquirir otras entidades, el aumento de tamaño o la inevitable internacionalización. En este contexto en el que lo financiero ganaba peso, parecía darse por agotado el papel del Estado en el ámbito empresarial.

Muchos de los ingenieros de esta lenta y progresiva venta de empresas participaron en el sector privado resultante. De entre estos, De la Dehesa ha tenido quizá el recorrido más provechoso, pasando por el Banco Santander, Campofrío, Unión Fenosa o Goldman Sachs, y formando parte del grupo de élite que asesora al Banco Central Europeo. Otros, como Óscar Fanjul, integrante del Ministerio de Industria y Energía de Carlos Solchaga, formarían parte de la dirección de grandes entidades, como Repsol, constituida en 1987. Con la llegada del Partido Popular a la Moncloa, Fanjul pasó a un sector privado en el que ha gestionado la riqueza de las hermanas Koplowitz, máximas responsables de Fomento de Construcciones y Contratas y una de las grandes familias enriquecidas por el franquismo. Su compañero en Industria Fernando Maravall participaría en otro de los pilares empresariales del orden antiguo, como la petrolera Cepsa, propiedad del Banco Central Hispano.

Los ideólogos del proceso privatizador pasaron al sector privado de manera natural. Aquellos técnicos que asaltaron en los setenta el INI ejercían veinte años después como grandes directivos empresariales e incluso como asesores de las grandes familias de hoy y de siempre. Muchas de estas grandes empresas, como el BBV, el Banco Central Hispano o el Santander, habían adquirido paquetes accionariales decisivos de unas entidades públicas que habían sido previamente rentables.

Miguel Boyer había pasado también a distintos consorcios privados, como la financiera Cartera Central, Cristalería Española, Reyal Urbis, Corporación Logística de Hidrocarburos —futura parte de Repsol— o Fomento de Construcciones y Contratas. La oligarquía financiera, reforzada al adquirir prioritariamente acciones de empresas que generaban beneficios, reclutaba para el gobierno privado a los anteriores puntales del sector público.

El proceso privatizador aprovechó el auge de las bolsas a finales de los ochenta para colocar los paquetes más relevantes de acciones a compradores en ocasiones recurrentes, algo que reflejaba el persistente esquema clientelista.

Las ventas más relevantes fueron las de SEAT a la alemana Volkswagen, y la de Enasa-Pegaso a la italiana Iveco. Habían sido dos emblemáticas empresas impulsadas por el INI en los años más duros del franquismo, y habían constituido una de las enseñas del avance económico español. Ahora, se iban al extranjero.

Grandes empresas estatales como Telefónica, Argentaria, Repsol, Endesa o Tabacalera experimentaron ventas o enajenaciones parciales, consideradas beneficiosas para la competitividad de estas entidades. Pero, pese a que una parte del establishment socialista defendía la permanencia del Estado en el accionariado, otra pugnaba por la privatización completa.

Gas Natural sí puede considerarse una privatización casi total. La complejidad de la constitución de la empresa gasista, hoy integrada en Naturgy, reflejaba las rivalidades entre Madrid y Barcelona. Gas Natural, resultado de la fusión de Gas Madrid y Catalana de Gas, estaba presidida por Pere Duran, miembro destacado de la burguesía catalana con excelentes relaciones políticas en Madrid y en la Generalitat.

La privatización de Gas Natural reflejaba una lucha de poder entre La Caixa, que tenía un paquete mayoritario y que potenciaba su cartera industrial, y Repsol, que todavía contaba con el Estado y quería incorporar Gas Natural al primer operador energético español. En dicha lucha se mezcló la venta, en 1994, de Enagás, el gigante público español del transporte del gas. Con Juan Manuel Eguiagaray como titular de Industria y Solchaga, opuesto a la enajenación, ya fuera del Gobierno, Enagás fue adjudicada a Gas Natural por un valor muy inferior al de los libros contables. Jordi Pujol era por entonces uno de los principales apoyos parlamentarios del Gobierno socialista en minoría. Las coordenadas políticas, territoriales y económicas parecieron ponerse de acuerdo. La Caixa acabó controlando buena parte de Repsol y de Gas Natural, que en 2005 trataría de hacerse con Endesa. Las batallas corporativas van mucho más allá de la ideología e, incluso, de los resultados económicos.

Cuando, en 1996, el PP llegó al poder, las privatizaciones de empresas se aceleraron, pero con unas bases ideológicas que en aquellos años noventa eran compartidas por las dos principales fuerzas políticas. Los años han pasado y algunos han tomado nota. En una tribuna periodística, el exministro de Industria Joan Majó lamentaba que se hubieran enajenado los activos de empresas estratégicas como las eléctricas y la banca pública[27]. No todas las privatizaciones, ni todos los sectores, funcionan de la misma manera.

Numerosos altos cargos socialistas participaron en la gestión de las compañías privatizadas: Felipe González fue consejero de Gas Natural, ahora Naturgy; el exvicepresidente Narcís Serra pasó por Telefónica; el exministro de Industria Luis Carlos Croissier ocupó una silla en Repsol; y Javier Gómez-Navarro, exministro de Comercio y Turismo, en la privatizada ALDEASA, una vez convertida en Duty Free, y en la presidencia de otra antigua empresa pública como Viajes Marsans. Solchaga constituyó una sociedad, Enerma Consultores, que con el paso del tiempo se denominaría Solchaga & Recio y asociados, una de las consultoras principales del IBEX 35.

El largo sueño europeo y sus efectos secundarios

El filósofo español José Ortega y Gasset es frecuentemente citado para analizar los males de la patria. Su proyecto regeneracionista pasaba por diluir las enfermedades nacionales en el continente europeo. El mantra «España es el problema, Europa es la solución», raramente se cuestiona en público y constituye una fórmula política de largo alcance. La consolidación de la democracia española dependía de las Comunidades Europeas.

[27] Majo, Joan (2010), «¿Fue un error privatizar Argentaria y Endesa?», *El País*, 17 de marzo.

Detrás de esta verdad incuestionable se encuentra otra, «no se os puede dejar solos», expresión que sirvió de título a un documental de 1981 realizado por Cecilia Bartolomé y José Juan Bartolomé, donde los realizadores conversan con las más variadas tribus ideológicas durante la transición. Para una relevante parte de la población, España no tenía la capacidad de gobernarse. El pasado de 1936 pesaba como una amenaza periódica, como una sombra que aconsejaba ayuda exterior.

La leyenda negra, que muchos historiadores cuestionan de diversas maneras hoy día, parece mantenerse para nuestros asuntos interiores: no son pocos quienes señalan que nuestro país corre el peligro de deslizarse por la peligrosa pendiente de una confrontación interna cada vez que se atraviesa un desafío. En cada una de tales ocasiones, el imperativo categórico, y frecuentemente tecnocrático, se impone con facilidad a cualquier otra consideración o propuesta alternativa. Esta estrecha narrativa opera, por lo tanto, como un efectivo mecanismo de control.

Las élites surgidas de la transición tuvieron Europa como una meta irrenunciable a la que llegar a la máxima velocidad. Estos dirigentes aceleraron las negociaciones rebajando sus exigencias. El resto de los españoles, como había advertido Ortega y Gasset en su obra *La rebelión de las masas*, debían ser solo figurantes.

Los teóricos de las élites, de Pareto y Mosca al propio Ortega, han desconfiado siempre de una colectividad a la que juzgan, a veces con razón, masificada y preocupada exclusivamente por sus asuntos particulares. Cederles soberanía es poner en riesgo el grado de civilización alcanzado, amenazando con destruir el avance, el desarrollo y el progreso.

España, que se jugaba el carnet democrático pasados los años setenta, recordaría el breve periodo republicano de los años treinta como un intervalo en el que el ansia democrática habría contribuido a reforzar a su contrario, la reacción autoritaria. Cualquier tentativa experimental, esgrimida por la mayoría de los partidos de oposición a la dictadura, quedó descartada cuando estos se instalaron en sus respectivas responsabilidades institucionales; las excepciones a la nueva regla demócrata fueron premiadas con la irrelevancia.

A las élites que comandaron el proceso de integración en Europa no les faltó razón en ciertas ocasiones. El diseño de un organismo regulador con consecuencias decisivas, o el de un ente tecnocrático como el Banco Central Europeo, escapan a la capacidad de abstracción de una familia media, mucho más preocupada por si el recibo de la luz supera sus cálculos. De ahí que la actuación de los Ejecutivos socialistas fuera en aquellos años más propia del despotismo ilustrado: la entrada en Europa se produciría desde arriba y las consecuencias se descubrirían con el tiempo como resultados positivos o negativos, pero en cualquier caso inevitables. La futura Unión Europea se convirtió en una meta incontestable que representaba la puesta de largo de la democracia española. Las consecuencias negativas serían cosa de todos.

Una adhesión desequilibrada

El equipo diplomático que negoció con las Comunidades Europeas echaba raíces profundas en el pasado. Entre sus integrantes cabe destacar a Pedro Solbes, técnico comercial del Estado que había trabajado en la embajada española en Bruselas con el exministro Alberto Ullastres, al que reconoce como su primer maestro[28].

[28] Solbes, Pedro (2013), *Recuerdos. 40 años de servicio público*, Madrid, Deusto.

Solbes fue secretario de Estado de las Comunidades Europeas tras el cambio de gobierno que, en 1985, llevó a Francisco Fernández Ordóñez a la cabeza del Ministerio de Exteriores. España había firmado ya el Tratado de Adhesión para ser miembro de la CEE desde el 1 de enero de 1986 y el recambio gubernamental reforzaba su perfil atlantista. Por delante quedaba el referéndum, prometido por el PSOE, que debía confirmar democráticamente, en 1986, la permanencia del país en la OTAN.

En el Gobierno comunitario europeo, a cuya cabeza estaba el exministro de Finanzas de Mitterrand, Jacques Delors, entraron dos delegados del bipartidismo español: por una parte, Manuel Marín, que permaneció como ministro comunitario hasta 1999, cuando llegó a ser presidente interino de la Comisión Europea; y por otra, Abel Matutes, exalcalde franquista de Ibiza, uno de los pilares de Alianza Popular.

La entrada en Europa inauguró asimismo la participación española en el Parlamento Europeo. En 1987, el exministro Fernando Morán, primero en las listas por el PSOE, y el extitular franquista Manuel Fraga, por AP, fueron los dos primeros nombres de una amplia sucesión de eurodiputados. Pedro Solbes sería nombrado en 1991 ministro de Agricultura, una de las materias más importantes para España, dada la relevancia de la Política Agraria Común en el área europea. En 1993 tomaría posesión del Ministerio de Economía y Hacienda y emprendería recortes clave para cumplir lo acordado en el Tratado de Maastricht, constitutivo de la Unión Europea y punto de partida para la Unión Monetaria. A su salida del Gobierno, Solbes fue nominado como miembro de la Comisión Trilateral, foro multinacional atlantista que reunía a representantes empresariales y políticos del otrora denominado mundo libre. En dicha nominación le acompañaron el alcalde de Barcelona Pasqual Maragall y el presidente de Telefónica Juan Villalonga.

En 1999 fue comisario de Asuntos Económicos y Monetarios de la recién estrenada Unión Europea, oficiando la entrada en la zona euro y la puesta en circulación, en 2002, de la moneda única. En 2004 fue ministro de Economía y Hacienda del Gobierno presidido por José Luis Rodríguez Zapatero.

La trayectoria de Solbes coincide con la integración europea. Su liderazgo subraya la continuidad de los perfiles técnicos desde antes de la transición, y el firme convencimiento rubricado en los principios orteguianos. Sin Europa, España no podría funcionar como democracia. Cualquier otro debate tendría lugar, en todo caso, después de la integración.

Sin OTAN no hay Felipe

Uno de los requisitos implícitos del sueño comunitario, la permanencia acrítica en la OTAN, contó sin embargo con algunas sorpresas. La oportunista llamada a la abstención de Alianza Popular, comandada por el exministro franquista Manuel Fraga, todavía líder de la oposición, incrementó la incertidumbre sobre un referéndum, celebrado en marzo de 1986, que preguntaba a la ciudadanía española sobre permanecer o no en la alianza atlántica.

Un enorme esfuerzo por parte del gobierno del PSOE y la implicación directa del presidente González, que se comprometió a dejar el Gobierno si la victoria no se producía, influyó decisivamente en la victoria del «sí», que terminó imponiéndose a las dudas de la derecha y a la protesta de una izquierda alternativa a la hegemonía socialista.

La posterior victoria de González en las elecciones generales de junio, donde revalidó su mayoría absoluta, y la favorable coyuntura económica, servirían a partir de entonces para consolidar la pertenencia de España al eje europeo y atlántico. La permanencia en el Comité Militar de la OTAN y la participación en la primera guerra del Golfo rematarían el trabajo.

Entrar en la liga de algunos de los países más ricos del mundo, una de las consecuencias principales del ingreso en la CEE, supuso oportunidades, pero también costes. Por el lado de las ventajas, España se integraba en un enorme mercado y en un área que hacía para sus ciudadanos un mundo mucho más pequeño y unas fronteras accesibles. El ansia de la clase media por romper la barrera simbólica de los Pirineos quedó colmada con la ciudadanía europea, una puerta abierta a Occidente en plena eclosión de la globalización.

El impulso económico resultante empujó la recuperación del ciclo recesivo de los años ochenta. Las inversiones extranjeras quedaron reforzadas por la aplicación de distintos fondos comunitarios, como los de desarrollo regional o el Fondo Social Europeo, destinados a reducir la brecha con las regiones y los países menos desarrollados. Dichos fondos se materializaron la mayoría de las veces en inversiones en infraestructuras que han transformado el paisaje urbano y de los transportes de nuestro país, y que han contribuido a hacer de este una nación más avanzada.

Toda oposición frontal a formar parte del mercado común y de la Unión Monetaria corre el riesgo de ser una reposición de *La vida de Brian*, la película estrella de los cómicos británicos Monty Python en la que un grupo de revolucionarios toma dolorosa conciencia de las enormes aportaciones del Imperio romano.

Pero el arranque de la integración incluyó también costes. La necesidad política de penetrar en la unión dejó desprotegidos muchos productos españoles, acostumbrados al escudo arancelario aplicado desde el primer franquismo y lentamente suavizado por los tecnócratas. Este cambio se materializó en una pérdida de competitividad, en un incremento disparado de los desequilibrios comerciales, en cierres de empresas y en la aceleración de determinadas ventas y privatizaciones, muchas de ellas en beneficio de grupos franceses, alemanes o italianos[29].

Se aceleraron las inversiones, pero la división del trabajo social en el área comunitaria terminó por perjudicar a la industria, central en Alemania, e incluso a algunos aspectos de la agricultura, que en Francia contaba con grupos de interés de relevante influencia. Una Europa influida por la revolución conservadora, y con Alemania y Francia al mando, terminó de relegar a la economía española a su especialización desarrollista, haciendo de la construcción y del turismo pilares irrenunciables, y del empleo una variable volátil que resultaba de este esquema productivo.

Las enormes obras financiadas con el gasto público, como las que conducirían a los celebrados eventos de 1992, hicieron que dicha especialización, que con el paso de los años, y de las crisis, demostraría su miopía productiva y distributiva, quedara en los anales como un sonado éxito político. La reflexión que permiten las crisis, vaciadas de la euforia de los periodos de crecimiento, tendría lugar muchos años después.

[29] Montes Fernández, Pedro (1993), *La integración en Europa: del Plan de Estabilización a Maastricht*, Madrid, Trotta.

Previamente a Maastricht había tenido lugar, en 1989, la entrada de España en el Sistema Monetario Europeo (SME), fundado como área de tipos de cambio fijo que pretendía luchar contra la inestabilidad cambiaria y de precios de los años setenta. El entonces ministro de Economía y Hacienda, Carlos Solchaga, integró a España en el SME con un tipo de cambio que el propio Solchaga consideraba excesivamente elevado[30].

Al encontrarse la moneda nacional, la peseta, sobrevaluada, las exportaciones de productos españoles quedaban penalizadas con respecto al exterior. Se trataba de una estrategia para forzar al factor trabajo a rebajar su coste o incrementar su productividad, sin acometer suficientes esfuerzos para aumentar la competencia empresarial y disolver un poder monopolista que contribuye con mucho a mantener los precios altos. La confrontación entre Solchaga y los sindicatos no cesó, y el mantra de la moderación salarial, la restricción a la baja de los sueldos para contener los precios y mantener la competitividad, ejerció esta vez como señuelo europeo.

La crisis del Sistema Monetario Europeo, que tuvo lugar en el otoño de 1992, cuando los especuladores se cebaron con la libra esterlina hasta expulsarla del sistema, y cuando países como España tuvieron que devaluar su moneda en respuesta al pinchazo de la burbuja inmobiliario-financiera, aceleró los trabajos para la conformación de una futura unión monetaria que eliminara la inestabilidad de los tipos de cambio. Dicha unión quedó diseñada con el marco alemán como moneda de referencia, lo que a la larga encadenaría a muchos de los

[30] Oppenheimer, Walter (1995), «Solchaga reconoce que la peseta entró sobrevalorada en el SME», *El País*, 8 de noviembre.

países integrantes del euro a una suerte de divisa extranjera. Los criterios alemanes, que desde el principio contaron con una crucial importancia y una tímida oposición por parte de los delegados franceses, estaban basados en las orientaciones de la banca central teutona, el Bundesbank.

La experiencia alemana había demostrado que podía lograrse un equilibrio de precios y empleo sin que las autoridades fiscales, es decir, los Estados nacionales, controlados por los Parlamentos, tuvieran que intervenir. Estos principios se convirtieron en la música del Pacto de Estabilidad y Crecimiento, una de las claves del Tratado de Maastricht. Los Estados quedaban obligados a no sobrepasar el 3 por ciento de déficit público ni el 60 por ciento de deuda pública de su producto interior bruto (PIB).

Restringir la capacidad fiscal de los Estados podría, por una parte, liberar espacio para una empresa privada que daría lugar a grandes corporaciones enormemente competitivas en el mundo; y por otra, contendría las ambiciones políticas electoralistas, especialmente acendradas en países del sur, que, como España, Portugal, Italia o Grecia, habían sido demasiado aficionados a hacer de la devaluación competitiva o del gasto público un elemento para tirar de las economías. De esta manera, y en teoría, países de distinta estructura y tradición económica quedarían igualados a través del ideal de la competencia basada en un mercado abierto al movimiento de capitales y a la compra de activos patrimoniales, convirtiendo la eurozona en un área teóricamente equilibrada. La cosmovisión calvinista, como ocurrió en los años sesenta con el Opus Dei al mando en España, fue aceptada por los ministros de las naciones católicas.

Una vez castrada la política fiscal y limitados los excesos de las democracias, la política monetaria pasaría a ocupar un lugar central. Para ello se constituyó el Banco Central Europeo, el BCE. A diferencia de la Reserva Federal, el banco central de Estados Unidos que persigue tanto la estabilidad de precios como el pleno empleo, el BCE se constituyó como un baluarte antiinflacionista, en la línea del plan maestro alemán. El BCE se convertía en la quintaesencia de la denominada independencia bancaria, una promesa técnica de evidentes matices políticos. La independencia bancaria aislaba la esfera monetaria de la influencia de los representantes democráticos. La razón que se esgrimía era que la creación de dinero y la estabilidad financiera no podían dejarse al albur de los políticos, sino que debía quedar en manos de personal especializado. El imperativo tecnocrático regía también Europa.

Maastricht, que entró en vigor a mediados de 1993, abría, en definitiva, el camino a una integración que prometía una vía directa a una prometedora ciudadanía europea. Un traje comunitario que, no obstante, quedaría excesivamente apretado para muchos de sus componentes, como los hechos demostrarían más tarde.

Los representantes españoles de Exteriores y Economía se mostraban optimistas tras la rúbrica del Tratado de Maastricht. Francisco Fernández Ordóñez, que fallecería unos meses después a causa de un cáncer, afirmaba que dicha firma, de carácter «irreversible», hacía coincidir el proyecto español con el europeo. Solchaga, titular de Economía y Hacienda, se mostraba cauto con las variables económicas: «Ya hemos hecho un gran esfuerzo desde nuestro ingreso en 1986. Lo que más me preocupa ahora es el problema de la inflación»[31]. Otros países, como Francia o Dinamarca, lo rechazarían tras un referéndum.

[31] Ferrer, Isabel y Monteira, Félix (1992), «Los doce ratifican en Maastricht la nueva Europa», *El País*, 8 de febrero.

Un poco después de los fastos de Maastricht, en junio de 1993, un hecho poco conocido ofrecía una perspectiva alternativa. Su protagonista fue Joan Sardà Dexeus. Inspirador del Plan de Estabilización en 1959 y reanimador del Servicio de Estudios del Banco de España, recibía en Barcelona la medalla al Mérito Científico. Tenía ochenta y cuatro años y había vivido todos los cambios relevantes de la economía española.

Preguntado por su opinión acerca de Maastricht, se expresaba de manera lúgubre: «He sido el gran defensor de la estabilidad monetaria como base del equilibrio económico. Pero hoy ya no es así. El mundo cambia más rápidamente que las ideas (...) Si Europa se empeña en aplicar el Tratado de Maastricht, le auguro ocho años de depresión»[32].

Sardà proponía medidas intervencionistas para hacer frente a la especulación financiera, y reconocía, como John Maynard Keynes, su disposición a cambiar de opinión cuando la realidad de los hechos se viera modificada: «He sido siempre un monetarista, pero hoy la principal preocupación de los economistas es el desempleo y la destrucción del tejido productivo». Sardà defendió el Estado del bienestar ya consolidado frente a otros objetivos: «Mi consejo para mantener los niveles de consumo y de inversión es no abandonar el sistema de subsidio social (...). Quizá debamos olvidarnos de la estabilidad monetaria. Pensemos que un poco más de inflación no nos perjudica tanto si a cambio conseguimos impulsar el crecimiento».

Pocos escucharían al decano de la economía española, fallecido unos meses después. Sus opiniones pesimistas contrastaban

[32] Cortés, Josep María (1993), «Joan Sardá Dexeus defiende el Estado del bienestar y critica el Tratado de Maastricht», *El País*, 30 de junio.

con la velocidad a la que España viajaba para participar, en 1999, en la constitución de la moneda única. Miguel Boyer, exministro de Economía socialista y ya cercano al Partido Popular, cuestionó abierta y abruptamente la entrada en el euro: España no estaba preparada para la moneda común, lo que requería de más etapas previas o de un esquema de tipos de cambios flexibles para mantener la competitividad.

Los ocho años de depresión europea augurados por Sardà coinciden aproximadamente con el intervalo transcurrido entre 2008 y 2015, los más agudos de la crisis, en los que el pinchazo de la burbuja inmobiliaria (1997-2007) y el abultado endeudamiento consiguiente jugaron un papel primordial. Un periodo en el que la zona euro amenazó con resquebrajarse.

9. España va bien

La decadencia del PSOE se inició en 1989 y se hizo alarmante en 1993, cuando las siglas del partido quedaron asociadas a numerosos procesos judiciales. No solo fue la corrupción, sino también el agotamiento y la saturación de una red de poder transversal al Estado heredado del franquismo. Con el capital privado y el poder territorial esperando el relevo parlamentario, el felipismo vio llegada su sentencia.

Decadencia del maquiavelismo felipista

En 1993, el PSOE había ganado las elecciones por un margen mínimo, sorprendiendo a más de un analista. Felipe González, que antes de la campaña había amagado con su retirada de la política, obtuvo para su investidura el apoyo de los nacionalistas conservadores catalanes, la Convergència i Unió de Jordi Pujol, y de los vascos, representados por el Partido Nacionalista Vasco (PNV), presidido entonces por Xabier Arzalluz.

El sistema electoral, que favorecía la representación de determinadas formaciones territoriales, parecía haber logrado su función estabilizadora, pero la derecha era ya hegemónica. El PSOE jugaba en el tiempo de descuento. La acumulación de poder desde 1982, e incluso desde 1979, cuando pactó con el Partido Comunista de España la gobernabilidad de los principales ayuntamientos del país, parecía estar volviéndose en contra. La explosión de casos de corrupción vinculados a la financiación partidista, a las contrataciones públicas o a complicadas operaciones policiales reflejaban la aluminosis del edificio estatal.

La decadencia socialista mostraba una primera radiografía del Estado democrático, un gran caso MATESA (aquel escándalo que hizo mella en el gobierno del régimen anterior), que reflejaba las costuras políticas de manera transparente. A que esto pudiera verse así contribuyeron distintos factores, como la retirada del apoyo del poder empresarial, la batalla interna del PSOE, divorciado entre renovadores y socialdemócratas, y la conducta de unos medios que, alimentados por fuentes de diversa procedencia, se marcaron el objetivo de dar la puntilla a la etapa de Felipe González.

La condena y el posterior encarcelamiento de altos mandos de la Guardia Civil, del Ministerio de Interior, del de Defensa o del Banco de España, entre otros, daba idea, además, de la profundidad con la que el PSOE se había fundido con el Estado. Se confirmó que la ruptura con el pasado oscurantista se había quedado mucho más corta de lo anunciado. Las inercias burocráticas y clientelares españolas quedarían reafirmadas a partir de 1996.

Los escándalos en los medios

Los casos de corrupción desataron una crisis de Estado que llegó a señalar a su jefatura, representada entonces por el rey Juan Carlos I. En los momentos de mayor tensión, algunos medios especularon sobre una conjura para traer un régimen republicano a España, una alternativa que no prosperó[33].

[33] De Vilallonga, José Luis (1994), «García Trevijano», *La Vanguardia*, 22 de agosto. El aristócrata José Luis de Vilallonga señalaba al notario Antonio García Trevijano como posible presidente republicano y al periodista Pedro J. Ramírez como uno de los colaboradores de la operación. El artículo fue ridiculizado por los acusados.

La lista de casos se convirtió en una serie de novela negra política. A principios de 1991 se había producido la dimisión del vicepresidente del Gobierno, Alfonso Guerra, como consecuencia de los negocios puestos en marcha por uno de sus hermanos, Juan Guerra. La marcha de Alfonso Guerra fue el primer misil, pues marcó el inicio de un enfrentamiento abierto entre facciones y formas de entender el gobierno de la nación y del partido. Esta ruptura devolvía las siglas del PSOE a su faccionalismo del pasado.

En 1992 se publicaba el escándalo Ibercorp, que, como vimos antes, supondría la caída en picado de la *beautiful people*. El banco de inversiones Ibercorp gestionaba los ahorros de una red de altos funcionarios, profesionales y empresarios que mantenían excelentes relaciones con los Ejecutivos del PSOE; un grupo selecto y casi un bloque de poder que había servido para amarrar la hegemonía socialista después de la transición. Aquella clase dirigente y exquisita sin la que no habría sido posible gobernar España se veía forzada a una temprana jubilación.

Al golpe que esto supuso cuando quedó confirmado en 1994, hubo que añadir la fuga del director general de la Guardia Civil, Luis Roldán, que había figurado como candidato a titular de la cartera de Interior. El superior de Roldán, Antonio Asunción, dimitió de su cargo.

A su vez, el vicepresidente Narcís Serra dimitió por el espionaje de altos cargos del Estado durante los primeros años de gobierno. El de Defensa, Julián García Vargas, por las adjudicaciones de la empresa Renfe en el norte de Madrid. El de Agricultura, Vicente Albero, por su vinculación a Ibercorp. Y el portavoz parlamentario, el exministro Carlos Solchaga, entregó su acta tras defender al condenado Mariano Rubio, que fallecería de un cáncer tras pasar por prisión.

Entidades como Cruz Roja estuvieron también implicadas en concesiones de carácter irregular. El sistema en el que los españoles habían creído durante años, el que había parecido culminar en 1992, se desmoronaba.

Un entramado de empresas con el nombre de FILESA fue investigado como una compleja trama de financiación irregular del PSOE. En el escándalo había sitio para los bancos que conformaban el establishment financiero, lo que permitía observar la dimensión delictiva de la concertación entre finanzas y Estado desde el franquismo. La colaboración entre el partido, el Estado y el sistema de empresas privadas quedaba reflejada en esta epidemia corrupta. Pero solo el PSOE tenía que presentarse a las elecciones.

La decadencia del sistema se cobró alguna de sus cabezas más preciadas, como cuando las crisis franquistas eran resueltas por el dictador apartando del poder a los contendientes. La caída de Rubio coincidió también con la de Mario Conde, cuyo banco, Banesto, fue adjudicado al Banco Santander de Emilio Botín. El sistema, pese a su erosión, parecía estar retornando al equilibrio: solo faltaba celebrar nuevas elecciones.

Al Partido Popular, que se había logrado librar de las consecuencias de la gestión irregular de su propia tesorería, solo le faltaba esperar su turno. Su laboratorio de ideas, la Fundación para el Análisis y los Estudios Sociales, FAES, preparaba ya el programa de privatizaciones. Cerca de FAES, y como símbolo del cambio de los tiempos, se encontraba el exministro Miguel Boyer. Javier Solana, ministro desde 1982, había decidido aceptar el cargo de secretario general de la OTAN, lo que descartó la posibilidad de una sucesión ordenada a Felipe González.

Pero antes del desenlace político, cabe hacer una breve mención a la red de periodistas que aceleraron este cambio. La composición de esta red se había ido gestando durante los primeros años noventa. El cambio en la dirección de *Diario 16* y la absorción de Antena 3 Radio por la Cadena SER fueron dos de los principales hitos que la configuraron, además de la deserción de distintos periodistas antaño afectos al establishment felipista. Su puesta de largo fue la fundación de la Asociación Española de Periodistas Independientes, AEPI, que comenzó a celebrar reuniones privadas con el objetivo de coordinar sus investigaciones.

La cita más conocida se celebró en La Quinta, finca del entonces alcalde de Marbella, Jesús Gil y Gil, presidente del Club Atlético de Madrid. A dicha cita acudieron, entre otros, el director del diario *El Mundo*, Pedro J. Ramírez, del *ABC*, Luis María Anson, los periodistas de la COPE Antonio Herrero, Luis Herrero y Federico Jiménez Losantos, los escritores Camilo José Cela y Antonio Gala, el exdirector del diario *El Independiente* Pablo Sebastián, el notario republicano Antonio García Trevijano y el economista Ramón Tamames.

El Mundo, *ABC* y la Cadena COPE edificaron un sistema de noticias para generar un clima periodístico. Sus sinergias con las principales terminales del Partido Popular, en particular, con José María Aznar, con su secretario general, Francisco Álvarez Cascos, y con su secretario de comunicación, Miguel Ángel Rodríguez, se fueron sincronizando. Este último, en el momento de escribir estas líneas el principal asesor de la presidenta de la Comunidad de Madrid, acuñaría un eslogan parlamentario que resultó ser exitoso: «¡Váyase, señor González!».

Las elecciones de 1996 fueron conquistadas por el Partido Popular. En 1998, Luis María Anson, a punto de entrar en la Real Academia Española al mismo tiempo que el exdirector de *El País*, Juan Luis Cebrián, reconocía en una entrevista concedida a la revista *Tiempo* que la trama organizada por la mencionada red, conocida por sus adversarios políticos como «el sindicato del crimen», había utilizado todos los recursos posibles para terminar con un presidente al que no se creían capaces de derrotar sin poner en peligro la estabilidad del Estado.

Anson terminó dirigiendo el diario *La Razón*, periódico conservador integrado en el Grupo Planeta que realizó una cobertura favorable de la etapa de Aznar. Más que el cuarto poder, una coalición de intereses contribuyó a que la marcha de la élite felipista se acelerase, y también a que la entrada de la élite conservadora fuera más sencilla.

La segunda transición de los hijos de los franquistas

En marzo de 1996, el PP ganaba con apenas un centenar de miles de votos sobre el eterno candidato González. La exigua ventaja de los conservadores liderados por Aznar los obligaba a pactar para amarrar unas instituciones que hasta el momento les habían sido ajenas. Por ello, el Partido Popular oficializaba en la primavera de 1996 un nuevo acuerdo con las élites territoriales periféricas, el llamado Pacto del Majestic.

El primer gobierno de José María Aznar podría resumirse en distintas líneas: la importancia del Partido Popular, refundado en 1989 para eliminar las esencias franquistas; la influencia de la alta burocracia tradicional, con el regreso de los abogados del Estado; un papel más central para la gran empresa, representada de manera directa e indirecta en los primeros y segundos niveles de poder; y la sombra de poderes fácticos a los que el Partido Popular, pese a su inicial voluntad, no pudo poner coto.

Junto al presidente Aznar, inspector de Hacienda, figuraban dos vicepresidentes: en primer lugar, el ministro de la Presidencia, Francisco Álvarez Cascos, también al frente de la secretaría general de la formación; y, en segundo lugar, el ingeniero del milagro económico, el ministro de Economía y Hacienda Rodrigo Rato Figaredo, parlamentario de Alianza Popular y del PP. Álvarez Cascos formaría parte de la guardia de corps de Aznar en la primera legislatura, y sería relegado al Ministerio de Fomento en la segunda. Rodrigo Rato se mantuvo como ministro de Economía en las dos legislaturas. La figura de sus ascendentes, especialmente la de su padre, Ramón Rato, ha sido objeto de diversas investigaciones[34]. Propietario de un imperio empresarial, el padre del ministro había acabado en las cárceles franquistas por distintos delitos y, también, por falta de colaboración con el régimen. Su hijo, que estuvo al frente de alguna de sus empresas, parecía haber preferido dedicarse a la política, al estilo de los aristócratas de la Restauración, ajenos a la necesidad del salario, y pendientes de emplear las instituciones para asegurar privilegios y plusvalías.

El equipo de Rato procedía principalmente de la Universidad Autónoma de Madrid: el profesor Cristóbal Montoro se haría con la secretaría de Estado de Hacienda; y su compañero, José Folgado, con la de Presupuestos y Gastos. Ambos habían coincidido allí con José María Álvarez Rendueles, alto

[34] Tijeras, Ramón (2003), *Los Rato. 1795-2002*, Barcelona, Plaza & Janés.

cargo de Hacienda en el tardofranquismo y gobernador del Banco de España en la transición. Y habían asesorado a la patronal CEOE desde el Instituto de Estudios Económicos. La secretaría de Estado de Economía correría a cargo de Juan Costa, que atravesó las tripas del Estado durante todo el periodo aznarista y terminó figurando en la consultora Ernst & Young; su hermano Ricardo, consejero en el Gobierno valenciano de Francisco Camps, acabaría encausado por corrupción. Menos conocido era el director general de Política de la Competencia, un técnico comercial llamado Luis de Guindos Jurado, que acababa de abandonar su sociedad de valores, Asesores Bursátiles. Su trayectoria daría mucho que hablar.

El capital catalán también cuenta

Economía y Hacienda acaparaba la dirección del Patrimonio del Estado, con importantes empresas públicas. El Ministerio de Industria, que controlaba la Sociedad Estatal de Participaciones Industriales (SEPI), sucesora del INI, contaba con la mayoría de estas entidades. Para Industria se nombró a Josep Piqué, empresario con contactos clave en la Generalitat.

Piqué, de militancia en el PSUC, el partido de los comunistas catalanes, era profesor de la Universidad de Barcelona. Llegó a ser presidente del célebre Cercle d'Economia catalán y ejerció como alto cargo en la Consejería de Industria de la Generalitat presidida por Jordi Pujol. Allí trabajó junto a una excamarada de la Universidad de Barcelona, Anna Birulés, miembro del Cercle y doctorada en la Universidad de Berkeley. En 1997 Birulés sería presidenta de Retevisión, el operador que el Gobierno sacó para competir con Telefónica, y en 2000, ministra de Ciencia y Tecnología.

Fichar a Piqué incorporaba al Gobierno a un núcleo perteneciente a la burguesía catalana. Piqué reclutó como secretario de Estado de Energía a Nemesio Fernández-Cuesta, técnico comercial y representante de una de las familias oligárquicas de más renombre español; su padre había sido ministro de Comercio en el último año de vida del dictador. Fernández-Cuesta, procedente de Repsol, había ocupado puestos directivos en el grupo empresarial del diario *ABC*, que pronto se llamaría Vocento.

La subsecretaría de Industria la ocupó un abogado del Estado con despacho en Barcelona, el leonés Pedro Ferreras, que al asumir al mismo tiempo la presidencia de la SEPI se convirtió en uno de los ejecutores del proceso de privatizaciones; algunas de las empresas vendidas lo acogerían como consejero.

Piqué, Ferreras y Birulés formaban un grupo de amigos. Habían adquirido residencias en una urbanización de lujo del Pirineo catalán a través de complejas estrategias societarias. En este «clan de la Cerdanya» entraba también el empresario Carles Vilarrubí, reclutado como consejero de Telefónica, que había comenzado como chófer de Jordi Pujol, que se casó con Sol Daurella —consejera delegada de Coca-Cola España— y que fue vicepresidente del Fútbol Club Barcelona[35].

Las aventuras empresariales del clan se extendían a distintas sociedades. Muchas de estas estaban vinculadas al mundo empresarial de La Caixa, donde Piqué había trabajado. Ferreras había sido el liquidador de ERCROS, controlada por el financiero Javier de la Rosa y dirigida por Piqué hasta la quiebra. A su entrada en el ministerio le aplicó un saneamiento financiero y pagó un reducido precio por las investigaciones penales pendientes.

[35] Tijeras, Ramón (2000), *Lobbies. Cómo funcionan los grupos de presión españoles*, Madrid, Temas de Hoy.

La Obra recupera posiciones

El poder regional catalán que acabamos de señalar colindaba con el religioso, especialmente el del Opus Dei. El ministro de Sanidad, el gallego José Manuel Romay Beccaría, letrado del Consejo del Estado, había ocupado un cargo en el gabinete formado en 1956 por Laureano López Rodó. Había sido una de las primeras influencias de Mariano Rajoy Brey.

También se encontraba vinculada la ministra de Agricultura, Pesca y Alimentación, Loyola de Palacio del Valle-Lersundi, que en 1999 fue nombrada vicepresidenta de la Unión Europea. Su hermana Ana sería ministra de Exteriores y tendría que defender la participación española en Irak. También Federico Trillo, presidente del Congreso y después ministro de Defensa, está vinculado a la Obra.

Como también lo estaba la titular de una nueva cartera, Medio Ambiente. Se trataba de Isabel Tocino Biscarolasaga. Rival de Aznar en sus años mozos, y experta en energía nuclear, Tocino alimentó después una extensa carrera en el sector privado que le llevó a ser la vicepresidenta del Banco Santander.

La nueva ministra reclutó a un abogado, Benigno Blanco, también vinculado al Opus Dei, como secretario de Estado de Aguas y Costas. Blanco procedía de la asesoría jurídica de Iberdrola, una de las grandes generadoras de electricidad a partir de embalses y saltos de agua. Iberdrola contaba con la central eléctrica de Millares, próxima a la presa de Tous. La compañía exigía una millonaria expropiación de la central, que había quedado inundada por la presa. Los ingenieros de caminos del Ministerio de Obras Públicas habían juzgado las cifras desmesuradas; pero, con la entrada de Benigno Blanco al nuevo ministerio, el litigio quedó resuelto: Iberdrola se llevó 15 000 millones de euros[36].

Tras su salida del Gobierno y, también, del consejo de Iberdrola, Blanco fundó el Foro de la Familia para defender la familia tradicional y los derechos del *nasciturus*.

Estadistas de buen nombre y mejor apellido

En la relación de políticos en las carteras del Gobierno del PP predominaba un pedigrí rancio. Abel Matutes Juan, presidente del grupo hotelero Matutes y miembro de la Comisión Trilateral, sería ministro de Exteriores. Javier Arenas, barón andaluz procedente de la UCD, ocupó la cartera de Trabajo, por donde también pasó Eduardo Zaplana, que venía de presidir la Generalitat Valenciana.

Jaime Mayor Oreja, democristiano y sobrino de un ministro de UCD, dirigió desde Interior la lucha contra la banda terrorista ETA. No se puede ignorar la cercanía de su familia a las empresas de seguridad privada. De ahí probablemente que Mayor Oreja siga a día de hoy en una pugna verbal contra los restos de una banda que considera migrada al Parlamento. Además, forma parte de la Red de Valores, un lobby antiabortista que alberga a expertos en terapias para recuperar homosexuales.

Margarita Mariscal de Gante y Mirón, jueza, y miembro conservador del Consejo General del Poder Judicial, se encargó de Justicia. Educación y Cultura caería en manos de Esperanza Aguirre Gil de Biedma, sobrina del poeta Jaime Gil de Biedma y exconcejala del Ayuntamiento de Madrid. La carrera de

[36] Gómez Mardones, Inmaculada (1996), «No me sirve el Plan Hidrológico de Borrell», *El País*, 5 de agosto.

Aguirre, de verbo ultraliberal, sería imparable: primero, presidenta del Senado y, después, de la Comunidad de Madrid, donde se mantuvo hasta 2012.

Otro burócrata era el registrador de la propiedad Mariano Rajoy Brey. Rajoy había sido consejero en la Xunta Gallega al servicio de Manuel Fraga y parlamentario del Congreso. De ideología conservadora, abundante retranca gallega y admiración por clásicos de la dictadura como Gonzalo Fernández de la Mora y Mon, exministro del Opus Dei, Rajoy se ocupó de la cartera de Administraciones Públicas en un periodo avanzado de la descentralización autonómica.

A Rajoy le rodeaban otros ilustres: Jorge Fernández Díaz, un apasionado de los secretos de Interior; Ana Pastor, médica gallega hoy día gestora de una aseguradora sanitaria; y Francisco Marhuenda, director del gabinete del ministro y, después, delegado informativo del PP en el diario *La Razón* y en las tertulias de Antena 3 y La Sexta, televisiones integradas en el Grupo Planeta.

Rajoy llevó a su equipo por las carteras de Educación, Interior y Presidencia hasta ser designado como sucesor de Aznar. En esta última etapa destacaría una joven abogada del Estado llamada Soraya Sáenz de Santamaría, que seguiría hasta el final la senda de Rajoy. Su bolso descansaba en el escaño vacío del entonces presidente Rajoy en la moción de censura que supuso su expulsión del Ejecutivo en 2018.

La conformación del Gobierno quedó rematada por una sorpresa. La cartera de Defensa, prometida a Rafael Arias Salgado, exministro de UCD e hijo de quien fuera titular de Información en el franquismo, cambió a última hora de destinatario[37].

[37] Cacho, Jesús (1999), *El negocio de la libertad*, Madrid, Foca. El autor sitúa al Grupo PRISA como el centro de la élite de poder en España.

Arias Salgado había prometido abrir los archivos del CESID, el antiguo centro nacional de inteligencia, para que se pudieran conocer los manejos de dichos servicios bajo la dirección de los socialistas. La seguridad del Estado abriría así, de par en par, esos archivos. Pero Arias Salgado acabó como ministro de Fomento y el de Defensa pasó a ser un abogado con una amplia experiencia en dicho ministerio: Eduardo Serra. Serra había sido ya subsecretario con UCD y secretario de Estado con el PSOE y conocía a fondo la compra de armamento a Estados Unidos. Próximo a la familia del rey de España y con un pie en el sector privado, Serra habría aceptado una candidatura por la que abogaban tanto Felipe González como el rey Juan Carlos I y Adolfo Suárez[38]. Con el nombramiento de Serra como ministro de Defensa, el Estado preservó sus secretos bajo los pies del Partido Popular, y los papeles del centro de los espías acabaron bien custodiados.

Por primera vez, había que conceder un espacio relevante a los comunistas. En la segunda legislatura del PP, con el exmilitante del PSUC Josep Piqué al frente de Exteriores y Pilar del Castillo, antigua dirigente de la formación maoísta Bandera Roja y ministra de Educación y Cultura, convivía la antigua miembro de los comunistas catalanes Anna Birulés, titular de Ciencia y Tecnología. En Sanidad se encontraba la exalcaldesa de Málaga Celia Villalobos, que, en compañía de su marido, Pedro Arriola, asesor de cabecera del presidente, había militado, aunque fuera de manera testimonial, en Bandera Roja. España seguía sin estar a salvo del virus marxista.

[38] Cacho, Jesús (1999), *op. cit.*

10. La privatización del clientelismo

El primer gobierno de Aznar comenzó una supuesta transición desde el socialismo hacia el capitalismo liberal, garantizando a los españoles la entrada por derecho propio en la futura unión monetaria. Solo unos años después el presidente conservador daría un paso más desde el liderazgo de Europa al dominio del mundo al frente de un eje atlántico comandado por Estados Unidos, pero esta última es una historia para la que no cabe aquí espacio.

Una de sus primeras acciones consistió en declarar que las cuentas públicas que había dejado el Partido Socialista no eran reales y requerirían recortes más profundos. Ante las arcas vacías, cabía buscar culpables, en un ambiente en el que aún retumbaban los ecos del caso Segundo Marey, que llevaría en pocos meses al exministro de Interior José Barrionuevo a la cárcel de Guadalajara. Los populares olvidaron enseguida el programa reformista para colocar al frente de las instituciones relevantes a delegados del partido u hombres de confianza, de modo que la gran red o telaraña del PSOE, la que se había ido envileciendo con el paso de los años, simplemente cambiaría de color corporativo, extendiéndose al mundo de las grandes empresas. Las privatizaciones fueron una manera más que efectiva de acelerar tal cambio.

De nuevo, el movimiento preferido de las élites, como había preconizado Pareto, volvía a ser la sustitución de unas castas por otras. Un proceso de recambio que llevó a situaciones tanto o más vergonzosas que las vividas bajo la hegemonía del PSOE, y en las que el amiguismo y el nepotismo se dieron, de nuevo, un sonado apretón de manos.

Los pocos dirigentes con vocación de independencia profesional, como el primer presidente de la Comisión Nacional del Mercado de Valores, Juan Fernández-Armesto, que criticó algunos aspectos de las privatizaciones, no abarcarían el período popular completo[39], y serían sustituidos por altos cargos con mejor espíritu de equipo, como Pilar Valiente, la presidenta de la CNMV posteriormente encausada en el caso Gescartera, uno de los grandes escándalos de corrupción de la etapa conservadora.

El liberalismo como herramienta

La construcción de un sistema hegemónico para el PP pasaba por colonizar el antiguo Instituto Nacional de Industria, construido por sus abuelos ideológicos, e iniciar una carrera de privatizaciones controladas a distancia. La ideología privatizadora representaba una herramienta discursiva para tomar el poder, y para vender lo público sin perder el mando de las entidades resultantes.

Ya desde 1993, la fundación FAES había declarado la necesidad de un plan estratégico de privatizaciones, de venta de empresas estatales que fuera más allá de las pretensiones de unos socialistas que habían ejecutado las enajenaciones para hacer caja.

Para el PP, la privatización cumplía un propósito superior: por una parte, liberaría a las grandes empresas del yugo estatal, siguiendo los principios thatcheristas, que conducirían a un *big bang* financiero y, con ello, a una gran explosión de riqueza

[39] Mota, Jesús (1998), *La gran expropiación. Las privatizaciones y el nacimiento de una clase empresarial al servicio del PP*, Madrid, Temas de Hoy.

eficientemente asignada; por otra, la venta de empresas suponía un salto cualitativo en la liberalización del mercado, que iba a permitir mejores precios para los consumidores y millones de acciones para que los ahorradores pudieran ver cumplido el sueño de que su dinero trabajara para ellos. Utilizando el apellido del partido gobernante, a esta situación se la denominó «capitalismo popular», un reino de oportunidades en el que la clase media solo podría ir a más.

Del Estado benefactor, propietario de una serie de empresas atenazadas por el presupuesto público y las conductas licenciosas de los ministros, se pasaría a un Estado liberalizador, gracias a lo que las empresas lograrían un estatus superior y, además, rendir cuantiosos dividendos y beneficios a sus nuevos accionistas.

Esta nueva clase ahorradora pasaría a votar masivamente al centroderecha. El Centro de Investigaciones Sociológicas, comandado por la futura ministra de Educación y Cultura, Pilar del Castillo, pronto confirmaría que España se había integrado sociológicamente en los aledaños de la calle Génova 13, cuartel general del PP, abandonando definitivamente los ejes ideológicos socialistas. El capitalismo popular podía entenderse como una visión economicista de la democracia en la que la expansión y la dispersión de la propiedad privada rendirían beneficios para todos.

La marca España se convertiría, entonces, en la de agua del PP. La versión nacional económica del fin de la Historia ocultaba el patrimonialismo político de una formación, el Partido Popular, que pretendía dejar a sus delegados al mando de las principales plazas empresariales.

Poco se decía entonces de las consecuencias de privatizar sin liberalizar el mercado, de la inestabilidad inherente a los ambientes financieros, de los grandes grupos corporativos que se iban a formar a partir de este proceso, o de los consejeros vitalicios que pasarían del entorno del Partido Popular a estas multinacionales. La gran privatización del PP puede entenderse más como un asalto institucional y como la constitución de un sistema económico afín a un partido que como un proceso de modernización liberal por mucho que esto haya sido innumerablemente repetido.

La caída del Partido Socialista con la dimisión del expresidente Felipe González, y el mantra aznarista del «España va bien», en un periodo en el que el producto interior bruto había recuperado sus tasas de crecimiento desde la crisis de los años noventa, generó una balsa de aceite ideológica que permitió a los gobernantes acometer las operaciones más complejas con la mayor celeridad posible. El grueso de las ventas tuvo lugar entre 1996 y 1999, lo que coincidió con un gran crecimiento de los valores de la bolsa y permitió multiplicar las operaciones accionariales. Se cumplía la máxima de Milton Friedman, que recomendaba realizar las reformas dolorosas al principio de las legislaturas y lo más rápido posible, a fin de descolocar a los grupos que pudieran verse perjudicados.

En España, en la segunda mitad de los noventa no hubo choque social alguno en relación con estos aspectos. Dado el relativo silencio sindical, la anemia política de un PSOE huérfano y las creencias de los felices años noventa, las ventas pudieron hacerse sin apenas contestación. Un puñado de preguntas del grupo parlamentario socialista dejan constancia de los excesos del partido en el poder, pero no pudieron ponerle coto.

Entidades con una participación estatal mayoritaria, como Endesa, Iberia, Aldeasa, Tabacalera, Telefónica, Repsol, Indra, Argentaria o Santa Bárbara pasarían a integrarse al cien por cien en el sector privado. Para muchas de estas empresas no habría vuelta atrás: el siglo pasado muestra que la venta del capital público es infinitamente más rápida y factible que su recuperación bajo control estatal.

Expertos en bolsa para colocar acciones

A la cabeza del proceso se encontraban el presidente del Gobierno José María Aznar, el vicepresidente económico Rodrigo Rato, y el ministro de Industria y Energía Josep Piqué. Habría que añadir al abogado del Estado Pedro Ferreras, mano derecha de Piqué en la Sociedad Estatal de Participaciones Industriales, y a su compañero de cuerpo Pablo Isla, director general de Patrimonio del Estado, del que dependían Telefónica, Tabacalera, Renfe o Televisión Española. Ya fuera del Ejecutivo, Isla sería reclutado por Inditex, donde ha gozado de una enorme relevancia nacional e internacional, y, en fechas recientes, por la multinacional Nestlé.

Pero es necesario analizar las presidencias de las empresas, que sirvieron para reorganizar los consejos de Administración con cargos afines al PP. Aznar y Rato recurrieron a contactos personales y a simpatizantes del partido procedentes del mundo financiero, precisamente el sector en el que la economía mundial se apoyaba cada vez con más confianza. Si los privatizadores de Felipe González habían adquirido experiencia bancaria en el pasado, los de Aznar representaban un clan especializado en la especulación bursátil, haciendo manifiesto el cambio de carácter político operado.

La privatización de Aznar ha sido narrada por sus partidarios y cámaras de resonancia como una revolución liberal que enriqueció a la clase media y que lanzó a las empresas vendidas a conquistar el mundo, y por sus opositores como un proceso clientelar en el que el presidente puso al frente de las empresas a sus compañeros de pupitre. Si bien cada versión puede contar solo una parte de la verdad, no es cierto que el proceso pueda identificarse plenamente con el liberalismo, ni tampoco que los presidentes de las empresas fueran todos amigos del jefe del Ejecutivo. La explicación resulta aún más interesante, pues refleja las consecuencias de la dominación de las élites, la influencia de las tendencias mundiales e incluso las diferentes ideologías entre las clases políticas.

El PP reclutó a perfiles de la banca de inversión y de las sociedades de valores que habían aprovechado el pelotazo de los años ochenta. De ahí que de dicho pelotazo los mismos actores condujeran a España a un bolsazo[40], es decir, a un periodo en el que los valores y las plusvalías en la bolsa fueron más que prometedores, a la vez que despegaba una nueva y potente burbuja inmobiliaria.

La financiarización de la economía, su tendencia a privilegiar el crecimiento de los valores financieros por delante de cualquier otro imperativo, simplemente cambió de color y se hizo más explícita. Ahora los cambios ya no eran inevitables, sino que, además, serían buenos para todos.

Pese a proceder del mundo financiero, muchos de los privatizadores habían sido funcionarios. Se trataba de los agentes de cambio y bolsa, aquellos que habían controlado de manera sindicada los movimientos del parqué hasta la ley de 1988. De esta manera se mantenía el signo de la alta burocracia como principal vector del gobierno nacional. Uno de los nodos centrales de esta red era el aragonés Manuel Pizarro. Pizarro había trabajado como abogado del Estado, estando presente en la expropiación de RUMASA como experto jurídico,

[40] *Ibid.*

y posteriormente había obtenido una plaza como agente de cambio y bolsa. Su carrera bursátil le llevó a presidir la Bolsa de Madrid y a fundar Ibersecurities, una sociedad para operar en los mercados de valores por cuenta propia y ajena. En aquel periodo, los años noventa, Pizarro fue aproximándose al entorno del PP y a su fundación ideológica, FAES. Este *think tank* estaba contagiado de la hegemonía conservadora en el Reino Unido con Margaret Thatcher y ofrecía una oportunidad para que la nueva derecha, necesitada de olvido franquista, pudiera construir un discurso que llevara la libertad como algún tipo de bandera más allá de la española.

En la Bolsa de Madrid, Pizarro coincidiría con otros personajes célebres del mundo financiero, como el también aragonés César Alierta y el gallego Francisco González[41]. Alierta, hijo de un alcalde franquista de Zaragoza, acumulaba una exitosa carrera como bróker y experto en bolsa: había trabajado en el Banco Urquijo y en el Hispano Americano, y posteriormente había fundado Beta Capital, una de las sociedades de valores que se expandieron con la modernización de los mercados financieros. Por su parte, Francisco González, ingeniero de IBM y agente de cambio y bolsa, había fundado FG Inversiones Bursátiles.

El presidente Aznar propuso para presidir Telefónica a su amigo Juan Villalonga, compañero de clase en el Colegio El Pilar, y procedente de la banca de inversión. Era sobrino nieto de Ignacio Villalonga, presidente del Banco Central e introductor en España de la obra del jurista y economista austríaco Friedrich von Hayek. Un amigo de Villalonga y de Rodrigo Rato presidió Repsol. Se trataba de Alfonso Cortina, hijo de

[41] López Torrents, Manuel (2013), *De la bolsa a la gloria. Los protagonistas del capitalismo popular en España*, Barcelona, Destino.

un ministro franquista, Pedro Cortina Mauri, y hermano de Alberto Cortina.

Pizarro ocupó un asiento en el consejo de Endesa mientras presidía la aragonesa Ibercaja, que participó en la compra de relevantes paquetes accionariales públicos. A la cabeza de la eléctrica Endesa, que había absorbido compañías como Sevillana de Electricidad y FECSA, se colocó a un ilustre del conservadurismo español, Rodolfo Martín Villa, exministro de Gobernación y de Interior con UCD y presidente de honor del Partido Popular. Martín Villa legitimaba la tradición conservadora del PP y su conexión con el antiguo régimen, y, al mismo tiempo, el espíritu de la transición. Saltaría después a Sogecable, la unión de las dos grandes plataformas digitales españolas, la que pertenecía a Jesús de Polanco, presidente de PRISA, y la de Telefónica, comandada por Villalonga, lo que demostraría cómo hay élites que sirven para poner de acuerdo a las distintas facciones de la clase dominante.

César Alierta aterrizó en Tabacalera, en cuya venta fue denunciado por el uso de información privilegiada. Alierta, que pasaría a convertirse en una de las caras más conocidas del IBEX 35 en el nuevo milenio, sucedería a Juan Villalonga en Telefónica cuando este perdió las simpatías del poder político. Y Francisco González se ocupó de Argentaria, la banca pública que agrupaba a entidades como la Caja Postal, el Banco Exterior o el Banco Hipotecario, entre otras. Pronto sería totalmente privada y una letra más de las siglas BBVA, que el propio Francisco González pasó a presidir.

Otra persona cercana a José María Aznar, su compañero de oposiciones Miguel Blesa, fue propuesto para presidir Caja Madrid. Su candidatura, que sustituía la de Jaime Terceiro Lomba al frente de la gran caja de ahorros madrileña, fue apoyada por los sindicatos y por Izquierda Unida en la asamblea general, en la que participaban como consejeros de la entidad. La madrileña era una entidad financiera clave para participar en las empresas privatizadas y sostener el proyecto del PP. Con Blesa en Caja Madrid y Francisco González en Argentaria, el PP contaba ya con algunos pilares del sistema financiero, que en la etapa socialista había sido clave para constituir grupos sólidos de accionistas en las empresas públicas y privadas.

En La Caixa, el ascenso del opusdeísta Isidre Fainé, a quien ya hemos mencionado antes, decidido a mantener un buen eje de conexiones con Madrid y con la Generalitat, confirmó que los acuerdos latentes no serían violados; José Luis Olivas, hombre de Eduardo Zaplana, presidente de la Generalitat valenciana, mandaba en la Caja de Ahorros del Mediterráneo, la CAM, y Manuel Pizarro estaba al frente de Ibercaja[42].

La clase empresarial comenzaba a mostrar un nuevo carnet político. El mapa electoral, con la mayoría de las autonomías dominadas por el PP, el mando de las empresas públicas y la capacidad financiera para regar la nueva etapa representaron las bases de lo que posteriormente se denominaría el milagro, y más tarde la crisis económica.

Con estos puntos de partida, los presidentes de las entidades privatizables impulsaron un cambio clave, como fue el nombramiento de consejeros independientes o miembros del consejo de administración no estrictamente vinculados a ninguna compañía que las participara, sino seleccionados por su competencia profesional y su prestigio. La selección de dichos consejeros entre personalidades afines al Partido Popular y al presidente de la empresa sirvieron para blindar las presidencias una vez que las entidades quedaran privatizadas. De esta

[42] Juste de Ancos, Rubén (2017), *IBEX-35. Una historia herética del poder*, Madrid, Capitán Swing. El autor considera que las cajas de ahorro constituyen uno de los ejes principales del sistema de dominación del PP.

manera, el nombramiento a dedo de los presidentes quedaría perpetuamente confirmado por los representantes de los accionistas, corriendo un oscuro velo sobre el teórico espíritu liberal de la terapia de las privatizaciones. Los encargados de la gran liberalización se habían convertido de la noche a la mañana en virreyes de un capitalismo clientelar.

Este cambio culminaba el asalto al capital. El proceso se recubrió de un aura de transparencia legitimado por un Consejo Consultivo creado al efecto. Se trataba de un conjunto de catedráticos universitarios en su mayoría simpatizantes del partido en el Gobierno encargados de emitir juicios sobre las distintas operaciones de ventas de acciones. Al frente del consejo consultivo se situó el exministro de UCD, diputado y militante conservador Luis Gámir. Dicho consejo tenía en la práctica un papel meramente formal, que demostró ser testimonial, aparte de que algunos de sus miembros se incorporaron a los consejos de las empresas privatizadas, como Endesa y Telefónica, una vez que las ventas empresariales quedaron materializadas[43].

Telefónica fue la primera gran empresa en enajenarse. Su presidente, Juan Villalonga, revolucionó los mecanismos de remuneración de los ejecutivos e inició una expansión en Latinoamérica y una política de medios de comunicación que provocó las primeras tiranteces en el Gobierno del PP. Sus acuerdos con el presidente del Grupo PRISA, Jesús de Polanco, considerado por el PP como uno de sus mayores enemigos, y algún escarceo amoroso que cuestionaba los principios nacional católicos del núcleo duro popular, rompieron el cordón umbilical con el mando aznarista. En el año 2000, con el trasfondo de una campaña periodística en contra encabezada por el diario *El Mundo*, Villalonga fue sustituido por César Alierta.

[43] Mota, Jesús (1998), *op. cit.*

La decapitación de Villalonga confirmaba el carácter político del plan privatizador. España seguía siendo, si no la misma, bastante parecida.

Se produjo una privatización sin liberalización, lo que favoreció una concentración del poder empresarial. El paso del tiempo nos permite analizar dicho proceso como una transición de un oligopolio público, cimentado en el antiguo INI, a uno privado, dentro del IBEX 35.

Una buena parte de los cargos técnicos del partido gobernante se han integrado en dicho oligopolio, constituyendo una clase empresarial afín al Partido Popular, en un parque de empresas privadas que ya no volverían a formar parte del Estado, pero que constituirían Estados dentro de este. En el caso de Telefónica, una de las grandes receptoras de los contratos tecnológicos de la Administración Pública, destacan, por citar algunos, los ejemplos de Eduardo Zaplana, ministro de Trabajo durante el polémico ERE de 2003, o Rodrigo Rato, e incluso el antiguo miembro de la Familia Real Iñaki Urdangarin.

Por el de Endesa pasarían el expresidente José María Aznar, el exministro Pío Cabanillas hijo y un todavía joven Luis de Guindos. Endesa fue adquirida en la segunda mitad de los años dos mil por una eléctrica italiana de capital mayoritariamente público, representando un caso especialmente reseñable de los tremendos errores en los que desembocó la enfermiza politización del proceso privatizador.

Concentración y «madrileñización» de España

Paralelamente a las privatizaciones se permitieron concentraciones de capital que configuraron grandes grupos. Durante la segunda legislatura de los conservadores, y una vez superada la necesidad de contar con el nacionalismo de CiU y PNV como apoyo parlamentario, Madrid aceleró su protagonismo en la dinámica nacional.

La primera fusión relevante de empresas tuvo lugar entre el Banco Central Hispano, el BCH, y el Banco Santander en 1999, dando lugar al primer gran banco español. Emilio Botín hijo logró desplazar en la presidencia del Banco Santander Central Hispano —hoy, Banco Santander— al abogado del Estado José María Amusátegui, presidente del BCH. De esta manera, el superviviente con más resiliencia de la aristocracia financiera, Emilio Botín, ganaba la partida a toda una generación, la afamada *beautiful people*, aquella clase empresarial que había seducido al poder político desde antes de la transición. Botín quedaría a disposición de los poderes oficiales, pendiente de ser, como poder regulado, influyente en el poder regulador. Como lo fue tanto en los gobiernos de José María Aznar como en los de su sucesor, José Luis Rodríguez Zapatero.

Quedaba por formarse el BBVA, el Banco Bilbao Vizcaya Argentaria. La absorción de Argentaria, la antigua banca pública, por el BBV dio como resultado un gigante financiero presidido por Francisco González. En un principio la dirección del banco se basaría en una presidencia compartida entre Francisco González, el hombre puesto por José María Aznar y Rodrigo Rato en Argentaria, y Emilio Ybarra, representante de las familias vascas de Neguri, mayoritarias en el BBV. Pero un escándalo financiero sobrevenido modificó la correlación de fuerzas. El Banco de España fue alertado de que la mayoría de los consejeros del BBV, nombrados en el periodo de hegemonía del PSOE, tenían dinero en un fondo de pensiones alojado en el paraíso fiscal de las Islas Jersey. A ello se unieron los rumores sobre la posibilidad de que parte de dicho dinero pudiera haber estado destinada al pago del denominado impuesto revolucionario, la extorsión periódicamente exigida por la banda terrorista ETA. Dicho escándalo hizo que el Banco de España exigiera responsabilidades a sus protagonistas.

Al frente del banco de bancos se encontraba Jaime Caruana. Caruana era técnico comercial del Estado y procedía también de un bróker bursátil, Renta 4. Provenía del mismo sector que Francisco González, Manuel Pizarro y César Alierta, y había sido director general del Tesoro con Rodrigo Rato, lo que conectaba al ente regulador con el Gobierno y, por tanto, con el partido.

El resultado de la investigación del Banco de España dio un vuelco a la situación, provocando la dimisión de miembros vinculados a etapas anteriores y a las familias vascas propietarias del BBV. El BBVA profundizó su orientación a Madrid, con el traslado a la capital de su sede central bilbaína, y se convirtió en el segundo coloso financiero español, finalizando la segunda etapa de las absorciones bancarias.

El escándalo de las Islas Jersey quedaría desestimado años después por el Tribunal Supremo, pero el poder había cambiado. El gobernador del Banco de España pasaría posteriormente a ser consejero del BBVA. El entonces presidente de la Comisión Nacional del Mercado de Valores, Juan Fernández-Armesto, tuvo poco de decir: bien por falta de competencias en la materia, bien porque había sido abogado del propio Francisco González en su etapa previa como bróker financiero, en la que el posterior presidente del BBVA había conducido algunas operaciones contablemente arriesgadas.

El exvicepresidente del BBVA, Pedro Luis Uriarte, el que fuera primer consejero de Economía y Hacienda del Gobierno autonómico vasco, expresó en el obituario de Emilio Ybarra, fallecido en 2019, cómo el caso de las cuentas de Jersey habría servido para forzar un vuelco en la cúpula del banco. Pero, también, para que la entidad antaño considerada como la reina de la industria vasca viera desplazado su centro de gravedad a la capital del reino, mientras la sede histórica del antiguo Banco de Bilbao se había convertido en un edificio parcialmente ocupado por una tienda de ropa barata[44].

Este no era un hecho precisamente aislado. Con el PP de la segunda legislatura se acentuó la «madrileñización» de una economía española cada vez más orientada hacia una capital que parecía capaz de comerse todos los factores productivos, haciendo de aspiradora industrial, y cultivando al mismo tiempo un nacionalismo de perfil bajo. El Cercle d'Economia catalán apuntó a esta circunstancia y el exalcalde de Barcelona y candidato a la Generalitat, Pasqual Maragall, lo expresó en la prensa con el artículo «Madrid se ha ido»[45]. El futuro *president* situaba a la capital en un rumbo más cercano a urbes como Miami que al resto del país. El Madrid que el exalcalde de Barcelona denominaba «del gobierno» se encontraba en el centro de una trama radial de infraestructuras que, dirigida por el Ministerio de Fomento del exsecretario general Francisco Álvarez Cascos, pretendía convertir España en una red de ciudades que aspiraban a estar a menos de dos horas de Madrid. La reflexión de Maragall se adelantó a los acontecimientos políticos y sería un augurio de los conflictos territoriales que esperaban, pacientes, a la siguiente legislatura.

El duopolio financiero Santander-BBVA, y con ello, la gran concentración del poder bancario, quedaba culminado en una etapa de dominio popular en la que los mensajes desde el Gobierno tendían a ser exageradamente optimistas. Una vez privatizadas las grandes empresas públicas y con la explosión

[44] Uriarte, Pedro Luis (2019), «A cada cual, lo suyo», *El País*, 18 de julio.
[45] Maragall, Pasqual (2001), «Madrid se ha ido», *El País*, 6 de julio.

de la burbuja de la bolsa, el capitalismo popular se fue diluyendo. Pero el milagro económico continuó: el *big bang* de las finanzas y el clima de euforia financiera mundial contribuyeron a una nueva era especulativa que en España encontró a su gallina de los huevos de oro en la construcción y en el sector inmobiliario.

En dicho sector destacaron empresas y líderes que aprovecharon el ciclo para ponerse al mando de la economía. Se trataba de Florentino Pérez, ingeniero de Caminos, exconcejal de UCD en el Ayuntamiento de Madrid y fundador de la empresa ACS, multinacional de la construcción y contratista con las Administraciones Públicas. ACS fue incrementando su tamaño, sus cifras y ámbitos de negocios, hasta intentar, sin éxito, tomar el mando en la eléctrica Iberdrola, que había fracasado en su intento de fusión con Endesa.

La influencia mediática de Florentino Pérez, cimentada en su popularidad al frente del Real Madrid Club de Fútbol, ha hecho de este empresario un auténtico estadista privado cuyas decisiones son difícilmente limitadas por los poderes públicos, frecuentes visitantes del palco del estadio Santiago Bernabéu. La construcción de la Ciudad Deportiva, considerada un pelotazo urbanístico, contó con el apoyo de todos los concejales del Ayuntamiento de Madrid, con excepción de Matilde Fernández, exministra de Trabajo con Felipe González.

Otros rostros conocidos fueron Juan Miguel Villar Mir, que, después de décadas rotando entre el sector público y el privado, había creado OHL, otra de las grandes multinacionales de las contratas públicas. Villar Mir la había edificado a partir de Obrascón, adquirida gracias a sus contactos con la Administración, y de Huarte y Lain. OHL, desde 2021 OHLA, ocupa un lugar privilegiado en el paisaje urbanístico madrileño, con un rascacielos en el tramo final del Paseo de la Castellana. En la última planta tiene ubicada una capilla[46], situada a poca distancia del cielo.

Destaca también Fomento de Construcciones y Contratas, FCC, de perfil similar a las dos anteriores y con un histórico recorrido en el que las relaciones con las administraciones públicas no pueden ignorarse. Las investigaciones judiciales en torno a las distintas tramas de corrupción del Partido Popular, como Gürtel, Lezo, Púnica o los papeles de Bárcenas, extesorero de la formación, han permitido arrojar luz sobre el esquema corporativo que se encontraba detrás de la gran expansión económica en los tiempos del PP.

Los papeles del extesorero popular demuestran que las donaciones ilegales al partido no eran actos extraños. En ellas estuvieron implicadas constructoras y contratistas como las tres mencionadas más arriba, es decir, ACS, OHL y FCC, y como Sacyr Vallehermoso, cuyo crecimiento llevó a su primer ejecutivo, Luis del Rivero, a ambicionar la presidencia del BBVA. La burbuja inmobiliaria contó con estos y con otros patrocinadores; los reguladores y legisladores mayoritarios tenían sus campañas electorales a buen recaudo. El sistema del PP parecía una versión perfeccionada de la de su antecesor socialista.

[46] *La Marea* (2018), «Las élites de Dios».

11. El milagro: construcción, sector inmobiliario y mucho crédito

La burbuja inmobiliaria tiene muchos padres. Pero es preciso destacar aquí el papel del Estado y de la clase política en el lanzamiento triunfal del fenómeno. Como afirman Michael Pettis y Matthew C. Klein en su ensayo *Las guerras comerciales son guerras de clase*, todo proceso especulativo suele comenzar con un cambio legal, una modificación en la legislación y en la regulación que suele afectar a la amplia definición de lo que es el dinero.

La burbuja inmobiliaria, que se desató en España entre los años 1997 y 2008, encontró un excelente caldo de cultivo en un modelo inmobiliario constructor[47] en el que la banca había operado como un actor privilegiado. Pero también en un conjunto de legisladores y gobernantes que hicieron posible que el suelo se convirtiera en un activo financiero más con el que comerciar, en una nueva riqueza tan intangible como habitable.

Con la formación del euro a la vuelta de la esquina, los flujos de capital buscaban, ansiosos, nuevas oportunidades de inversión. Lo habían logrado durante el pelotazo de la segunda mitad de los años ochenta, cuando la apertura oficial de España a Europa había desatado un proceso de aguda financiarización y búsqueda de gangas en nuestro país. Ahora, con el sustento y la confianza que proporcionaba la moneda común, las grandes sumas de dinero tendrían una mejor oportunidad.

[47] Naredo, J. M. y Montiel, A. (2011), *El modelo inmobiliario español y su culminación en el caso valenciano*, Barcelona, Icaria.

De proletarios a propietarios. De propietarios a especuladores

España vestía con su bandera como traje de gala, pero la parte de atrás lucía la enseña comunitaria. Y eso ofrecía mucha, demasiada confianza. Cuando las luces tras la fiesta europea volvieran, los andrajos se harían evidentes; pero, como suele suceder, la mejor iluminación es la de la luz del día, cuando la orgía se ha convertido en un sonoro dolor de cabeza.

La salida de la crisis de los primeros años noventa había dado lugar a un periodo de crecimiento económico que desató, de nuevo, la euforia. El PP había logrado cumplir con los criterios de Maastricht gracias a distintas estrategias. La privatización de las empresas públicas permitió suavizar los recortes necesarios para reducir las cifras de déficit y deuda pública, exigidas por el tratado que constituía la nueva zona comunitaria.

El electorado afín podía depositar su ahorro en un exultante mercado de valores. Además, un acuerdo con las empresas eléctricas contuvo el precio de la energía a cambio de una deuda que el contribuyente pagaría durante las siguientes décadas[48].

Las escasas voces discrepantes, como Josep Borrell, que había denunciado la privatización definitiva de las empresas como «pan para hoy y hambre para mañana», parecían fuera de época, lejanos ecos de los restos de un partido perdedor. Las de otros economistas, como el director del servicio de estudios del BBVA, el profesor Miguel Sebastián, que alertó sobre el insostenible incremento del precio de la vivienda y del déficit por cuenta corriente de la economía española, se cobraron su despido del banco.

[48] Sebastián Gascón, Miguel (2015), *La falsa bonanza. Cómo hemos llegado hasta aquí y cómo intentar que no se repita*, Barcelona, Península.

La regeneración democrática, la segunda transición promulgada por Aznar, parecía centrada en el ámbito económico. Cumplidos los trámites europeos, el Gobierno sentó las bases para un nuevo desarrollismo, una expansión carente de memoria histórica. El turismo, la construcción y todos los negocios asociados a estas industrias se convirtieron en un motor que absorbía inversiones y trabajadores que dejaban sus estudios para acceder a salarios competitivos. Cuando la oferta de empleo comenzó a saturarse, el Gobierno intentó flexibilizar el mercado laboral y recurrió a los flujos migratorios de entrada. A diferencia de los milagrosos años sesenta, España importaba inmigrantes, una fórmula que, además, marchaba en consonancia con la creciente multiculturalidad europea, y que representaba un paliativo para el problema de envejecimiento.

De este modo, los factores demográficos, institucionales, económicos y políticos cebaron la bomba. Construir infraestructuras públicas con y sin fondos europeos, generar espacios urbanísticos nuevos, y hacer viviendas y pisos para una ciudadanía próspera creaba empleo y, con ello, votos para el partido que promovía este «nuevo» crecimiento. El aumento del consumo se tornaba en bienestar y confort, en una nueva etapa de la que resultaba difícil bajarse en marcha.

En el año 2002 Robert Lucas, premio nobel de Economía, había hablado de la capacidad de la ciencia económica y de las instituciones para evitar las crisis y las depresiones. Los mercados financieros, asistidos por los mejores algoritmos, habían logrado diversificarse para minimizar el riesgo financiero. La euforia parecía inevitable.

Pero todo pasaba por una reforma legal: la Ley 6/1998, de 13 de abril, sobre régimen del suelo y valoraciones, denominada para la posteridad como la «ley del suelo», y aprobada con el apoyo de los nacionalistas conservadores. La ley del suelo perseguía oficialmente aumentar el parque de viviendas para que, por obra de una supuesta ley de la oferta y la demanda, el precio de estas se tornara asequible. El suelo público pasó a ser por defecto urbanizable —y se limitó la capacidad de los ayuntamientos para reservarlo para otros usos—, lo que incrementó su precio y, con ello, los ingresos fiscales de las distintas corporaciones locales.

Se creaban así los cimientos de una burbuja en la que todos parecían ganar algo: los gobiernos locales saneaban sus cuentas y llegaban a superávits antaño impensables; los promotores inmobiliarios batían récords de beneficios y los ciudadanos accedían a crédito al nuevo sueño español. Los proletarios, que en los años sesenta se habían transmutado en propietarios, pronto serían inversores, e incluso especuladores.

La banca estaba encantada de prestar a potenciales propietarios de un bien de mercado que solo parecía poder subir: en caso de impago, el préstamo podría devolverse dada la imparable hinchazón de los precios de los inmuebles. Todo un milagro que, además, permitió al Gobierno central reducir el déficit público, domeñar el paro y alardear de conducir la economía con virtud. Y ganar las elecciones del 2000 por mayoría absoluta. Y, como en los años sesenta, otros cargarían con las consecuencias.

El incremento del precio del suelo y la construcción de viviendas financiadas a tipos de interés muy bajos generaron una ilusión de riqueza que produjo efectos sociales. Las familias que veían un crédito concedido pasaban a ser propietarias de un activo que tenía una enorme expectativa de revalorización. Las expectativas al alza solo podían llevar los precios hasta más arriba.

Una vez dentro del euro, la banca española había incrementado su capacidad de obtener fondos para prestar, y la creciente demanda de viviendas señalaba una oportunidad que no podía perderse. La banca, concentrada cada vez en torno a menos entidades, aprovechó las expectativas para prestar todo el dinero con el silencio del Gobierno y del Banco de España.

A la actividad de las entidades bancarias se añadió la de las cajas de ahorro tras la reforma de 2002. Todas estas entidades necesitaban, no obstante, garantizarse la financiación de los créditos emitidos. Igual que el Estado coloca en los mercados deuda pública para hacer frente a los gastos que no puede financiar con impuestos, estas entidades hicieron lo propio con títulos de renta fija, cédulas de deuda que, en tiempos optimistas, eran adquiridas con facilidad por inversores nacionales e internacionales. La construcción flotaba en abundante crédito a la espera de la futura inundación financiera.

El papel acelerador de la zona euro

Una Alemania no hace mucho reunificada trataba de retomar el vuelo económico. Un ambicioso plan de austeridad había acabado con el bando socialdemócrata del Gobierno y había generado un sobresaliente ahorro privado, que las entidades financieras alemanas prestaron a las españolas. El destino del crédito fue, cómo no, el sector inmobiliario. Ni los reguladores del Banco de España ni los de un Banco Central Europeo enfocado principalmente a los desequilibrios relacionados con la inflación, alertaron del peligro.

El ya ministro de Hacienda Cristóbal Montoro comenzó a hablar de la doctrina del déficit cero: las Administraciones Públicas, integradas ya en la zona euro, podían alcanzar un equilibrio presupuestario que, por una parte, liberaría a los ciudadanos de pagar tantos impuestos, y por otra, reduciría el papel del Estado para que las empresas fueran las grandes dinamizadoras de la economía. Lo que el ministro no mostraba era que dicho equilibrio público, que llegó a alcanzar un superávit presupuestario en años posteriores, se apoyaba sobre un enorme desguace de las cuentas privadas. Los ingresos estatales estaban siendo posibles porque un descomunal endeudamiento de familias, empresas y entidades financieras había lanzado a la economía cuesta abajo.

La euforia política traspasaría al gobierno del PP y llegaría a los confines del PSOE. En el año 2003, las cifras de déficit y deuda públicos de Francia y Alemania superaban los criterios de Maastricht. El comisario europeo de finanzas y vicepresidente comunitario, el exministro socialista Pedro Solbes, intentó imponer una multa a estas dos naciones por el incumplimiento del denominado Pacto de Estabilidad y Crecimiento, pieza central de la Unión Monetaria. Para aquella ocasión, Solbes contó con el apoyo del ministro de Economía y padre del milagro nacional, Rodrigo Rato, que había sido declarado recientemente doctor *cum laude* en Economía, tras la autoría de una tesis sobre los círculos virtuosos del crecimiento en la España del PP.

Cuando Zapatero ganó las elecciones en 2004, Solbes pasaría a ser ministro de Economía y Finanzas; este alabaría la gestión de Rato y el propio Zapatero apoyaría la candidatura del exministro popular a la presidencia del Fondo Monetario Internacional. Unos años después, y con la economía española destrozada por la deuda privada y el consiguiente endeudamiento público, Rato ingresaría en prisión.

La hazaña de la economía española se vuelve borrosa con el transcurrir del tiempo. Los errores en el diseño institucional de la zona euro han ido acolchándose con el cambio de papeles de su banco central y de su todavía lento camino hacia la mutualización de la deuda y una posible futura hacienda común. Pero el daño infligido a la economía española, como sucedió con la griega, es difícilmente cuantificable. La llegada de los socialistas, en 2004, solo permitió un pequeño intento de mitigar la infección. La economía parecía haber sido definitivamente reconquistada por el espíritu desarrollista de profunda raigambre especulativa y prolongada sombra.

12. Malestar mediático y recambio democrático

Dominar exige convencer. El PP había hecho creer a los españoles que estos eran cada vez más ricos y prósperos. Que, en el culmen de su euforia financiera, como afirmara Galbraith[49], tenían, además, razón.

La transición parecía haber terminado en España poco después del final de la Guerra Fría en el mundo, y el sistema bipartidista adquiriría la función de debatir exclusivamente sobre cómo conducir la economía y qué decisiones adoptar para que España fuera cada vez mejor. El Gobierno del PP había logrado llegar al «crepúsculo de las ideologías» que uno de sus referentes, Gonzalo Fernández de la Mora y Mon, ministro franquista de Obras Públicas, había propugnado durante los años sesenta para analizar el futuro de los sistemas políticos y económicos. Mariano Rajoy, futuro presidente del Gobierno, había tomado buena nota de las lecciones de este intelectual orgánico, para el que la desigualdad era una simple característica natural de las sociedades.

El espíritu del desarrollismo, el estado de obras de Fernández de la Mora, latente en todo el periodo democrático, había vuelto con la bandera del cemento. La revolución ideológica del PP, cocinada años antes en el laboratorio neoliberal de la fundación FAES, había ofrecido algunos de sus mejores frutos en crecimiento económico nominal, creación de empleo y votos.

Pero una nueva hegemonía exige un control mayoritario de los medios de comunicación y, a ser posible, la producción

[49] Galbraith, J.K. (2011), *Breve historia de la euforia financiera*, Barcelona, Ariel.

o reproducción de un candidato opositor sujeto a las mismas máximas ideológicas del partido dominante. El PP no parecía estar logrando eso con José Luis Rodríguez Zapatero: el leonés, que había vencido en las primarias del PSOE en el año 2000, no era Tony Blair, el líder laborista que sucedió a los conservadores en el Reino Unido y que fue considerado por la exprimera ministra, Margaret Thatcher, como su mejor creación. El de Zapatero, que admitió las líneas centrales de la política económica popular, parecía estar configurándose como un proyecto de oposición, una carrera para llegar, en algún momento, al Palacio de la Moncloa.

El PP, que controlaba los resortes de la economía, fallaría en la comunicación y en la cultura. Su último mandato terminó por subrayar ese escape en el sistema de dominación popular, una fuga ideológica que contribuyó a que la hegemonía conservadora no fuera completa.

La batalla de los medios

Para entender el origen de esta falla es preciso recrear el contexto político de la primera victoria del PP en 1996. Su llegada a la Moncloa abría un periodo de incertidumbre para los propios gobernantes. La derecha pura y dura, la reunida en torno al PP tras su refundación en 1989, accedía por primera vez al Ejecutivo tras unas elecciones democráticas.

Sus antecedentes no parecían homologables: en 1977 y 1979 la Unión de Centro Democrático, pese a contar con múltiples nexos con la formación conservadora, podía considerarse una coalición transitoria con distintos componentes de izquierda y derecha. Después de tantos años de hegemonía del PSOE, el PP no solo necesitaba reconquistar empresas, banca, cajas de ahorro y territorios. Requería de un poder cultural que fabricara identidad, es decir, que fuese capaz de convencer a los ciudadanos. Pese a que el Centro de Investigaciones Sociológicas confirmaría la adscripción mayoritaria de los españoles al centroderecha, el proyecto cultural, una de las cuentas pendientes del franquismo[50], parecía lejos de haber sido culminado.

Aznar y su círculo íntimo trataron de aprovechar el relevo en las grandes empresas para construir un grupo mediático que pudiera rivalizar con PRISA, el principal referente de la izquierda intelectual y cultural en España, tradicionalmente afín al Partido Socialista. Para ello, aprovechó la creación de la plataforma digital Veo TV, pilotada por el Ejecutivo, y la entrada de la Telefónica liderada por Juan Villalonga en el capital de Antena 3 Televisión. El macrogrupo requería del apoyo del Grupo Zeta, propietario de un relevante paquete de acciones de Antena 3, y de los mexicanos de Televisa, que mantenían buenas relaciones con el periodista Luis María Anson, director del diario *ABC*.

Pero la operación quedó finalmente frustrada a finales del año 1997. Distintos movimientos alejaron al Grupo Zeta del pacto y la hegemonía mediática de PRISA prevaleció. El secretario de Estado de Comunicaciones, Miguel Ángel Rodríguez, uno de los ideólogos de la victoria del PP en 1996, fue cesado.

Pero, como ocurre con las élites, los ceses no siempre suponen el ostracismo: Miguel Ángel Rodríguez, por entonces también consejero de la petrolera Repsol, pasó a presidir la multinacional de los medios de comunicación y la publicidad Carat, una empresa que aprovechó el periodo de hegemonía electoral popular para incrementar significativamente su

[50] Villacañas Berlanga, José Luis (2022), *op. cit.*

facturación. Su influencia ha llegado hasta la actualidad, con su relevante papel como director del gabinete de la presidencia de la Comunidad de Madrid, donde ejerce como principal guionista del juego de tronos capitalino, y como asesor de la verdadera oposición al poder central.

Una vez fracasado el intento de fundar un imperio mediático, Aznar y sus hombres fuertes pasaron a una estrategia defensiva, que conducía a la laminación judicial del grupo presidido por Jesús de Polanco. Los números uno y dos de PRISA, Jesús de Polanco y Juan Luis Cebrián, fueron juzgados por haber pirateado supuestamente la señal de Canal Plus en una disputa por los derechos de emisión de la Liga española de fútbol. El juicio terminó sobreseído y la causa del PP, fracasada. No todos los jueces, como Baltasar Garzón, estelar en la persecución del último Gobierno de Felipe González, se pusieron del lado de Aznar, y PRISA quedó exonerada del presunto delito.

Veo Televisión quedaría absorbida poco después por Vía Digital, propiedad del grupo editor presidido por Jesús de Polanco, que realizó una jugada maestra al nominar a Rodolfo Martín Villa, expresidente de honor del PP y exmandatario de Endesa, como presidente de la entidad Sogecable, cuartel general de su imperio digital.

La conocida como guerra del fútbol, la disputa de grupos mediáticos, y políticos, por los derechos de emisión del balompié, herramienta fundamental para el liderazgo en la sociedad mediática, había quedado cerrada. El frente mediático seguía siendo esquivo al PP. Y la Cadena SER, los guiñoles de Canal Plus y los editoriales de *El País* continuarían constituyendo el guion de la oposición al magno proyecto de Aznar.

En los primeros años dos mil, el PP estaba en la cresta de la ola: España crecía por delante del resto de los países europeos, creaba empleo y se extendía una prometedora sensación de riqueza entre la clase media. Una vez más, en nuestro país era posible hacerse millonario. Los dirigentes del PP tuvieron más prudencia, o más suerte, que los socialistas a la hora de expresarlo en público.

Aquella sensación de incremento repentino de la riqueza material era a su vez un subidón que impulsaba una inversión fantasma: la entrada de una cantidad de dinero canalizada por la banca nacional y por el mercado de valores. Cuando la anfetamina del crecimiento dejara de surtir efecto, el apoyo financiero se retiraría abruptamente. Pero nadie pensaba entonces en aquello.

El enamoramiento resultaba, por entonces, difícil de cuestionar. En España, el fin de la historia económica podía sintetizarse en la esplendorosa ola que la construcción, el turismo y los servicios financieros arrojaban desde el final del milenio previo. Un nuevo sueño desarrollista que iba más allá de las playas de Benidorm y que favorecía la construcción de infraestructuras públicas sin ajustarse a necesidades sociales, como aeropuertos periféricos o inesperadas ciudades de la cultura. El resto, la expansión del I+D, la protección del medio ambiente o la solución a los problemas generados por la inmigración descontrolada o las desigualdades vendrían resueltos por las excelentes bases del desarrollo del presente. El sector público comenzaba, incluso, a exhibir unas cuentas saneadas.

Los medios de comunicación tenían que ser capaces de construir un relato favorable y redondear esta etapa de prosperidad. Y lo hicieron de dos maneras diferentes: por una parte, mediante la propaganda oficial, narrando las bondades de las acciones de unos gobernantes firmes y a la vez dialogantes con el terrorismo asesino de ETA, diligentes representantes en Europa, garantes de un crecimiento infinito y sensatos gestores de los fondos públicos. Y, por otra, a través del control de los medios potencialmente críticos, aquellos que pueden desmontar las versiones oficiales y construir relatos alternativos basados en datos y realidades palpables. La oposición nacería de los propios errores del orden vigente y del fracaso de los gobernantes para enfrentarse a las élites mediáticas de oposición.

La propaganda oficial corrió, como suele suceder en este tipo de sistemas de fuerte raigambre autoritaria, a cuenta del aparato público de los medios de comunicación. Algo que había sucedido de modo parecido a lo largo de las etapas políticas precedentes. Radio Televisión Española (RTVE) había experimentado un proceso de renovación y purga desde que Miguel Ángel Rodríguez había hecho su entrada como secretario de Estado de Comunicación. RTVE quedó en manos de una red de periodistas en cuyo centro podríamos localizar a Luis María Anson, uno de los fundadores del anteriormente mencionado sindicato del crimen y director durante muchos años del influyente diario monárquico y conservador *ABC*. Discípulos de Anson en ese diario se harían cargo de la información en Televisión Española y Radio Nacional hasta que el PP perdiera las elecciones de 2004.

Paralelamente a ello nació el diario *La Razón*, un periódico conservador precisamente adjudicado a la dirección de este veterano periodista, Anson, que de aquella manera obtenía un premio a una trayectoria iniciada muy cerca del conde de Barcelona, don Juan de Borbón.

El frente periodístico en papel parecía casi omnímodo: *La Razón*, *ABC* y *El Mundo*, al frente del cual Pedro J. Ramírez se reafirmaba después de haber resistido una aberrante campaña de desprestigio, se decantaban por los logros del PP, mientras que *El País* se quedaba en solitario como la prensa crítica superviviente del asedio popular de finales de los noventa. La fuerza del conglomerado formado por *El País* y la Cadena SER no podía pasar desapercibida. PRISA seguía al frente de un imperio editorial que se prolongaba gracias a la influencia de terminales como Los 40 Principales, M80, Cadena Dial o la híbrida red de televisiones locales denominada Localia.

La derecha contaba, no obstante, con una oportunidad inesperada. Una nueva forma de hacer periodismo nacía en Internet con el despertar del nuevo milenio. Destacaban periódicos como *Estrella Digital*, fundado por Pablo Sebastián; *Libertad Digital*, con Federico Jiménez Losantos y Alberto Recarte; *El Confidencial*, dirigido por Jesús Cacho; o *Periodista Digital*, por quien también participara en la fundación de *El Mundo*, el excorresponsal de guerra Alfonso Rojo. Todos ellos representaban versiones modernas del autodenominado decano de la prensa digital, *Hispanidad*, dirigido por el militante católico Eulogio López. Todos con una línea editorial liberal conservadora y amable con el Gobierno.

En torno al año 2000, estos digitales abrazaban la modernidad con anunciantes integrados en el IBEX 35 y una generosa financiación de ministerios, de comunidades autónomas y de empresas anteriormente públicas, como Telefónica, BBVA o Endesa. Las noticias de bolsa, la denominada «nueva economía», el efecto dos mil, los atentados de ETA y la narrativa sobre un futuro tecnológico y digital que abarcaba ya el presente parecían los contenidos más sugerentes de los que los nuevos internautas querrían estar al día.

Este nuevo exponente de la modernidad informativa suponía también la recomposición de una relevante parte de la red social periodística de oposición a Felipe González en su última legislatura. Buena parte de los directivos de los nuevos digitales, también denominados «confidenciales», habían formado parte del denominado «sindicato del crimen», aquella agrupación de periodistas conjurada a principios de los noventa para sacar a los socialistas de la Moncloa.

Ultimada la primera victoria del PP y lograda la segunda, por mayoría absoluta, privatizado el capital público restante y ocupado el nuevo poder corporativo por presidentes y consejeros afines al Partido Popular y a su ministro Rodrigo Rato, la financiación institucional pública y privada hizo posible la expansión de un nuevo sector de la prensa.

Conforme el tiempo transcurriera, la red digital crecería en tamaño e influencia. Cuando más adelante el presidente Zapatero, por entonces candidato de la oposición, prometiera su cargo como jefe del Ejecutivo en 2004, Internet se habría convertido en un terreno periodísticamente pantanoso.

No existe una forma clara de explicar el auge de esta nueva forma de comunicación a partir del exitoso proceso privatizador. Si bien las empresas privatizadas resultantes figuraban como anunciantes de estos nuevos digitales, los proyectos periodísticos no pueden considerarse por sí mismos terminales mediáticas del Ejecutivo conservador. Algunos hechos sí han quedado, sin embargo, probados. Como la participación temporal del PP en el capital de *Libertad Digital*[51], o que la empresa de comunicación del ministro de Economía Rodrigo Rato, COR Comunicación[52],

[51] Gómez, Rosario (2014). «Libertad Digital. Un grupo mediático al servicio del PP». *El País*, 28 de octubre.
[52] Herráiz, Pablo y Alsedo, Quico (2017). «Sociedades de Rodrigo Rato facturaron 82 millones a las empresas públicas privatizadas». *El Mundo*, 8 de abril.

recibió más de 83 millones de euros de varias empresas privatizadas, como Telefónica, Endesa, BBVA o Altadis-Tabacalera, a cambio de campañas de comunicación. Que dichas campañas contemplaran o no la aparición en estos periódicos de nueva generación y compromiso político liberal debería ser materia de un estudio detallado. Pero la similitud ideológica y la connivencia político-periodística previa convierte esta hipótesis en una pregunta poco peregrina.

Como prueba de que Internet se había convertido en una dimensión un tanto baldía para la izquierda socialdemócrata consta la creación, en el año 2001, del periódico digital *La Corriente Alterna*, que contaba con el impulso de empresarios como Miguel Barroso o José Miguel Contreras, que habían asesorado las campañas electorales del PSOE en el pasado y que serían influyentes en los futuros gobiernos de José Luis Rodríguez Zapatero. Este periódico digital, vinculado a la productora Globomedia, tuvo una corta vida, pero reunió a algunos líderes de opinión más cercanos a la izquierda, como El Gran Wyoming o Manel Fuentes, a miembros de la cultura y las artes cinematográficas y empresarios afines al proyecto socialista. La temprana muerte del proyecto mostraba la dificultad existente para que pudieran proliferar fórmulas alternativas a la propaganda oficial en el nuevo espacio.

Decretazo, Prestige y guerra de Irak

Pero ni siquiera aquella telaraña mediática sería suficiente. Los mayores temores de la derecha, que los electores detectaran sus tendencias autoritarias, y que determinados resortes mediáticos, culturales y políticos las amplificaran para erosionarla, terminaron cumpliéndose a una velocidad inesperada.

A mediados de 2002 comenzaron a experimentarse los primeros síntomas de cansancio político. En junio, una reforma laboral que pretendía recortar el subsidio de desempleo, denominada por los sindicatos UGT y CC.OO. «el decretazo», y que había sido promovida por el tándem Rodrigo Rato-Luis de Guindos, provocó la primera huelga general.

La liberalización del mercado de trabajo perseguía aligerar la contratación para los empresarios en un periodo de incertidumbre económica como consecuencia de los atentados del 11S, que provocaron en Estados Unidos bajadas de los tipos de interés y un resurgimiento posterior de las tendencias especulativas. Aprovechando el enfriamiento, el equipo de Aznar pretendía profundizar en un modelo económico y laboral en el que el coste del despido y los subsidios al paro jugaran un papel menor, y en el que menos costes implicaran más contratos, más oportunidades y más prosperidad inducida. Una oportunidad envenenada más para los jóvenes muy propia de las últimas décadas españolas. Una versión simple de la supuesta ley de la oferta y la demanda que despertó a las uniones sindicales de su letargo previo. Y que permitió que el PSOE comenzara a sacar la cabeza.

Los sindicatos vieron el momento de oponerse al proyecto popular por primera vez de manera rotunda, abandonando el clima de acuerdos que había marcado la etapa previa. En la manifestación sindical aparecía el candidato socialista José Luis Rodríguez Zapatero, elegido secretario general del PSOE en 2000 con la oposición de buena parte del aparato socialista tradicional. Su imagen cerca de los sindicatos sería una de las primeras puestas en escena de un candidato decidido a romper la mayoría absoluta del PP. La protesta sindical contra «el decretazo» de Aznar representaba el nacimiento de una oposición de izquierdas cimentada en un partido socialista renovado y en un tejido social revuelto ante un modelo de crecimiento poco redistributivo. El tratamiento que Televisión Española, con su director de informativos, Alfredo Urdaci, al frente, hizo de la jornada de paro añadió motivos de crispación contra un Gobierno que cada vez era más percibido como menos dialogante y más ensimismado. La élite de gobierno comenzó a aislarse.

En el mes de noviembre se hundió el carguero Prestige en las costas de Galicia. Una negligencia marítima que comenzó a reflejar uno de los mayores problemas del gobierno de Aznar: la comunicación para la gestión de las crisis. Los dirigentes conservadores parecían petrificados ante lo que estaba sucediendo en las playas gallegas. Las protestas, canalizadas por el movimiento gallego Nunca Mais, pero extendidas a través de redes y colectivos de jóvenes españoles que acudían a la Costa da Morte a retirar parte del chapapote, fueron calando.

Las redes de la pesca condujeron a las de la protesta. Los jóvenes, que no parecían estrictamente inclinados hacia ningún partido político, y algo más hacia ONG o movimientos sociales improvisados, sacaban a relucir la realidad social y política tras el milagro económico. Frente a estos voluntarios se encontraba la plana mayor del PP, con el exministro franquista Manuel Fraga como presidente autonómico de la comunidad gallega, y con un joven Alberto Núñez Feijóo, expresidente de Correos, como flamante consejero de Política Territorial y Obras Públicas.

El chapapote invadía las playas gallegas pobladas de los trabajadores más humildes y el futuro candidato a la presidencia por el PP, el registrador de la propiedad Mariano Rajoy, se refería al desastre como la irrelevante proliferación de «unos pequeños hilillos de plastilina».

La marea del «no a la guerra»

Pero el clímax de crítica y crispación que terminaron por desteñir la imagen del Gobierno conservador llegaría en el invierno y la primavera del año 2003. Ese año se produjeron dos acontecimientos clave para entender la evolución de la política española en el futuro: en primer lugar, la guerra de Irak; en segundo, la recomposición del mapa territorial tras las elecciones autonómicas y municipales.

La invasión de Irak, impulsada por Estados Unidos y Reino Unido con el dictamen en contra de la ONU, contó desde el principio con un apoyo entusiasta del gabinete conservador español, personificado en su presidente. En marzo, los líderes de la coalición para la guerra, justificada a partir de una extraña conexión entre el régimen dictatorial laico de Sadam Hussein y el terrorismo internacional centralizado en torno a la red de Al Qaeda, emitió una postal desde las islas Azores. En dicha foto figuraban el presidente George Walker Bush, el primer ministro británico Tony Blair, el jefe del Ejecutivo portugués José Manuel Durão Barroso y el mandatario español, que unas semanas antes se había jactado de poner los pies encima de la mesa del despacho oval de Estados Unidos.

Se constituía un eje atlántico y mayoritariamente anglosajón con la oposición tácita de Alemania y Francia, dominadores del euro pero estancados económicamente. El sueño español, la expansión internacional del proyecto de Aznar, algo que rimaba con las ansias expansionistas del primer franquismo y el sueño azul de la Falange, requería cierta dosis de euroescepticismo.

Aznar, conocido en la Comisión Europea como «el doctor no», reconocía el papel periférico y subsidiario en Europa de una España que por el momento solo podía alardear de la salud de sus cuentas públicas. La debilidad nacional parecía expresarse como una huida hacia delante. La guerra representaba la oportunidad de llevar a España de vuelta a sus siglos más dorados. La invasión de Irak brindó a la oposición una oportunidad a la que no podían renunciar. La mayoría de la opinión pública española se oponía a una invasión unilateral e injustificada. El nuevo orden después de los atentados del 11 de septiembre había lanzado una ola neoconservadora que rompía en España con el apoyo parlamentario del PP.

La respuesta de la ciudadanía, agitada por el PSOE y acompañada por algunos formatos televisivos y radiofónicos, como los de Canal Plus, Telecinco y la Cadena SER, no se hizo esperar. Millones de personas protestaron. Clamar contra la arrogante socarronería aznarista parecía haberse puesto de moda. El actor Javier Bardem, gritando en plena manifestación en Madrid «¡esto nos pasa por un Gobierno facha!», servía como termómetro del calentamiento político.

La gala de los Premios Goya de 2003 había sido la puesta en escena de un mundo cultural que había visto el momento de hincar el diente a los conservadores. Una creciente repolitización de la escena crecía en algunas televisiones, como Telecinco, donde algunos formatos vinculados a la productora Globomedia criticaban los excesos populares. Los intereses de sus promotores se materializarían en algunas decisiones del siguiente Gobierno.

El movimiento contra la guerra de Irak, que reflejaba la acumulación de cansancio y resquemores hacia un gobierno que adquiría tintes autoritarios, estaba a punto de convertirse en una nueva fórmula política, en una promesa de cambio a la que votar. Su protagonista, José Luis Rodríguez Zapatero, llevaba tres años en ejercicio. Pero el desenlace requería aún de algunos capítulos.

Especial referencia merece el resultado de las elecciones autonómicas y municipales celebradas en la primavera de 2003. El resultado general no reflejó el creciente malestar con el PP y materializó más bien las distintas percepciones locales y territoriales con los equipos de gestión conservadores. La derecha cedió terreno, pero conservó sus plazas principales a la espera de las elecciones parlamentarias del año siguiente.

Dos cambios marcaron un importante viraje en la política nacional. En primer lugar, los comicios autonómicos en la Comunidad de Madrid dieron la victoria al Partido Popular de la exministra Esperanza Aguirre, pero la izquierda sumaba una mayoría parlamentaria que le permitía formar gobierno. No obstante, una serie de circunstancias nunca suficientemente aclaradas terminaron por consolidar al PP en la presidencia de la autonomía madrileña. Pese a que el PSOE liderado por Rafael Simancas y la Izquierda Unida presidida por Fausto Fernández contaban con diputados suficientes en la Asamblea, los acontecimientos fueron en una dirección estrictamente opuesta. Dos diputados del PSOE, María Teresa Sáez y Eduardo Tamayo, no asistieron al pleno de investidura de la presidencia de la cámara autonómica, un paso imprescindible para la configuración del Ejecutivo regional. El candidato socialista, que no podía creer lo que sucedía, dejó en bandeja a su rival, Esperanza Aguirre, la convocatoria de unas elecciones anticipadas que esta ganó con mayoría absoluta.

Todo se había perdido de la noche a la mañana. La Federación Socialista de Madrid, antaño uno de los graneros de votos del PSOE y destacado motor intelectual y político del partido desde antes de la transición, se había convertido en un reino de taifas con cuentas pendientes en numerosos gobiernos locales. En aquel contexto, los dos mencionados diputados, que pertenecían a la corriente Renovadores por la Base, una suerte de revisión neoliberal del socialismo que había apoyado la candidatura de José Luis Rodríguez Zapatero en las primarias del año 2000, se desmarcaron del acuerdo político necesario para gobernar la CAM.

Una de las razones aducidas por Tamayo, líder de la facción socialista huida, era no ceder la delegación de Educación a los «comunistas» de Izquierda Unida. Pero los motivos iban más allá. La polémica sobre el futuro de la financiación a los colegios concertados, una eterna cuenta pendiente de la izquierda, se entreveraba con los nexos de Tamayo, líder de los abstencionistas huidos, con ciertos constructores ligados a su vez a la Comunidad de Madrid, y con dirigentes del PP con cargos relevantes en el consejo de Caja Madrid, entidad que durante aquellos años había sido clave para apuntalar el dominio empresarial del PP.

La llegada de Simancas podía poner a Miguel Blesa, el presidente de la entidad, en dificultades para seguir dominando el proyecto del PP en la comunidad que se convertía progresivamente en el indiscutible centro económico de España. Madrid reflejaba su papel sistémico, un rol de España dentro de España que parecía exigir la permanencia del mismo color político y del que la presidencia actual parece su prolongación más marcada.

El complejo financiero constructor e inmobiliario de Madrid parecía querer gobernarse solo. El caso Tamayo, o «tamayazo», que dio lugar a una comisión de investigación de nulos resultados, tenía derivadas propias de una novela negra de bajo presupuesto. Los dos diputados tránsfugas, que fueron inmediatamente expulsados del Partido Socialista de Madrid (PSM), habían sido acompañados en la mañana de la votación a un hotel para faltar a la sesión de investidura.

Su guardaespaldas, que mantenía documentos y vínculos de carácter dudosamente reglamentario con el Centro Nacional de Inteligencia, sería contratado posteriormente por un consorcio mediático, Intereconomía, dirigido por un exdiputado del Partido Popular en Cataluña, Julio Ariza, vinculado al Opus Dei y, con posterioridad, a la formación ultraderechista Vox. Como puede comprobarse, el origen de la crispación política y mediática que ha llegado hasta hoy está íntimamente ligado a la evolución y la influencia política de la Comunidad de Madrid.

El «tamayazo» aupó a la exministra de Educación y Cultura Esperanza Aguirre a una exitosa carrera regional que le permitió importar aspectos de la revolución pendiente de Aznar a la Comunidad de Madrid, como la externalización de numerosos servicios sanitarios y la privatización progresiva de la educación pública. Tramas de corrupción como las ya mencionadas Gürtel, Lezo o Púnica cuentan con trayectorias regionales que cruzan la comunidad aguirrista de punta a punta en materia de concesiones de obras y servicios y de actos electorales, lo que refleja, además, el uso para fines particulares y clientelares de las instituciones y del presupuesto público.

En el momento de escribir estas líneas, la mandataria regional, Isabel Díaz Ayuso, maneja el gobierno de la autonomía central como una adelantada discípula de esta escuela nacida en las elecciones por la presidencia de la Comunidad de Madrid en mayo de 2003, que aboga por el liberalismo a ultranza del austríaco Hayek pero, en la práctica, institucionaliza una red clientelar potencialmente corrupta.

Otro de los resultados del crash del PSM en 2003 fue el desconsuelo, el hundimiento y el abandono del proyecto regional. Los sucesivos intentos de rivalizar con los cada vez más extremos modelos de neoliberalismo a la madrileña mantienen al partido socialista regional encallado y apartado del gobierno desde el año 1995, cuando Alberto Ruiz-Gallardón venciera a Joaquín Leguina, el exdirigente del PSOE que pediría el voto para Díaz Ayuso en 2023 y que, en una eterna ironía, se ha integrado en el Ejecutivo de la lideresa como presidente de la Cámara de Cuentas.

El relato anterior se hace necesario para comprender mejor las decisiones adoptadas en Cataluña aquel mismo año. Desde este contexto de fracaso en Madrid puede ofrecerse una interpretación alternativa a las declaraciones del candidato presidencial José Luis Rodríguez Zapatero, que en noviembre de 2003 afirmó que aceptaría el estatuto de autonomía que saliera del parlamento catalán.

Se jugaban entonces las elecciones a la Generalitat y Convergencia i Unió, la federación que había sido hegemónica desde 1980, daba signos de agotamiento. Su líder, Jordi Pujol, había roto con Aznar, y Josep Piqué, antiguo directivo de la Generalitat, se presentaba como delegado catalán del Partido Popular. El principal candidato opositor a Pujol, el exalcalde de Barcelona Pasqual Maragall, había propuesto un proyecto alternativo al de Convergència i Unió. Dicho proyecto requeriría del apoyo de los independentistas de Esquerra Republicana de Catalunya (ERC) y de Iniciativa per Catalunya Verds (ICV), heredera del antiguo PSUC. El futuro gobierno tripartito de Cataluña prometía adoptar un programa de reformas económicas y territoriales, una nueva transición hacia un modelo nacional que quedaba a caballo entre el federalismo y una confederación de nacionalidades. Lo que sería denominado el *procés* había enterrado su primera semilla.

La medida estrella era la elaboración de un nuevo estatuto de autonomía que tenía entre sus finalidades destacar el carácter de nación de Cataluña y aumentar sus competencias más allá de lo conseguido por los gobiernos convergentes predecesores. La crispación con el Gobierno central, presidido todavía por Aznar, se incrementó.

Todos los partidos con representación en el Parlament catalán, salvo el PP, acordaron un peculiar acuerdo, el denominado Pacto del Tinell, a través del cual se comprometían a no formar ejecutivos en la Generalitat ni en otras instituciones catalanas con el Partido Popular, excluyendo así abruptamente a la formación conservadora liderada en Cataluña por Piqué.

Por otro lado, los independentistas de ERC fueron descubiertos en Perpiñán en una reunión clandestina con el terrorista etarra Josu Ternera. Poco después, ETA anunció un cese de la actividad terrorista restringido a Cataluña; el Ejecutivo catalán, que rechazó el carácter regional del alto al fuego, parecía en guerra con Madrid.

La polarización territorial se incrementó y el PSOE, humillado en Madrid, comenzó a contar con Cataluña como activo para vencer en las elecciones generales. El *statu quo* territorial sería una de las víctimas del nuevo ciclo electoral, pero sus raíces eran profundas: Aznar había impulsado la centralización económica de un Estado inmerso en un proceso globalizador que había metido a Cataluña en una decadencia empresarial[53]. Los frutos de esta dinámica madurarían durante las legislaturas posteriores, se macerarían con el rechazo del Tribunal Constitucional al estatuto autonómico catalán y explotarían con una declaración unilateral de independencia en el año 2017.

[53] *Ibid, Pérez, Manel (2022)*

EL DESENCHUFE DEMOCRÁTICO DEL 11M

Una vez reconfigurado el mapa autonómico, la legislatura 2000-2004 se acercaba a su fin, con la meta de las elecciones generales en marzo. José María Aznar había cumplido su promesa de no presentarse a un tercer mandato, abriendo una carrera por la sucesión presidencial. Los tres candidatos se sometieron a un designio a dedo: el conservador Jaime Mayor Oreja y el liberal Rodrigo Rato quedaron eliminados de la terna que nominó al exministro de Interior, Educación y Administraciones Públicas, Mariano Rajoy, como ganador.

Las estructuras del partido con más militantes de España habían diseñado un relevo personalista que hacía palidecer los mecanismos de sucesión política en la etapa de Francisco Franco. Aznar, fundador y propietario del proyecto, señaló a uno de sus principales ministros como su elegido.

La izquierda no parecía hacerse demasiadas ilusiones. Con una economía que crecía a tasas superiores a la media de la eurozona, un nivel de paro que había bajado del 10 por ciento y unas proyecciones prometedoras, el Gobierno podía reivindicar una gestión que quedaría arruinada si los intervencionistas de la izquierda accedían a la presidencia. La crispación generada por la guerra de Irak, por el Prestige y por los gestos del Gobierno Aznar no parecían suficiente. Zapatero tendría que esperar cuatro años.

Pero los atentados del 11 de marzo de 2004 destruyeron toda predicción posible. Aquella mañana unos terroristas hacían estallar explosivos en distintos trenes de cercanías causando un total de 192 muertos, en el que ha sido el atentado más grave de la historia de España. Sorprendidos por la magnitud de los acontecimientos y acostumbrados a una gestión de crisis diseñada para otra época, el presidente y sus ministros insistieron en la autoría de ETA, e incluso presionaron a instituciones internacionales, como la ONU, para que asumieran una hipótesis que con el paso de las horas parecía cada vez más dudosa.

Las primeras revelaciones sobre la autoría de los atentados de Atocha pusieron en marcha una serie de razonamientos causa-efecto y de estrategias que darían lugar a una sorpresa electoral. Comenzaron a aparecer pistas que conectaban el atentado al modo de operar de los islamistas de Al Qaeda, el principal pretexto oficial para la invasión de Irak. La mentira gubernamental adquiría, por tanto, una doble gravedad, resumida en una frase del experimentado Alfredo Pérez Rubalcaba, portavoz socialista de Felipe González y uno de los enlaces con la vieja guardia del PSOE: «Los ciudadanos se merecen un Gobierno que no les mienta». El futuro ministro de Interior de Zapatero formulaba de esta manera un impagable eslogan electoral.

Todo esto ocurrió durante la jornada de reflexión. La Cadena SER, por entonces dirigida por el periodista Antonio García Ferreras, y conducida en su principal programa por Iñaki Gabilondo, hacía patente dos hechos: el primero, que las conexiones entre el atentado y los islamistas crecían, subrayando la hipocresía de un Gobierno del PP que estaba a pocas horas de revalidar su mandato. La segunda, que todo el mundo sabía el papel destacado del Gobierno en el plantel de naciones que habían apoyado la invasión de Irak y que solo podía recurrir a la mentira para eliminar cualquier vinculación entre el atentado con los islamistas y la guerra en Oriente Medio.

Probablemente fuera lo trágico de los acontecimientos lo que impidió al presidente Aznar convocar el pacto antiterrorista, firmado conjuntamente con el PSOE en el año 2000. Aquello hubiera permitido reflejar una unión política contra cualquier tipo de ataque al Estado de derecho. En cambio, la cerrazón del presidente y de su ministro de Interior, Ángel Acebes, deterioraron rápidamente la imagen del principal favorito a las elecciones generales.

En la noche del 13 de marzo diversos mensajes de texto o SMS convocaron a los ciudadanos a protestar contra el Ejecutivo conservador. Detrás de esta cadena de mensajes, que movilizaron a muchos ciudadanos en Madrid y agitaron el clima político poco antes de las elecciones, se ha situado a algunos fundadores del futuro partido Podemos, como es el caso de Juan Carlos Monedero o Pablo Iglesias. Las protestas nocturnas frente a las sedes del PP condujeron a unas elecciones desnaturalizadas. El PSOE ganaba los comicios con quince escaños de diferencia y la necesidad de pactar con Izquierda Unida y ERC para apoyar la formación de un Ejecutivo progresista.

Los movimientos que habían impulsado el cambio político produjeron un efecto reflejo. Las primeras hipótesis alternativas al atentado, que colocaban al PSOE de Zapatero como principal beneficiario, comenzaron a correr entre los medios de comunicación conservadores. La nueva legislatura reflejaba una crisis política que no tardaría mucho tiempo en mostrarse. Las noticias falsas comenzaron a poblar el discurso público.

El PP había perdido las elecciones de 2004 tras producirse un fallo en su sistema de gobierno. De haber salido bien la operación Telefónica y, con ella, la consolidación de un grupo mediático afín a los conservadores y rival de PRISA, es probable que la protesta social no hubiera hecho metástasis en las urnas.

Pero el cambio solo sería un eslogan para una nueva sustitución de élites. Pese al ruido de las manifestaciones contra la guerra, en España no se vivía una alteración profunda, sino una rotación parlamentaria y ejecutiva. No quedó castigada la precarización del mercado de trabajo, ni el monocultivo de la construcción, ni la pérdida de productividad acumulada, ni el encarecimiento de la vivienda, sino una serie de tics autoritarios que ofrecieron la oportunidad al rival bipartidista disponible. Derrotar al PP implicaba solo rechazar la figura de José María Aznar, así como determinar el final de su carrera política oficial, que por otra parte, había decidido ya este mismo. El dominio conservador y la pervivencia de las élites populares eran mayores de lo aparente. El PP había logrado plenamente consolidar un modelo productivo y político que parecía retomar el crecimiento no redistributivo del desarrollismo franquista.

El nuevo Ejecutivo del PSOE no cuestionó la burbuja inmobiliaria hasta después de su explosión, y el énfasis practicado en su agenda de reformas sociales, como la del matrimonio LGTBI, ocultó el continuismo económico y administrativo, patente en sus medidas, en sus altos cargos y en los debates que nunca volvieron a abrirse.

Empresas como Telefónica, Endesa, Iberia o Argentaria, parte integrante del gigante BBVA, eran totalmente privadas. Sus dirigentes, afines al PP o independientes de derechas, seguirían su propia agenda al margen de los cambios gubernamentales; el PSOE solo podría optar en algunos casos a insertar a algún alto cargo afín en sus consejos de administración. El Estado se había quedado sin banca y sin empresas, representando un caso extremo en Europa occidental, ya que Francia o Alemania conservaban aún relevantes paquetes accionariales de entidades estratégicas.

El legado del PP tendría numerosas aristas adicionales. Pese a las críticas que lloverían a los gobiernos de Zapatero por la apertura de un proceso de reforma de los estatutos de autonomía, mucho había quedado descentralizado en los años de Aznar.

Las bases de la crispación que llegan hasta la actualidad encuentran, por tanto, unas primeras raíces en el periodo de los felices primeros dos mil. Los gobiernos socialistas a partir de entonces comenzaron un rumbo tan distinto como parecido en muchos aspectos a los de sus predecesores. Y es que, más allá de la teatralidad del Parlamento, hay direcciones que difícilmente pueden verse alteradas.

Como prueba de que perder el poder político no implica precisamente desaparecer del mapa, podríamos destacar distintos ejemplos que nos sirven para reafirmar el aliento de la continuidad sobre el cambio. La carrera empresarial de José María Aznar se declaró lanzada tras dejar el Ejecutivo, y entre las empresas privadas que han requerido su consejo destaca la que este mismo terminó de privatizar, la Empresa Nacional de Electricidad, Endesa.

Por su consejo también transcurrió el exsecretario de Estado de Economía, mano derecha del doctor Rodrigo Rato, Luis de Guindos, que sería nombrado delegado en España y Portugal del banco de inversiones Lehman Brothers, uno de los epicentros de la crisis financiera de 2008. Precisamente uno de los presidentes de Endesa en la etapa del PP, Manuel Pizarro, acudiría a la cita electoral de 2008 como segunda espada después del candidato popular Mariano Rajoy.

Otro exministro, Cristóbal Montoro, fundaría Montoro y Asociados, una consultora destinada a la optimización fiscal; para ello contaría con el último director de la Agencia Tributaria y con diversos miembros de su gabinete, además de con su hermano, expresidente del CIS. Todos ellos están siendo investigados por unos delitos de corrupción que no pueden considerarse inesperados.

Por su parte, la extitular de exteriores durante la guerra de Irak, Ana de Palacio, sería nombrada mano derecha de Paul

Wolfowitz, a su vez exasesor de George Bush, en el Banco Mundial. El mentor del milagro español, Rodrigo Rato, ingresaría como presidente del Fondo Monetario Internacional, con el apoyo de José Luis Rodríguez Zapatero. El sustituto de Rato en el Ministerio de Economía y Hacienda sería Pedro Solbes, exministro a su vez de Felipe González y el excomisario de Finanzas que había tratado de atar en corto a Francia y a Alemania.

La marcha del Partido Popular se hacía resistente también en el Parlamento, e incluso en los medios de comunicación. El exministro de Interior Ángel Acebes y el exportavoz popular Eduardo Zaplana (posteriormente encausado por corrupción en el caso Erial) persistieron como portavoces de la oposición, exigiendo al Ejecutivo explicaciones sobre la autoría del 11M y la ruptura de la nación española.

Unos años después, Acebes recalaría en la eléctrica Iberdrola, y Zaplana, en Telefónica. El extitular de Justicia, José María Michavila, inauguró un despacho de abogados desde el que defendería y ajustaría las cuentas fiscales de músicos y cantantes como Shakira, poco aficionada a las contribuciones fiscales exigidas en España.

Alfredo Urdaci, que había conducido los últimos informativos de Televisión Española acompañado por la futura reina de España, Letizia Ortiz Rocasolano, se veía obligado a abandonar. Pero aparecería en el nuevo canal de televisión, La Sexta, donde protagonizó monólogos humorísticos separados de la escaleta del Telediario. Sería nombrado posteriormente jefe de prensa del constructor Francisco Hernando, Paco el Pocero.

Una de las novedades de la nueva Televisión Española, dirigida por profesionales alejados de la oscura etapa del PP, era el programa *Mira quién baila*. En él participó Carmen

Martínez-Bordiú, estrella del papel cuché y nieta del dictador Francisco Franco. La promoción de una memoria histórica alternativa a la establecida hasta entonces, una de las iniciativas del Ejecutivo formado en 2004, parecía no llegar a la pequeña pantalla.

PARTE III
CRISIS INSTITUCIONAL. AMENAZAS, CAMBIOS Y ALTERNATIVAS (2004-2026)

13. ZP: de ilusión no se vive

La victoria, en marzo de 2004, de José Luis Rodríguez Zapatero como candidato del PSOE a la presidencia del Gobierno marcó para España el inicio político del siglo XXI. Un comienzo contagiado por los ecos internacionales del 11S y sus consecuencias en todo el mundo, lo que contribuyó a agitar la ya de por sí tensa política española, con una línea de continuidad hasta el día de hoy. Las teorías de la conspiración, las noticias falsas, la crispación y lo que algunos expertos han denominado la lucha política a la española[1] caracterizaron y ocuparon una buena parte de la agenda mediática durante los primeros años de gobierno del PSOE, especialmente los que transcurrieron desde la vuelta al poder de los socialistas hasta el inicio de la crisis financiera, en 2008.

Los problemas derivados de dicha crisis, con un empobrecimiento general de la población y un debilitamiento de las instituciones, y los producidos por la guerra político-parlamentaria y mediática pueden observarse con claridad hoy día, cuando las continuas referencias a la polarización política y a las denominadas *fake news* parecen definir una etapa a la que es difícil encontrarle una verdadera salida.

[1] Gil Calvo, Enrique (2008), *La lucha política a la española. Tragicomedia de la crispación*, Madrid, Taurus.

Una sociedad más abierta y una economía tecnocrática

Más allá del sonoro cambio político que ocurrió en la primavera de 2004 persistían enormes inercias elitistas y burocráticas que hicieron del nuevo Ejecutivo una continuación de los anteriores en numerosos ámbitos.

El Gobierno que Zapatero formó en la primavera de 2004 estaba apoyado por un pacto parlamentario con las formaciones Izquierda Unida y Esquerra Republicana de Catalunya, que se habían opuesto de manera furibunda al último Gobierno de Aznar, y que apoyaban al presidente socialista al frente de la Generalitat catalana, Pasqual Maragall. Pero el Gobierno tuvo muy en cuenta para su gestión otros grupos de poder al margen del Congreso de los Diputados.

El mismo Zapatero que ofició la retirada de las tropas españolas presentes en Irak, enviadas por el Ejecutivo anterior, el que promovió la aprobación del matrimonio LGTBI, la ley de igualdad, la de memoria histórica, la de dependencia y la de violencia de género, entre otras, necesitaba de altos cargos que mantuvieron, con pequeñas alteraciones, el *statu quo* de la gestión económica en un país integrado en la zona euro.

Por estas razones, la nueva sociedad abierta, plural e intercultural que el presidente pretendía reforzar vino apoyada por un frente tecnocrático que se concentraba en los mismos ministerios que durante la etapa felipista, y que contó con perfiles en algunos casos similares a los de la etapa de José María Aznar.

Como en los años ochenta, cuando el presidente Felipe González recurrió a parte de la alta tecnocracia de la transición para tomar las decisiones económicas más importantes, las carteras técnicas permanecerían en manos de dirigentes moderados del partido o del entorno de este, mientras la izquierda del PSOE se mantendría en posiciones minoritarias de influencia. La historia parecía repetirse.

Para Economía y Hacienda fue reclutado, de nuevo, Pedro Solbes, hasta ese momento comisario de Finanzas de la Comisión Europea e introductor del euro. Solbes representaba un excelente perfil con el que cimentar un gobierno de cambio político que transmitiera tranquilidad a los compradores de la deuda pública del Estado, a las instituciones rectoras de la Unión Europea y, en general, a organismos y empresas multinacionales con interés en España. Las inversiones siguieron mandando.

El ministro del euro representaba un candado para las siglas del PSOE; y un seguro para que la crispación política no se extendiera a un ámbito económico en el que no convenía tocar nada.

Solbes, que había servido en la misma cartera durante los últimos años de Felipe González, confirmó sus planes de contener el gasto público y los niveles de déficit y deuda del Estado; con ello se pretendía cumplir con el denominado Pacto de Estabilidad y Crecimiento europeo que el mismo ministro había gestionado previamente. El apoyo de Rodríguez Zapatero a la candidatura del exministro del PP Rodrigo Rato a la presidencia del Fondo Monetario Internacional[2] sellaba el círculo de la continuidad económica y el bipartidismo tecnocrático.

La llegada de Solbes a Economía y Hacienda venía avalada por el expresidente Felipe González, por el jefe de la patronal CEOE, José María Cuevas, y por el exgobernador del Banco de España Ángel Rojo[3], considerado una voz indiscutible en el

[2] Ekaizer, Ernesto (2004), «Zapatero apoya la candidatura de Rato a la dirección del Fondo Monetario Internacional», *El País*, 18 de marzo.

[3] Solbes Mira, Pedro (2013), *Recuerdos. 40 años de servicio público*, Barcelona, Deusto.

ámbito de la economía y uno de los impulsores de la política económica de la era felipista. La de Solbes se había impuesto a la candidatura de Miguel Sebastián[4], uno de los principales asesores de Zapatero en la oposición a Aznar. Sebastián pasó a ocupar el cargo de director de la Oficina Económica de la Moncloa, un puesto creado por José María Aznar que se convirtió en una segunda voz económica en el Ejecutivo de Zapatero.

La banca, y en especial, el banco BBVA, presidido por Francisco González, que había llegado a su presidencia apoyado por el Gobierno del PP, no parecía entusiasmada con la figura de Sebastián y había recomendado que este no se pusiera al frente de Economía. Sebastián había sido despedido del servicio de estudios del BBVA en 2003 tras haber realizado críticas a la política económica del Ejecutivo conservador.

El establishment bancario, de una influencia preponderante en la política española, rechazaba los experimentos. La dirección de la política económica no estaría al mando de políticos, sino de tecnócratas con mando en Bruselas. La politización de la economía nacional siguió siendo silenciosa y discreta.

Burócratas de élite y asesores financieros

Sebastián representaba un puente con una red empresarial financiera llamada Intermoney. Este bróker de bolsa había acogido a distintos directivos también reclutados por el Gobierno. Al margen del poder de Bruselas, el Ejecutivo del PSOE necesitaba también un colchón de técnicos financieros y un enlace con el mundo del dinero.

[4] Villena Oliver, Andrés (2019), *Las redes de poder en España. Élites e intereses contra la democracia*, Barcelona, Roca Editorial.

Aparte de Sebastián, se integraron David Vegara, que fue nombrado número dos de Pedro Solbes en Economía, y Carlos Arenillas, designado vicepresidente de la Comisión Nacional del Mercado de Valores, la CNMV, bajo la presidencia de Manuel Conthe, antiguo número dos de Solbes en la etapa felipista. Pero mientras Conthe, técnico comercial y economista del Estado, procedía de la Administración, Arenillas sí parecía representar al mundo de las finanzas. Las tensiones entre estas dos almas dentro de la tecnocracia, las comandadas por Sebastián, por un lado, y por Solbes, por el otro, fueron frecuentes.

La regularización de las SICAV, sociedades de inversión en capital variable, que permitieron a estas fórmulas de mínima tributación para fortunas mantener su legalidad sin estar cumpliendo los requisitos legales, representa un ejemplo de esta connivencia entre reguladores y regulados. La aprobación de la normativa que para algunos expertos supuso una amnistía fiscal a los ricos se produjo a últimas horas de la tarde del día 30 de junio de 2005, jornada en la que se aprobaba en el Congreso de los Diputados la ley que permitiría a los homosexuales y lesbianas el matrimonio y la adopción. Buena parte de la inteligencia económica zapaterista había utilizado este tipo de fórmulas de optimización fiscal[5].

El contraste expresado en este ejemplo, que bien pudo ser fruto de la casualidad parlamentaria, reflejaba vivamente las dos almas dentro del proyecto político del PSOE: una primera, atrevida reformadora del *statu quo* social e identitario; y una segunda, mayoritariamente convergente con los deseos de las élites financieras y económicas en España.

Estas redes y grupos de influencia se reproducían en los cargos técnicos del Gobierno de Zapatero, generando territorios

[5] Villena Oliver, Andrés (2019), *op. cit.*

parcialmente colonizados, algo que formaba parte de la tradición ministerial española: la esposa de Carlos Arenillas, la catedrática universitaria Mercedes Cabrera Calvo-Sotelo, sería nombrada en 2006 ministra de Educación, y reclutaría como jefa de gabinete a una técnica comercial llamada Carmen Balsa, entonces esposa del secretario de Estado de Economía, David Vegara. Lo que algunos medios opuestos al Gobierno comenzaron a denominar el «clan de Intermoney», al que se refirieron insistentemente en términos conspirativos, parece, en cualquier caso, una historia deliberadamente exagerada, que ni siquiera tenía en cuenta las divisiones existentes dentro del supuesto clan[6].

La relevancia de Intermoney parece ser, en cualquier caso, un vestigio un tanto apagado de la *beautiful people* agrupada tras el vehículo inversor Ibercorp, de influencia notable en los gobiernos de González[7], o de la red de afines al PP procedentes del mundo de las sociedades de inversión y entronizados en los consejos de las antiguas empresas públicas. Lo que sí parecía constante era la necesidad de puentes entre el gobierno democrático y el mundo de los negocios.

Otros cargos relevantes eran los del nuevo gobernador del Banco de España, Miguel Ángel Fernández Ordóñez, el titular de Administraciones Públicas, Jordi Sevilla, o la ministra de Sanidad Elena Salgado. Todos ellos descendían de altos puestos en los gobiernos socialistas de los años ochenta y noventa, y en especial de las carteras de Economía y Hacienda, gestionadas por Miguel Boyer y por Carlos Solchaga.

[6] El propio David Vegara cesaría en su cargo en abril de 2009 cuando Pedro Solbes fue relevado como ministro de Economía y Hacienda, mientras que Miguel Sebastián continuaría, ya como ministro de Industria, hasta el final de la segunda legislatura socialista.

[7] El sociólogo Rubén Juste de Ancos ha realizado esta comparación en su libro *Ibex-35. Una historia herética del poder* (2017), Madrid, Capitán Swing.

Salgado, ministra de Economía y Hacienda a partir de 2009, había sido clave en la política de comunicaciones del ministerio presidido por Borrell entre 1991 y 1996, al ocupar un asiento en el consejo de administración de Telefónica y jugar un papel relevante en la adjudicación de una licencia televisiva a Canal Plus, canal participado por el Grupo PRISA y el Gobierno francés. La gestión de Elena Salgado sería clave en la última fase de los gobiernos de Zapatero, precisamente cuando los fundamentos de su programa socialdemócrata quedaron profundamente alterados, y su carrera empresarial sería muy amplia.

Un mapa autonómico en el gobierno

Descrito someramente el poder económico en el gobierno de ZP, merece la pena tener en cuenta el territorial, que para el PSOE adquiere siempre un perfil diferente al del poder político conservador.

El éxito electoral del PSOE se sustentaba en la sorpresa del 14 de marzo y en el destacado apoyo en Andalucía, Castilla la Mancha y Extremadura, donde el partido gobernaba con holgadas mayorías, y en Cataluña, gracias a un pacto con los partidos políticos que le habían apoyado en el Congreso de los Diputados. La pérdida de Madrid tras el «tamayazo» había llevado a los socialistas a depender más de otras autonomías, por lo que subrayaron el carácter federal de su política y, en consecuencia, de la configuración de su gobierno.

Probablemente con la finalidad de representar el peso de las comunidades autónomas en el Ejecutivo central, garante de una nueva España alejada del centralismo popular —que había incrementado notablemente el peso económico de Madrid durante los años de Aznar al frente del gobierno—, pero también para gobernar el propio partido desde el Ejecutivo, Zapatero designó como ministro de Defensa al entonces presidente castellanomanchego José Bono. Defensa se convirtió entonces en un ministerio gestionado por los altos cargos de la comunidad de Castilla la Mancha.

Bono, derrotado por Zapatero en las elecciones primarias del año 2000, ocupó el cargo hasta el 2006, cuando dimitió en consonancia con sus críticas al estatuto de autonomía de Cataluña, al que el presidente había declarado un explícito apoyo. En torno a dicho estatuto se cimentó gran parte de la ruptura entre las dos generaciones entre las que se podía dividir al PSOE hegemónico: la liderada de forma latente por Felipe González y la presidida y gestionada por Rodríguez Zapatero. Perteneciente claramente a la primera de estas dos generaciones, Bono pasó a ser la tercera autoridad del Estado como presidente del Congreso de los Diputados. Desde allí mantuvo su acento crítico y un tanto provocador, ya que intentó realizar un homenaje a la Madre Maravillas de Jesús Pidal y Chico de Guzmán, una monja perseguida en la guerra civil; dicho homenaje, inicialmente propuesto por el diputado catalán y futuro ministro de Interior Jorge Fernández Díaz, miembro del Opus Dei, terminó siendo suspendido por la oposición interna dentro del PSOE.

Esta actitud provocadora, que respondía a los nuevos consensos territoriales y a la futura ley de memoria histórica, no eran un dominio exclusivo del expresidente manchego. El alcalde de Zaragoza, el exministro socialista Juan Alberto Belloch, dedicó en 2007 una calle de la ciudad a José María Escrivá de Balaguer, el aragonés fundador del Opus Dei. Alfonso Guerra, presidente de la Comisión Constitucional del Congreso, criticaba en sus memorias la ruptura de los acuerdos constitucionales y territoriales atribuyendo buena parte de culpa al nuevo Gobierno[8].

Más lejos aún de la oficialidad se encontraban el expresidente de la Comunidad de Madrid, Joaquín Leguina, y la mayor derrotada de las elecciones primarias en el PSOE en 2000, Rosa Díez, acodados permanentemente en las tribunas de opinión de los medios más conservadores. Se trataba de una escisión generacional e ideológica que había comenzado a gestarse. Leguina, desplazado por Carmen Chacón en la secretaría de Cultura del partido en 2000, sería finalmente expulsado del PSOE; Rosa Díez terminaría agitando las huestes de la extrema derecha nacionalista española.

Como ministro de Industria fue seleccionado José Montilla, uno de los máximos dirigentes del PSC, el partido socialista catalán que tenía a otro de sus mandatarios, el antiguo alcalde de Barcelona, Pasqual Maragall, como presidente autonómico; Montilla saltaría después a la presidencia de la Generalitat de Cataluña, para lo que sería sustituido en Industria por el entonces alcalde de Barcelona, Joan Clos. Montilla y Clos han hecho notable carrera en el sector privado, incluyendo, en el primer caso, empresas energéticas, y en el segundo, diversas patronales inmobiliarias, opuestas a la limitación de los elevados precios de los alquileres.

Las consejeras andaluzas Magdalena Álvarez (inspectora de Hacienda) y Carmen Calvo (profesora universitaria) serían nombradas ministras de Fomento y de Cultura, respectivamente. Álvarez sería después vicepresidenta del Banco Europeo de Inversiones, hasta enfilar el proceso judicial debido a las irregularidades de los denominados Expedientes de Regulación de Empleo

[8] Guerra, Alfonso (2006), *Cuando el tiempo nos alcanza: memorias (1940-1982)*, Madrid, Espasa.

(ERE) andaluces, de los que ha quedado parcialmente absuelta por el Tribunal Constitucional. Calvo prolongaría su carrera política hasta la vicepresidencia del Gobierno con el también socialista Pedro Sánchez, que terminó con su progresión y su protagonismo en las políticas de igualdad de género en 2021. En el momento de publicar estas líneas es la presidenta del Consejo de Estado.

El antiguo líder de ambas en la Junta de Andalucía, Manuel Chaves, ascendería en 2009 a ministro de Política Territorial, y sufriría también la investigación judicial por el caso ERE, que afectó al presidente autonómico José Antonio Griñán. Tanto Chaves como Griñán habían sido ministros de Trabajo con Felipe González y fueron exonerados por el Tribunal Constitucional en 2024.

El poder socialista se estructuraba en torno a una élite tecnocrática y territorial que se combinaban con el partido, una correa de transmisión que conectaba y otorgaba coherencia a estos distintos ámbitos. Dicha correa estaba formada por la corriente dentro del PSOE denominada Nueva Vía, creada el año 2000 para apoyar en el 35 Congreso del partido la designación de Zapatero como nuevo secretario general del PSOE. Al frente de Nueva Vía se encontraban el propio Rodríguez Zapatero, el ministro Sevilla, el titular de Trabajo, Jesús Caldera, la de Medio Ambiente, Cristina Narbona, el de Justicia, Juan Fernando López Aguilar, y la número dos de Exteriores y Cooperación, Trinidad Jiménez, que terminaría como ministra de Exteriores y que desde 2001 formaba parte de la Comisión Trilateral, organización que acogería en 2003 al asesor económico de Zapatero Miguel Sebastián. Pese a los gestos, las conexiones con Washington seguían vivas. La corriente Nueva Vía compatibilizaba el respeto al *statu quo* económico, con iniciativas a veces más liberales que las del

PP, con un énfasis por las nuevas políticas de la identidad, de las que fueron uno de los pioneros en Europa.

La élite de gobierno de la primera etapa ZP se completaba con altos cargos provenientes de los principales cuerpos burocráticos, entre los que destacaban los jueces y fiscales —que fueron clave en legislaturas marcadas por la crispación judicial y las disputas en los tribunales de justicia—, y de los que cabe destacar a la vicepresidenta gubernamental, la magistrada María Teresa Fernández de la Vega, número dos de Interior y Justicia en los últimos años de Felipe González.

Cabe mencionar también a los catedráticos de universidad, a los diplomáticos (destacando Miguel Ángel Moratinos, titular de Exteriores), a los inspectores de Hacienda, a los técnicos comerciales del Estado y a los administradores civiles, cuerpo al que, por cierto, pertenece Teresa Ribera, alto cargo con Zapatero, ministra de Transición Ecológica de su sucesor político, Pedro Sánchez, y posteriormente comisaria europea.

El muro del PP resiste

Zapatero organizó su Gobierno con un sector tecnocrático afín a Europa y al pasado felipista, pero con una escasa capacidad para reconquistar el mundo de los negocios, que a finales de los años noventa había sido seducido por el poder del Ejecutivo de Aznar, impulsor de la fase final de las privatizaciones en España. El nuevo Gobierno intentó influir en las grandes empresas que antaño habían contado con capital público, como Endesa, Telefónica, Gas Natural, BBVA o Repsol, pero los virreyes aznaristas se opusieron.

El BBVA se mantuvo en poder de Francisco González, pese a un decidido intento por sustituir al que había sido presidente de Argentaria gracias a José María Aznar y Rodrigo Rato. El Banco de España, presidido por Jaime Caruana, cerró el paso a la constructora Sacyr, que, inflada por la burbuja inmobiliaria, intentaba controlar el BBVA.

En Telefónica se mantuvo César Alierta, que decidió reclutar para su consejo a Javier de Paz, amigo del presidente Zapatero y figura clave socialista para contactar con las grandes empresas y los medios de comunicación. Poco después entró en Telefónica el exportavoz del PP Eduardo Zaplana, lo que subrayó el carácter bipartidista de los consejos del IBEX 35.

Otros intentos de renovación del poder empresarial requirieron del apoyo de la red corporativa catalana. Se trata del cese de Alfonso Cortina como presidente de Repsol, empresa controlada por La Caixa, que terminó imponiendo en la presidencia a un hombre de la casa, Antoni Brufau, que había presidido Gas Natural.

Y del intento de adquisición de Endesa por Gas Natural. La OPA de Gas Natural, aprobada por el regulador energético, concitó el rechazo de Endesa y del PP en pleno debate sobre el Estatut de Cataluña, en el que la conservadora y proempresarial Convergència i Unió iba progresivamente ganando centralidad. Endesa, de la que entonces Caja Madrid era la mayor accionista, estaba presidida por el abogado del Estado Manuel Pizarro, y la gasística tenía a La Caixa como mayor propietario accionarial. Endesa acabó en propiedad de una entidad de capital público italiano, Enel, después de que Pizarro afirmara que Endesa tendría cualquier otro destino final que el capital catalán. Pocos años después, Pizarro ocuparía el segundo puesto del PP por Madrid para las elecciones generales, con la ambiciosa expectativa de convertirse en el nuevo ministro de Economía.

Estos conflictos ponían de manifiesto la politización del ámbito empresarial y la importancia del factor catalán (y madrileño) en algunas de las más importantes empresas industriales. El final de Endesa es un claro ejemplo de cómo las privatizaciones pueden tener un final paradójico y sumamente negativo para la nación que las llevó a cabo.

La derrota empresarial y la estrategia mediática

La red clientelar empresarial forjada por el PP había logrado aguantar el envite. El Gobierno Zapatero no había podido, a diferencia de los ejecutivos anteriores, contar con la banca ni con empresas de propiedad estatal. En cambio, el presidente sí organizó una estrategia mediática electoralmente exitosa. El creciente distanciamiento con el sector felipista del PSOE, formado por exministros cada vez más presentes en los consejos de las grandes empresas cotizadas, como Carlos Solchaga, Narcís Serra, Javier Gómez Navarro o Javier Solana, entre otros, no impidió que Zapatero dispusiese de algunos de los mejores estrategas mediáticos de la edad dorada de la socialdemocracia en España, es decir, de los años ochenta y noventa.

Es el caso de Miguel Barroso, hasta entonces directivo de la FNAC, y que pasó a gestionar la comunicación del Gobierno y las relaciones con los medios desde una secretaría de Estado dependiente del Ministerio de la Presidencia. En dos años Barroso, que había trabajado en *El País* y que había sido en los ochenta director de gabinete del ministro de Educación José María Maravall, abandonaría el Gobierno con un mapa televisivo transformado. Por entonces ya mantenía una relación con la diputada Carmen Chacón, representante del poder catalán y ministra de Vivienda en 2007.

Los asesores comunicativos de Zapatero propusieron una reforma de una Radio Televisión Española que había caído en el descrédito en la etapa de José María Aznar, en la que otro gurú de la comunicación política, Miguel Ángel Rodríguez, había tenido un papel más que relevante, y en la que el periodista Alfredo Urdaci había dado la cara hasta las últimas horas del PP en la Moncloa.

Una catedrática de la Universidad Rey Juan Carlos, Carmen Caffarel, fue nombrada presidenta del ente público RTVE. Caffarel era compañera de José Miguel Contreras, que en los años noventa había fundado Globomedia en compañía de Emilio Aragón, y que había asesorado también a los Gobiernos del PSOE. El siguiente presidente de RTVE, Luis Fernández, había trabajado también en Globomedia y atesoraba experiencia profesional en empresas como la Cadena SER o Telecinco.

La concesión de licencias para la futura Televisión Digital Terrestre provocó una fuerte tensión entre los grupos mediáticos más próximos al Gobierno. El grupo PRISA, que había exigido tener más de un canal TDT, tuvo que convivir con una nueva entidad mediática que pasaba a la primera fila, y que amenazaba su hegemonía en el espacio de centroizquierda, afectando, de nuevo, a los derechos del fútbol. Se trataba de Mediapro, una productora de cine y televisión de matriz catalana; su presidente, Jaume Roures, había comenzado su carrera como periodista deportivo en TV3 y aspiraba a competir por los derechos del fútbol, tradicionalmente controlados por PRISA; el grupo editor de *El País*, que había resistido la primera guerra en tiempos de Aznar, se veía obligado a mantener una segunda.

La Sexta nació en 2006 impulsada por el holding Imagina, del que Mediapro y Globomedia eran los principales propietarios y accionistas, y por el que pasarían capitalistas tan diversos como el financiero y terrateniente Juan Abelló, compañero de Mario Conde en sus primeras aventuras, los empresarios mexicanos de Televisa o los británicos de la multinacional de la publicidad WPP, donde Barroso recaló tras su salida del Gobierno.

La Sexta acogería a parte de la red mediática anteriormente agrupada en el fracasado proyecto del periódico digital *La Corriente Alterna*, opuesta a la etapa dorada Aznar: José Miguel Contreras figuraba como consejero delegado de la entidad, el periodista Antonio García Ferreras, exdirector de comunicación del Real Madrid tras las elecciones de 2004, como director, y el humorista y músico El Gran Wyoming como una de sus principales estrellas. La creación del diario *Público*, en el año 2007 (a partir de 2012 renunció a la versión impresa), impulsado por Mediapro, logró romper de facto el monopolio de opinión en prensa escrita que persistía desde la transición en el centroizquierda político.

La tensión entre PRISA y Mediapro condujo a numerosas declaraciones cruzadas y acusaciones. El diario *Público* sacaría una foto de Rodolfo Martín Villa, presidente de Sogecable, con el brazo alzado en su etapa falangista durante la dictadura, pocas semanas después de que el mismo periódico regalara la película de Manuel Huerga *Salvador*, una producción del empresario Jaume Roures sobre el asesinato del anarquista Salvador Puig Antich.

Felipe González llegaría a alertar contra el peligro del «fuego amigo» en el seno de la izquierda; y el exdirector de *El País* Juan Luis Cebrián denunció la existencia de un clan de «brujos visitadores» del Palacio de la Moncloa, iniciando su interminable viraje en contra del PSOE. Pero esta tensión no era precisamente la única, sino más bien una versión atenuada de toda la crispación reinante en un periodo de abultado crecimiento económico e incertidumbre política.

El mapa autonómico permitió al PP jugar bien sus cartas. Las comunidades gobernadas por el Partido Popular contraatacaron convocando concursos de licencias televisivas con grandes victorias para empresas de línea editorial conservadora, como las adscritas a la Iglesia católica, al Grupo Intereconomía, *El Mundo* o *Libertad Digital*, entre otros.

La pluralidad mediática se definía como una estrategia que pretendía anular a su contrario. Las élites de los medios de comunicación se habían convertido en un pilar irrenunciable del poder político en una etapa, la del imperio de la imagen, a la que la izquierda contribuiría activamente. Con esta nueva distribución de los espacios televisivos también se abrió la puerta a una desacomplejada y militante derecha que terminó por afectar a los términos del debate político y que hoy día ejerce sobre este una notable influencia.

Las conspiraciones del PP y el tropezón electoral

Como consecuencia de la tensión política y de la guerra de licencias, la polarización de la opinión pública había llegado en 2005 a extremos delirantes. Las nuevas políticas del Ejecutivo habían sido juzgadas por los conservadores como destructivas de la patria española y de las esencias de una sociedad antaño reserva espiritual civilizatoria.

España se rompía en diferentes puntos de presión; el presidente iba a entregar el corazón de la nación a ETA; la familia tradicional acabaría siendo perseguida por una coalición de extrema izquierda que, además, había impulsado una Alianza de Civilizaciones que relativizaba la misión histórica del Occidente cristiano. Incluso los libros de texto reflejaban la cruzada laicista, con la introducción de una asignatura,

Educación para la ciudadanía, que amenazaba la libertad de creencias.

El nuevo estatuto de autonomía de Cataluña, la apertura de un diálogo con la banda terrorista ETA, que terminó con su retirada oficial, en 2012, la legislación de la memoria histórica y las dudas sobre la posible autoría del atentado del 11M, que había dado lugar a un vuelco electoral, eran temas que ocupaban portadas diarias de la prensa conservadora, en especial, las del influyente diario *El Mundo*, que había logrado protagonizar la oposición periodística a los últimos gobiernos de González y que se especializó en las publicaciones sobre explicaciones alternativas de los atentados de Atocha, el mayor antecedente, quizá, del clima de relativismo mediático que se vive en la actualidad.

El Gobierno también participó en el fomento de este clima. Cabe destacar que Miguel Barroso, el primer secretario de Estado de Comunicación de Zapatero, priorizó los contactos con locutores y periodistas conservadores para incrementar el clima de polarización y sacar al Partido Popular de sus coordenadas de centroderecha. Barroso y Federico Jiménez Losantos, locutor estrella de la Cadena COPE, habían colaborado a finales de los años setenta en la revista marxista *El Viejo Topo*, y mantenían un apreciable respeto mutuo.

Aprovechando dicha polarización para denunciar un clima de crispación asfixiante y el nacimiento de una nueva extrema derecha en el seno del PP, el Ejecutivo de Zapatero llegó a las elecciones de 2008 con un presupuesto estatal saneado y unos niveles de desempleo que prometían abandonar para siempre los tradicionales dos dígitos. La economía crecía por encima del 3 por ciento anual con un Gobierno que había dado un sobresaliente impulso a la legislación social e identitaria, poniéndose al frente de los derechos de determinadas minorías.

Periódicos como el británico *The Economist*, biblia del liberalismo anglosajón, felicitaban el nuevo modelo[9].

Ignorando la llegada de una todavía desconocida crisis que comenzaría a notarse en agosto de 2007, el presidente socialista prometió el pleno empleo y la modernización definitiva del país para las elecciones de 2008. Las huestes de la oposición, con Mariano Rajoy al frente del PP, gravitando entre el centroderecha y los rugidos de sus altavoces mediáticos, fueron derrotadas gracias al miedo a una involución que podría haber puesto coto a la legislación progresista. Unas desafortunadas declaraciones de Rajoy en campaña electoral ironizando sobre el cambio climático prueban el favorable efecto bumerán de la crispación.

Cambios latentes en el mapa electoral

El malestar en la derecha había estado creciendo desde su inesperada derrota en 2004, algo que quedó avivado tras 2008: distintos grupos de credo católico integrista, como la asociación pro vida Hazte Oír, la Fundación para la Defensa de la Nación Española, DENAES —promovida por la Comunidad de Madrid—, el colectivo de los Profesionales por la Ética o el Foro de la Familia, denunciaban una conspiración que ya no solo había pervertido al Gobierno del PSOE, sino que había estancado las energías de un Partido Popular en manos de relativistas religiosos y políticos.

Uno de los líderes emergentes de esta red en la que las asociaciones y colectivos se multiplicaban y se solapaban era el presidente de DENAES, un joven diputado vasco llamado

[9] «Viva Zapatero!» (2006), *The Economist*, 27 de julio.

Santiago Abascal, hijo de un concejal franquista amenazado por ETA. En el año 2014, en compañía del político catalán Alejo Vidal-Quadras y otros desencantados del PP, Abascal fundaría Vox como versión regeneracionista de la derecha. Pronto, y gracias a la ayuda de medios afines y opuestos, sería una voz decisiva en la política española.

El germen de Vox no fue el único descendiente del bipartidismo en la primera legislatura zapaterista. En 2006 se estrenaba en el parlamento catalán el partido Ciutadans (Ciudadanos), presidido por Albert Rivera, y dirigido en un principio a representar transversalmente los intereses españolistas en las instituciones catalanas de la Generalitat, reorganizando la protesta de un centroizquierda opuesto a transigir con el nacionalismo catalán, hegemónico desde la victoria en 1980 de Jordi Pujol. Ciudadanos recibió también apoyos de sectores como la Fundación FAES, desde la que el expresidente Aznar criticaba la tibieza política de Mariano Rajoy.

A finales de legislatura se fundaba también Unión, Progreso y Democracia, dirigida por la exeurodiputada socialista Rosa Díez, rival de Zapatero en las primarias del año 2000 y próxima al exministro de Interior Jaime Mayor Oreja, cada vez más preocupado por el aborto. Díez se opuso a toda posible negociación con ETA, pero, en el pasado, había sido consejera de Turismo en un Gobierno autonómico vasco presidido por el PNV cuando los atentados de la banda terrorista eran continuos.

La izquierda a la izquierda del PSOE había quedado desarmada. Izquierda Unida (IU) se quedaba con solo dos diputados en el Congreso y recordaba al fracaso comunista en 1982. Dimitido su secretario general, el asturiano Gaspar Llamazares, IU inició un infinito proceso de refundación que culminaría, primero, en las elecciones de finales de 2011, cuando obtuvieron once diputados y lanzaron una renovación en la persona del diputado malagueño Alberto Garzón, y, segundo, en el año 2015, cuando lograron un principio de acuerdo con una nueva formación, Podemos, presidida por el profesor y presentador Pablo Iglesias. Iglesias y otros docentes de la Facultad de Ciencias Políticas y Sociología de la Universidad Complutense de Madrid, como Juan Carlos Monedero o Ariel Jerez, ya habían tenido un papel influyente en el movimiento contrario a la guerra de Irak y en la oposición al último Ejecutivo de Aznar.

La campaña de los mensajes SMS enviados en la víspera del día de las elecciones del 14 de marzo de 2004 ha sido atribuida a algunos de los fundadores de Podemos, que por aquellos años combinaban su trabajo universitario con la asesoría a distintos gobiernos de la América Latina más opuesta a las políticas internacionales del presidente George W. Bush. Las raíces de la crisis política que tuvo en 2014 su explosión estaban ya plantadas.

Solo faltaba esperar. En el verano de 2007 comenzaron los síntomas de una nueva crisis, una recesión que prefirió ser vista como un ajuste gradual y temporal en los precios de los activos inmobiliarios y financieros. En palabras del primer ministro español, una desaceleración acelerada de la economía.

14. Explota la burbuja: revienta el bipartidismo

Mientras el presidente Zapatero iniciaba su segundo mandato con un gobierno paritario, una mujer —Carmen Chacón— al frente del Ministerio de Defensa y la creación de un Ministerio de Igualdad, se gestaba lo peor de la crisis económica que marcaría la vida española durante los siguientes siete años y que contribuiría a transformar el sistema político heredado de la transición.

Los esfuerzos de equilibrio presupuestario no sirvieron ni como cataplasma: al tiempo que se lograba un superávit fiscal primario y un nivel de deuda pública en torno al 40 por ciento del PIB a finales de la primera legislatura del PSOE, la deuda de las familias, de las empresas y de los bancos se disparaba por encima del 400 por ciento del PIB. Una bomba de endeudamiento privado ante la que los problemas de los años setenta palidecerían.

EL *INSIDE JOB* ESPAÑOL

El crecimiento de la economía, que había llevado al presidente a referirse a España como integrante de la Champions league futbolística[10], había estado drogado desde su raíz, a finales de los años noventa, cuando el PP retiró las últimas restricciones al crecimiento especulativo en plena euforia

[10] Agencia EFE (2007), «Zapatero afirma que España juega en la "champions league" económica», 11 de septiembre.

europea. El enfriamiento fue progresivo hasta la hecatombe en el otoño de 2008. Hasta llegar a aquel momento, los socialistas negaron la crisis con términos eufemísticos para suavizar su naturaleza y poder ganar sus segundas elecciones.

Una vez explotada la bomba financiera de septiembre de 2008 en Wall Street, cuando quebró el banco de inversiones Lehman Brothers, uno de los mayores productores y distribuidores de hipotecas basura concedidas a prestamistas insolventes, el crédito, que en las etapas anteriores había sido abundante para todo tipo de inversión inmobiliaria, se secó. Los bancos dejaron de fiarse de sí mismos y de sus competidores, y el mercado interbancario quedó paralizado. La sequía del grifo financiero dejó en los huesos a muchas entidades que habían crecido en la década eufórica, y que tuvieron que vender hasta la camisa.

La banca y las cajas de ahorro, atoradas de llaves de pisos devueltas por familias incapaces de pagar, se veían contra la pared. A la quiebra y desahucio de estas familias, sus tradicionales deudores, se añadía la premura con que sus acreedores, la banca internacional, reclamaba la devolución de los préstamos concedidos durante los días de vino y rosas. Todo el mundo tenía prisa. La confianza antaño otorgada a la economía y las finanzas españolas se tornó en una mirada despectiva a todo lo que tuviera que ver con España.

Desaparecida la ilusión de que el desmesurado aumento del precio de la vivienda garantizase la viabilidad de las inversiones de la banca y la carrera hacia delante de la deuda de los hogares, los Estados tuvieron que salir al paso. El Gobierno socialista salió a socorrer al sector financiero facilitando todo tipo de avales a través del Instituto de Crédito Oficial, el ICO, y bajó impuestos para fomentar un consumo que impidiera el definitivo enfriamiento.

Posteriormente se aprobó un programa de obras públicas, el Plan E, con el objeto de lograr un renacimiento del empleo y del consumo a corto plazo. Los primeros brotes verdes se hicieron notar en la primavera de 2009, justo antes de las elecciones europeas, cuando el PP logró una victoria discreta sobre el Partido Socialista y el bipartidismo logró salvar los muebles institucionales[11].

Los brotes verdes habían mantenido a flote el bipartidismo y al cártel de las constructoras, gran beneficiario de la burbuja y cuyos tentáculos partían de SEOPAN, patronal sectorial al frente de la que se encontraba David Taguas, exdirector de la Oficina Económica del presidente Zapatero.

Hacia 2010, y con una deuda pública desbocada y dedicada a rescatar el desastre privado, el Gobierno de Zapatero había mutado hasta convertirse en un equipo gestor de las finanzas internacionales, acreedoras del sector público y del privado. El ministro Solbes había cesado al estar en contra del incremento del gasto público. Su sucesora, Elena Salgado, pilotó la cartera hasta el anticipado final de la legislatura, en noviembre de 2011.

Salgado rehízo el equipo de Economía y puso al frente de la principal secretaría a un economista del IESE Business School, José Manuel Campa, próximo al Opus Dei, y firmante de un manifiesto para lograr un contrato laboral único que rebajaría sustancialmente el coste del despido de los trabajadores.

La erosión de las instituciones

Pero a la crisis le quedaban numerosos capítulos. El estallido del caso Gürtel, una red de financiación irregular y de

[11] *Ibid,* Villena Oliver, Andrés (2019).

mordidas locales en el Partido Popular que afectaba a varias de sus autonomías más señeras, coincidió con el inicio de la depresión y contribuyó a distribuir el descontento entre las distintas facciones de la clase política. El Gobierno fabricaba paro como industria puntera —además de expedientes de regulación de empleo—, y la oposición se repartía el dinero de los contribuyentes a partir de acuerdos con empresas fantasma que organizaban actos electorales.

Pero el rápido incremento del desempleo, que había pasado de dos millones y medio a casi cinco entre 2007 y 2011, iba a dejar al PP el campo abierto para regresar al poder político. A la bomba de paro se sumó la crisis de la deuda pública, que a partir de 2010 amenazó con llevarse por delante toda la zona euro. La publicación, en el invierno de 2010, de que el Gobierno griego había falseado sus cifras de déficit desde su entrada en el euro, desató la especulación contra la deuda de la eurozona. No se hicieron, sin embargo, públicas las críticas contra el banco de inversiones Goldman Sachs, que había trabajado con el Gobierno griego para que dicha contabilidad ficticia fuera creíble. Uno de sus antiguos directivos, Lukas Papademos, sería pronto nombrado primer ministro de la república helena.

Siguiendo los tratados de la Unión Europea, según los cuales el Banco Central Europeo no podía rescatar directamente la deuda de los países miembros, el país heleno se encontraba técnicamente quebrado. Se trataba de una explosión descontrolada que afectaría a toda la periferia mediterránea y que ya apuntaba a países como Francia o Bélgica. Los acreedores de Grecia también temblaban.

Las principales instituciones de la Unión Europea, en coalición con el Fondo Monetario Internacional, impusieron planes de rescate consistentes en préstamos sindicados a los países en apuros, en particular a Grecia, a Irlanda y a Portugal.

En consonancia con estas aparentes ayudas, un aval público para los acreedores, los gobiernos de estos países se comprometían a llevar a cabo planes de consolidación fiscal para poder hacer frente al pago futuro de la deuda. El esquema recordaba al neocolonialismo del FMI en la América Latina de los años ochenta.

El presidente de la Comisión Europea, José Manuel Durão Barroso, descartaba la ausencia de alternativas al plan maestro, probablemente consciente de la similitud de este enunciado con la famosa declaración de la primera ministra británica Margaret Thatcher en los años ochenta negando que fuera posible un marco distinto al que ella propugnaba. Durão Barroso no era un novato, pues había sido como primer ministro portugués el anfitrión de la coalición atlántica en las Islas Azores en 2003, que fue la antesala de la invasión de Irak, y una vez vencido su periodo gubernamental al frente de la Unión Europea sería reclutado por el banco de inversiones norteamericano Goldman Sachs, por el que también habían pasado el futuro primer ministro italiano Mario Monti y el presidente del BCE Mario Draghi, considerado como el salvador del euro.

Los planes de austeridad afectaron también al Gobierno español y están detrás de buena parte de la crisis de nuestro sistema representativo, pues contribuyeron a desnudar las flaquezas económicas ignoradas durante el periodo de vacas gordas. En mayo de 2010, presionado por las instituciones mencionadas, por el Gobierno alemán e incluso por el presidente norteamericano Barack Obama, José Luis Rodríguez Zapatero anunciaba en el Parlamento la puesta en marcha de una serie de medidas que suponían un giro de 180 grados a su política.

Los sueldos públicos bajaron una media de un 5 por ciento, las pensiones quedaron congeladas, se retiraron ayudas de todo tipo y se restringió notablemente el gasto público.

Desapareció, incluso, el Ministerio de Igualdad, uno de los principales emblemas de aquel Gobierno. Las cajas de ahorro comenzaron a sufrir una reforma que las fusionaría en entidades mayores y en principio más solventes; dicha reforma tenía ciertas similitudes con el empaquetamiento complejo de las hipotecas tóxicas detonantes de la crisis, pues trajo consigo desagradables sorpresas posteriores.

A la reina de la «paquetería» la llamarían Bankia, y su presidente sería un viejo conocido de la opinión pública: el extitular de Economía Rodrigo Rato Figaredo, autor del último milagro económico. Nada podía salir peor de lo que estaba saliendo y Rato lanzó a la bolsa un mastodonte del que solo se había ofrecido información parcial e incluso engañosa. La candidatura de Rato se había impuesto a la de Ignacio González, mano derecha de la presidenta regional madrileña Esperanza Aguirre. Años después, ambos, Rato y González, pasarían por la cárcel.

Los mercados financieros, convertidos en los jueces de la política económica nacional al ser los principales compradores de la deuda pública, siguieron castigando a las naciones periféricas, mientras los países del norte de Europa exigían más recortes. España tuvo, además, que aceptar cambios en su Constitución, en particular en el artículo 135, para hacer del pago de la deuda un requisito prioritario en sus presupuestos generales. Dicho cambio, que fue ofrecido a las instituciones europeas por la clase política española, demostraba la flexibilidad existente para modificar la Carta Magna.

Con los denominados mercados como decisores, e ignorada la responsabilidad de los especuladores y la dejación de algunas instituciones europeas, como su banco central, la democracia parecía haberse vuelto quimérica.

Un amplio conjunto de empresarios vertebrados en torno a la plataforma Transforma España y coordinados por el exministro conservador Eduardo Serra, especializado en armamento y vínculo empresarial transatlántico, proponía una revolución en el Estado del bienestar y en las instituciones para hacer de la crisis una oportunidad. Para ello, se entrevistaría directamente con el rey de España, Juan Carlos I, sin requerir cita previa alguna con el primer mandatario gubernamental, al que se consideraba amortizado.

Las medidas adoptadas por el Gobierno y la inflexibilidad de las instituciones internacionales con España precipitaron una durísima crisis política. En la primavera de 2011, las calles se llenaron de protestatarios que equiparaban al PSOE con el PP y la clase política a una coalición entre financieros y representantes del IBEX 35. Nacía el 15M, un movimiento social descentralizado que marcó las noticias hasta la derrota definitiva del PSOE. Una protesta alternativa al juego de partidos que confirmaba el agotamiento del sistema diseñado en 1978.

La crisis política llegaba a su auge gracias a que una sentencia del Tribunal Constitucional en contra de numerosos artículos del Estatuto de Cataluña había puesto a la clase política catalana a la defensiva. Los recortes aprobados por el presidente conservador Artur Mas, que había sucedido a los socialistas en la Generalitat en 2010, incrementaron un malestar ciudadano que encontraría en Madrid la más conveniente de las explicaciones. La burguesía catalana, portadora de un espíritu negociador exitoso durante las anteriores décadas democráticas, y que había perdido posiciones con la eclosión globalizadora, se vería desbordada por una élite política en estampida.

La crisis y decadencia del Estado democrático refundado en el año 1978, y aún más, de un modelo económico, el del Plan de Estabilización de 1959, llegaba a su etapa crítica en un periodo en el que el paro, la deuda y al malestar ciudadano abrieron el tabú de la pertenencia a una eurozona que se mostraba adversa al funcionamiento de los países periféricos, y que rechazaba cualquier tipo de ayuda mancomunada.

El sistema político quedaría a prueba, aún más, cuando se conocieran las andanzas del rey de España. En una fecha tan irónica como el 14 de abril de 2012, la Casa Real publicaba que el rey había sufrido una rotura de cadera tras un accidente cazando elefantes en Botsuana; en la cacería habría acompañado al monarca la aristócrata e intermediaria Corinna Larsen.

El recrudecimiento de la protesta antigubernamental había llevado al PSOE a un callejón sin salida. Las elecciones de noviembre de 2011 otorgaron la mayoría absoluta al Partido Popular, que obtenía 186 escaños, y que, además, se hacía con el Senado y gobernaba en casi todas las autonomías y capitales de provincia.

El PSOE se quedaba en 110 diputados y abierto en canal, a la espera de un proceso de primarias que, además, enfrentaría a los representantes de las dos principales facciones: de un lado, los socialistas tradicionales, encabezados por el exministro de Interior Alfredo Pérez Rubalcaba, y del otro, la exministra de Defensa Carmen Chacón.

Además de a una histórica derrota que dejaba al PSOE con menos escaños que en 1977, los socialistas se enfrentaban a una escisión, o, al menos, al deber pendiente de afrontar la ruptura generacional e ideológica creciente desde el año 2004. Partidos socialistas como el italiano o el francés habían desaparecido o dejarían en pocos años de tener una presencia relevante.

El gobierno de los mejores: los financieros tóxicos al cuidado de la economía

Utilizando la jerga maquiavelista, los zorros persuasivos y negociantes del PSOE daban paso en 2012 a los leones del PP, caracterizados por su dureza y formas de mando menos veladas. El nuevo Gobierno se formó en diciembre de 2011 y aguantó hasta su sorpresivo final al principio del verano de 2018. Hijo de los Ejecutivos de Aznar, los integrantes del equipo presidido por Mariano Rajoy se habían enriquecido profesionalmente en los años de la oposición a Zapatero, durante los cuales habían recalado en la dirección de numerosas grandes empresas. Esta afinidad con las corporaciones debía ser un apoyo para que la inversión privada remontara con la llegada del PP al poder.

Se trataba de lo que el nuevo presidente denominó «el gobierno de los mejores», una expresión que el economista Pareto había utilizado en sus escritos para definir cómo tendría que ser un ejecutivo elitista que pudiera dominar con efectividad a las masas pasivas. Las urnas habían hablado y el Partido Popular configuraría un nuevo Gobierno en el que el poder corporativo se convertiría en uno de los principales vectores. La democracia se había decantado por una forma intensificada de tecnocracia.

Zorros cuidando gallinas

El titular de Economía, Luis de Guindos Jurado, había sido mano derecha de Rodrigo Rato. De Guindos quedaba encargado de reparar la economía nacional; para ello, contaba con un amplio bagaje como presidente del banco de inversiones

Lehman Brothers para España y Portugal, el gigante financiero de Wall Street que había quebrado en 2008.

Desde Lehman, De Guindos había aconsejado la compra de participaciones preferentes de la Caja de Ahorros del Mediterráneo, la CAM, considerada posteriormente como la oveja más negra del sistema financiero, y que sería adjudicada por un euro al Banco Sabadell. De Guindos, que también había pasado por el consejo de grandes empresas como Endesa, la consultora y auditora multinacional PriceWaterhouseCoopers o el holding financiero japonés Nomura, reclutó a distintos colaboradores de las finanzas. De Lehman Brothers seleccionó a uno de sus secretarios de Estado de Economía, Íñigo Fernández de Mesa, técnico comercial del Estado, como el propio De Guindos.

Otros financieros que pasaron al Gobierno tras la explosión de la tormenta en Wall Street y la digestión de los activos financieros tóxicos procedían precisamente del corazón de las tinieblas. En otras naciones con elevado nivel de deuda pública había sucedido de manera similar: en Grecia, Lukas Papademos, antiguo ejecutivo de Goldman Sachs, había sido nombrado primer ministro; en Italia, Mario Monti, que había pasado por el mismo banco, sería presidente del Gobierno. En ninguno de estos casos se reduciría la ratio entre deuda pública y producto interior bruto, el principal termómetro para evaluar la solvencia de las naciones.

En la Subsecretaría de Presidencia del Gobierno español figuraría el abogado del Estado Jaime Pérez Renovales, procedente de Banesto y Banco Santander; por ambos bancos había pasado también el secretario general de Industria, el técnico comercial Luis Valero, hijo de una alta autoridad del franquismo falangista que había llegado a presidir Enagás y Butano durante los últimos estertores del general Franco.

España parecía estar convirtiéndose en un adelantado alumno en la digestión y traducción nacional de los planes de austeridad dictados por Bruselas. En la presidencia del Instituto de Crédito Oficial se situaría otro técnico comercial, Román Escolano, que unos años después sucedería a De Guindos como ministro de Economía, y que había sido director de relaciones institucionales del BBVA. La banca con carnet del PP se incrustaba en puestos estatales clave.

También había pasado por BBVA José Ignacio Wert, sociólogo y experto demoscópico que sería nombrado ministro de Educación, Cultura y Deporte, y que presidiría el ministerio con una decadente popularidad hasta su cese y mudanza a París en representación de España ante la OCDE; allí le acompañaría su número dos, Montserrat Gomendio Kindelán, descendiente de aviador franquista y de abultado patrimonio.

Ministerios de los negocios y la nobleza

Si los financieros ligados al aznarismo, con carnet del partido o con título funcionarial, eran prominentes en el Gobierno de Rajoy, no lo eran menos los fiscalistas. Al frente de Hacienda se situaba, de nuevo, Cristóbal Montoro. En años anteriores este había ocupado su escaño en el Congreso y en el Parlamento Europeo, pero también había presidido una asesoría fiscal que había sido contratada por numerosas empresas del IBEX 35, que quedarían pendientes de las nuevas reformas dictadas por el nuevo ministro. Nombrada inicialmente Montoro y asociados, la asesoría pasó a denominarse después Equipo Económico. En la presidencia de la entidad se encontraba, en el invierno de 2011, Ricardo Martínez Rico, exsecretario de Estado con Montoro en la etapa aznarista y principal enlace con las empresas del IBEX 35; su hermano Felipe sería el jefe de gabinete del nuevo y al mismo tiempo antiguo titular de Hacienda.

El número dos de Montoro en Hacienda, Miguel Ferre Navarrete, inspector de Hacienda, provenía de PriceWaterhouse-Coopers, con la que había asesorado a grandes empresas para trasladar su sede fiscal a Luxemburgo, logrando un notable ahorro para las rentas de capital. El escándalo de elusión fiscal denominado «LuxLeaks» estalló poco tiempo después de que el nuevo secretario de Estado y presidente de la Agencia Tributaria hubiera impulsado una subida de impuestos para reducir el déficit público. Dicha subida comenzó a alentar un descontento con el nuevo Gobierno.

Los financieros tóxicos, aquellos que habían fomentado la fiesta de la década pasada, habían quedado al frente de la economía, pero no eran los únicos representantes estatales del poder corporativo. En Defensa, Pedro Morenés y Álvarez de Eulate, antiguo secretario de Estado con Eduardo Serra, uno de los contactos más estrechos de la Familia Real en las tripas estatales, se ponía al frente del ministerio del armamento nacional. Para ello, había tenido que renunciar a numerosos consejos de administración del sector de los vendedores de armas y de la seguridad privada. Su número dos sería Pedro Argüelles Salaverría, que, de familia estrechamente vinculada al Banesto, había sido vicepresidente de la aeronáutica Boeing España.

La nobleza parecía volver al Ejecutivo. El titular de Agricultura, Miguel Arias Cañete, era marido de Micaela Domecq Solís-Beaumont, perteneciente a una de las grandes familias terratenientes andaluzas. Arias Cañete, eterno diputado del PP y abogado del Estado, atesoraba una amplísima trayectoria política y empresarial que le vinculaba a empresas financieras, inmobiliarias y petrolíferas. Un vehículo empresarial de su esposa, llamado Rinconada Investments, quedaría denunciado por los «Papeles de Panamá», un escándalo de fraude fiscal de grandes fortunas de todo el mundo que también afectó al titular de Industria y Energía, el canario José Manuel Soria, cuya esposa había defendido a Endesa en el archipiélago. Soria, no obstante, encontró en las eléctricas a un duro contrincante.

Otros aristócratas en el poder eran el secretario de Estado para la Unión Europea, Íñigo Méndez de Vigo y Montojo, noveno barón de Claret, y futuro ministro de Educación, Cultura y Deporte. Méndez de Vigo era, además, primo segundo de Pedro Morenés, el titular de Defensa, que, a su vez, era primo segundo de Borja de Prado y Eulate, por entonces presidente de Endesa y, después, de Mediaset España. También era noble Miguel Temboury Redondo, abogado del Estado y subsecretario de Economía descendiente de Onésimo Redondo, fundador de las Juntas de Ofensiva Nacional-Sindicalista, JONS.

Poderes centrales y autonómicos

Al poder corporativo del nuevo Gobierno había que sumar otras influencias: en primer lugar, la del Partido Popular, que, continuador de la estructura política de la era Aznar, atravesaba con sus dirigentes la espina dorsal del nuevo Gobierno. Uno de sus miembros más fieles era el ministro de Interior Jorge Fernández Díaz, integrista vinculado al Opus Dei y dirigente de las operaciones más polémicas de la seguridad del Estado durante un periodo que resultó política y socialmente convulso. Su delegada de seguridad en Madrid, Cristina Cifuentes, ascendería pronto a la presidencia de la comunidad madrileña tras dirigir duras acciones policiales contra los colectivos resultantes del 15M que, divididos en mareas sectoriales, se mantenía como una de las principales fuerzas de oposición.

El ministro Fernández Díaz ha sido encausado en relación con la denominada operación Cataluña, por la fabricación de dosieres contra altos cargos de la Generalitat tentados por el independentismo. El ambiente de inseguridad jurídica resultante podría explicar una parte del sentimiento que condujo a los intentos de secesión en el año 2017.

También destacaba la vicepresidenta del Gobierno, Soraya Sáenz de Santamaría. Abogada del Estado, esta discípula de Mariano Rajoy había contribuido a que su cuerpo burocrático de referencia poblara la mayoría de los ministerios. Sáenz de Santamaría acumuló un enorme grado de influencia en los Ejecutivos de Rajoy, un capital social que no sería suficiente, sin embargo, para que esta pudiera suceder a Rajoy como presidenta del partido una vez dimitido este, por lo que tuvo que conformarse con el segundo puesto frente a Pablo Casado, un candidato genéticamente más afín a las siglas del partido.

Si los abogados del Estado se habían vuelto prominentes en relación con las etapas previas de los socialistas, en las que su presencia había sido más limitada, también destacaban los técnicos comerciales, los inspectores de Hacienda, los diplomáticos y, aunque en menor medida, los profesores de universidad y los administradores civiles. El poder burocrático seguía manteniéndose como la sustancia definitoria de la clase política al frente del Estado. El alto funcionariado afiliado o afín al PP, con o sin experiencia empresarial, se convertía en el tipo ideal de la nueva clase dirigente.

El territorial fue otro de los pilares de la hegemonía del PP. Enfrentados a la secesión catalana, los Gobiernos del PP primaron entre sus altos cargos el peso de Madrid, en particular, de antiguos dirigentes del ayuntamiento de la ciudad y de la Comunidad. El exregidor de la capital, Alberto Ruiz-Gallardón, se hizo con la cartera de Justicia, y algunos de sus principales concejales y asesores figuraban entre sus mayores altos cargos. Esperanza Aguirre, que unos meses antes había logrado una nueva mayoría absoluta en la Comunidad de Madrid, podía presumir de haber exportado aún a más altos cargos de la comunidad al Gobierno de la nación, lo que servía para conectar la estructura del Ejecutivo central con el madrileño y, de paso, moderar la rivalidad existente en el seno del PP entre el presidente del Gobierno y la primera mandataria autonómica.

El peso de Madrid era sobresaliente en la estructura del Gobierno. Coincidía con los vestigios de los años de Aznar, que habían intensificado la «madrileñización» de la economía española. Y también, con una propuesta programática que radicalizaba el enfrentamiento con Cataluña, aunque estableciera discretos diálogos para lograr pactos con el Gobierno conservador de Artur Mas.

En el clímax de la crisis territorial, el Estado central aplicaría el artículo 155 de la Constitución española para erradicar las principales competencias de la autonomía catalana, toda vez que su clase política parecía pugnar en serio por su definitiva independencia. En este punto, el Ejecutivo hizo de la represión policial y judicial una herramienta que mantuvo al máximo la temperatura de un conflicto con una predominante dimensión política.

La devaluación interna y la marcha atrás

Tras la desaparición del PSOE como contendiente, el poder del PP parecía absoluto. El Gobierno de Rajoy recortó el gasto público y subió los impuestos; aprobó una reforma laboral que contribuía al abaratamiento del factor trabajo, condición *sine qua non* para volver más competitiva la economía española. Las pensiones se congelaron y la sanidad pública dejó de ser universal. Además, terminó el proceso de bancarización de las cajas de ahorro, que pasaban a ser bancos o a formar parte de ellos, y a renunciar a buena parte de su obra social, la cual, para algunos expertos, había jugado el papel de segundo Estado del bienestar.

Nada de esto parecía bastar para calmar a los mercados financieros, nuevo sujeto dominante de la economía internacional. En la primavera de 2012 había quebrado Bankia, resultante de la fusión de distintas cajas de ahorro atrapadas en la crisis hipotecaria. Su flamante presidente, el exministro de Economía Rodrigo Rato, que provenía del FMI y de numerosos consejos de administración del IBEX 35, como CaixaBank, Banco Santander o Telefónica, había elevado las expectativas de negocio de una empresa que sobre los números no podía sostenerse.

El rescate y nacionalización de Bankia por parte del Estado llevó a los inversores internacionales a adelantar la caída de la economía española. En julio, los mercados financieros descontaban ya la quiebra de la economía española, que caería en picado como integrante de lo que en Europa se conocían como países PIGS, acrónimo de Portugal, Irlanda, Grecia y España y despectivo sobrenombre (*pigs* es el plural de «cerdo» en inglés) al que quedó también incorporada Italia.

La periferia europea quedaba enfrentada al núcleo industrial y a los países nórdicos, que rechazaron, en un principio, cualquier tipo de ayudas destinadas a suavizar la situación de economías poco competitivas que, sin embargo, eran los destinos prioritarios de sus exportaciones. Pero la gravedad de la situación terminó por disolver los prejuicios entre los países de la moneda única. Cuando todo parecía inevitable, el presidente del Banco Central Europeo, el italiano Mario Draghi, declaró que el banco central de la zona euro haría todo lo que fuera necesario para sostener la moneda comunitaria, a la vez que exigió el progresivo saneamiento de las entidades financieras a niveles previos a la burbuja. Con esta declaración y con la posterior puesta en marcha de mecanismos para sostener la deuda pública de las naciones periféricas, las apuestas contra las finanzas nacionales se detuvieron.

Poco tiempo después de la histórica declaración de Draghi, la Comisión Europea comenzó a relajar las restricciones de déficit y de deuda pública para que los países miembros del euro pudieran generar algo de crecimiento y empleo. De esta manera, la Unión Europea trataba de abandonar su posición de enferma económica del mundo, y de paso intentaba contribuir a que las formaciones tradicionales integradas en el Parlamento Europeo, que preparaba el examen electoral de 2014, pudieran frenar la ola populista, representada entonces por partidos políticos de izquierdas y derechas.

La crisis del euro había puesto sobre la mesa la debilidad de la soberanía nacional de sus países integrantes. Los mercados financieros se comportaban como un senado romano que aprobaba o rechazaba los presupuestos de los Estados. El Banco Central Europeo pretendía actuar como correa de transmisión de un súper Estado que protegiera las finanzas nacionales de las acciones especulativas de los grandes fondos y empresas financieras.

Terminado lo peor de la tormenta, el Gobierno conservador español comenzó a beneficiarse de las nuevas políticas europeas. El crecimiento de las exportaciones a países que, como Alemania, habían recobrado el crecimiento, podía también atribuirse a un decreciente coste de la mano de obra española, con pensiones y subsidios recortados, y a algo más que el miedo en el cuerpo. A esto había que sumar la caída de los intereses de la deuda pública y un incremento del gasto estatal como consecuencia de una mayor flexibilidad por parte de Bruselas. Todo ello contribuyó a que el PP pudiera renovar su mayoría en el Parlamento en las elecciones sucesivas de 2015 y 2016, pero con el coste de obtener menos diputados y menos autonomías y ayuntamientos. La gestión de la crisis y una explosión de casos de corrupción mediáticos había mermado gravemente la legitimidad del gobierno de los mejores.

Mitos que se vienen abajo: la crisis política de 2014

El PP había perdido fuelle. Además, el malestar económico tendría que convivir con una crisis política que llegó a amenazar los consensos logrados en 1978, e incluso el modelo de crecimiento orientado a Europa que comenzó a dar sus primeros pasos en 1959. Los distintos problemas que afectaban al sistema político español cristalizaron en 2014, año en el que con mayor rotundidad desembocaron las principales dificultades sufridas por las instituciones.

Distintos acontecimientos hicieron del citado año un punto de difícil retorno. En primer lugar, se producían en Cataluña las primeras consultas no vinculantes sobre la independencia. El bloque soberanista estaba integrado por la antigua Convergència i Unió, por Esquerra Republicana y por otros partidos de acento más radical. Envalentonados por los recortes y las publicaciones sobre corrupción que afectaban a algunos de sus líderes históricos, como el expresidente de la

Generalitat Jordi Pujol, apretaron el acelerador, conectando con distintas organizaciones de la sociedad civil de creciente influencia, lo que fue conformando un tejido social y político que por primera vez demandaba la secesión como objetivo final, renunciando al pactismo de la etapa del conservadurismo convergente.

Al mismo tiempo, determinadas unidades del Estado profundo comenzaron a hacer uso de recursos públicos para protagonizar actividades políticas autónomas destinadas al espionaje de determinados líderes del independentismo y, con el tiempo, de la izquierda emergente. Uno de sus líderes sería un ilustre de las portadas de periódicos e informativos: el comisario José Manuel Villarejo. Las contradicciones y el choque constante culminarían en el mes de octubre de 2017, cuando, después de una votación enormemente conflictiva organizada en numerosos puntos de la comunidad, el Parlament catalán aprobó una declaración unilateral de independencia y dio paso a una confrontación abierta con el Estado central.

La suspensión temporal de la autonomía catalana y la convocatoria de nuevas elecciones reflejarían hasta qué punto el Estado había perdido el control de las instituciones catalanas. La represión judicial y las penas aplicadas a distintos líderes del *procés*, además de las escisiones en el movimiento, fueron desgastando esta opción, al tiempo que las empresas de matriz catalana expresaban su rechazo a la estrategia con el traslado de sus sedes sociales a otras ciudades españolas.

En segundo lugar, y con un nivel de paro todavía superior al 23 por ciento de la población activa y con una ministra de Trabajo encomendada a la Virgen del Rocío para que el desempleo se redujera, los principales partidos del arco parlamentario concurrieron a las elecciones europeas celebradas en el mes de mayo de 2014. Las dos principales formaciones,

PP y PSOE, no lograron superar el 50 por ciento de los votos por primera vez en democracia. Un nuevo partido, Podemos, se había hecho con cinco escaños, una cantidad de representantes inesperada.

Podemos impugnaba lo que denominaba el «régimen del 78» y «la casta» proponiendo un programa anticapitalista que instauraría la renta básica, el reparto del trabajo y la salida del euro. Esta formación encontraba su principal manantial de dirigentes en la facultad de Ciencias Políticas y Sociología de la Universidad Complutense. La burocracia universitaria, conectada con las nuevas generaciones descendientes de las mareas sectoriales del 15M, trataba de tomar el relevo de la clase política en lo que aspiraba a ser un proyecto constituyente que alteraría de raíz los consensos logrados a finales de los años setenta. El Centro de Investigaciones Sociológicas le daba pocas semanas después el primer puesto en intención de voto directa.

Frente a Podemos, alentado por canales televisivos como Cuatro y La Sexta, estaba la casta: un PSOE en horas mínimas en el que un militante desconocido, Pedro Sánchez, discípulo del exministro Miguel Sebastián, había sucedido a Alfredo Pérez Rubalcaba en la secretaría general de la formación. El PP, pese a ser la fuerza mayoritaria en el Parlamento, veía como distintas tramas de corrupción se solapaban en los telediarios y hacían metástasis en los programas del corazón. El sistema tenía que defenderse.

En tercer lugar, con un Podemos en auge y con el desafío catalán acumulando temperatura, la Casa Real anunciaba en junio de ese mismo año la abdicación de Juan Carlos I en su hijo, que pasaba a ser el rey Felipe VI. Tanto el PP como el PSOE realizaron una comprometida defensa de la ley orgánica que regulaba el proceso de sucesión. La monarquía parecía reforzarse cambiando su foto de portada. Tres grandes periódicos de tirada nacional, como *El Mundo*, *El País* y *La Vanguardia*, sufrieron en fechas previas un cambio de director[12], incluso el periodista Pedro J. Ramírez, que había resistido a los gobiernos de Felipe González y había denunciado aspectos clave de tramas de corrupción que afectaban a la columna vertebral del PP, pasaría al ostracismo y posteriormente a la dirección de un nuevo digital, *El Español*.

La corrupción era el cuarto ingrediente. Con la trama socialista de los ERE afectando ya a los grandes responsables de la Junta de Andalucía, los distintos escándalos de mordidas, cohecho y tráfico de influencias en el seno del PP se acercaban poco a poco a su cenit. El caso Bárcenas, que investigaba un sistema de cobros en dinero negro instaurado desde hacía décadas, había llegado al magacín televisivo *Sálvame*, donde podría capilarizarse a buena parte de la sociedad española. El mensaje SMS de Rajoy enviando ánimos al tesorero encarcelado se había convertido en una síntesis de la clase política española. Los casos de corrupción se solapaban en una galaxia de favores y oscuras contrapartidas que desnudaban las miserias del sistema bipartidista creado en 1978. La financiación de los partidos, el modelo productivo de construcción, sol y playa, el fiasco de las cajas, con los dirigentes de Caja Madrid pendientes de prisión, y una eclosión de condenas y encarcelamientos en el Partido Popular parecían estar llevando el sistema al traste.

Con las distintas familias políticas a la gresca, esta crisis parecía reeditar capítulos decadentes de la etapa franquista, en particular, los de 1956 y 1969, cuando la clase política dirigente reflejó la necesidad de un cambio. Con un Mariano Rajoy decidido a resistir y un nuevo secretario general del PSOE, Pedro Sánchez, como candidato a sustituirle, las distintas

[12] García Abad, José (2016), *op. cit.*

formaciones parlamentarias concurrieron a las elecciones de 2015, donde el nuevo partido, Podemos, irrumpió con 69 diputados en el Congreso, y donde una cuarta formación, Ciudadanos, que se había ganado la simpatía del mundo empresarial, se integraba con 40 escaños.

El equilibrio tradicional había quedado roto, y el desacuerdo dentro de la izquierda impidió que PSOE y Ciudadanos conformaran una alternativa centrista a la derecha. El poder regional y local había presenciado el regreso del PSOE, que, coaligado con las fuerzas de la autodenominada «nueva política», habían cambiado el signo de numerosos ayuntamientos y comunidades autónomas, convirtiéndose en el principal recurso de poder de la izquierda.

El sistema contraataca

Las patronales y una miríada de asociaciones denominadas constitucionalistas clamaron contra el nuevo peligro político. El PSOE no debería pactar nunca con Podemos, una fuerza que se oponía a los consensos que habían evitado en España una segunda guerra civil y que habían logrado que el país gozara, como durante la paz franquista, de un inmenso y continuo periodo de estabilidad y prosperidad. Pablo Iglesias, acosado por las cloacas policiales y judiciales, se convirtió en el enemigo número uno.

La crisis de Grecia en 2015, que demostró que el partido gobernante, Syriza, no podía oponerse en solitario al rumbo de toda la zona euro, había puesto un tope a las ambiciones del nuevo partido de izquierdas en España. El Banco Central Europeo, en coalición con el FMI y la Comisión Europea, tenía la última palabra y podía decretar la quiebra de cualquier país que fuera considerado rebelde. La salida de la moneda común abría un camino que sería descrito a la ciudadanía como una caída al vacío.

Podemos, coaligado con Izquierda Unida en el Parlamento desde 2016, comenzó a sufrir el desgaste de haberse opuesto a un complejo sistema como el español. Solo le quedaría la retirada o la progresiva asimilación y adaptación, cuando no una combinación de todas estas opciones. La formación que competía por el gobierno había rebajado sus objetivos políticos y acusaba un primer desgaste. La ley de Michels, según la cual todo partido tiende por naturaleza a su burocratización, parecía ponerse de manifiesto. Pero, para comprender el fenómeno, habría que integrar en el modelo de Michels las presiones multinacionales, las policiales, las mediáticas y la competición en el seno de la izquierda. La creación de Más Madrid y de Más País, escisión de Podemos, podría considerarse como un primer descendiente del citado desgaste político. La caída en desgracia del diputado Íñigo Errejón, uno de los fundadores y cabezas pensantes de Podemos, más allá de supuestos delitos pendientes de sentencia judicial, refleja también el aplastamiento de estas energías agresivamente reformistas.

La hegemonía conservadora terminó una tarde de junio de 2018: en mayo una sentencia de la Audiencia Nacional había condenado al PP como partícipe a título lucrativo en la trama del caso Gürtel y, poco después, de manera sorpresiva, una moción de censura encabezada por Pedro Sánchez y apoyada por la izquierda y otras pequeñas formaciones del Congreso, mayoritariamente representantes de nacionalidades periféricas, expulsó del Ejecutivo al todavía presidente del Gobierno, Mariano Rajoy, que ni siquiera estuvo presente al lado de su mano derecha, Soraya Sáenz de Santamaría. Lo viejo dejaría paso a lo nuevo. De nuevo.

15. La penúltima síntesis política y la amenaza del futuro

Los ecos del movimiento contra la guerra de Irak y el autoritarismo del PP resonaban en la cámara baja. El presidente Sánchez formaba un nuevo Gobierno con vocación de cambio hacia un nuevo equilibrio político. La nomenclatura de los nuevos ministerios y de sus máximos responsables subrayaría el peso de la alta función pública, de territorios clave para el PSOE, y la influencia de las instituciones de la Unión Europea. La ilusión de la etapa de ZP parecía volver al hemiciclo, eso sí, en coalición parlamentaria con un nuevo partido antaño antisistema.

Un socialista histórico como Josep Borrell, exministro de Obras Públicas, Telecomunicaciones, Transportes y Medio Ambiente, se ponía al frente de Exteriores; en Economía se estrenaba Nadia Calviño, directora general en tiempos de Solbes que procedía de la Comisaría de Presupuestos de la Comisión Europea, la misma que había estirado recientemente el cuello a países presupuestariamente rebeldes como Italia; en Agricultura firmaba el andaluz Luis Planas, de amplia trayectoria en el PSOE y acompañante de Solbes en sus tiempos de comisario financiero en Bruselas; y en Transición Ecológica, Teresa Ribera, posteriormente vicepresidenta ejecutiva para una Transición Limpia, Justa y Competitiva en Bruselas.

El peso andaluz y catalán volvía a ser notable, con dos ministras como Carmen Calvo, vicepresidenta y titular de Igualdad, y María Jesús Montero, que presidiría Hacienda. Borrell, opuesto al independentismo, ocupaba Exteriores mientras Meritxell Batet, de carácter moderado, se situaba en Política

Territorial, a la espera de iniciar negociaciones que lograran apaciguar el avispero catalán.

La jugada parecía inteligente. Al tiempo que Sánchez declaraba finiquitado el periodo conservador y permitía el desembarco de migrantes socorridos por el barco Open Arms, en señal de una nueva política migratoria, realizaba otros movimientos no menos importantes.

Los fondos de inversión como poder fáctico

Uno de esos movimientos fue el de sus encuentros con los financieros George Soros y Larry Fink, este último presidente de BlackRock. BlackRock, la más conocida entidad de gestión de activos del mundo, se había hecho con parte de la deuda pública española, pero también con la gestión de un porcentaje relevante de las acciones de todas las empresas del IBEX 35.

El papel de los fondos de inversión internacionales se había acrecentado con la pasada crisis, con una caída de cotizaciones en el IBEX 35 que había permitido a gigantes como BlackRock, como State Street o como Vanguard, entre otros, volverse actores relevantes en las principales compañías españolas. La política nacional tendría que contar con estos gigantes que se habían asentado en las plazas más importantes del globo.

Los grandes fondos se extendían a sectores de la economía como la vivienda, la agricultura, la educación y el agua, entre muchos otros. En la vivienda, destaca el papel de corporaciones como Blackstone, fundada por algunos de los creadores de Lehman Brothers y presidida en España por Claudio Boada, hijo del que fuera presidente del Instituto Nacional de Industria con Franco y gestor de empresas públicas y privadas en la etapa socialista. Blackstone, que se había lanzado sobre los inmuebles de la España hundida de 2012, adquirió a precio de ganga casi dos mil viviendas sociales en propiedad del Ayuntamiento de Madrid, mientras la esposa del expresidente Aznar, Ana Botella, ejercía de alcaldesa[13]. Uno de los hijos del matrimonio Aznar es, además, directivo de Cerberus, otro de los grandes fondos especializados en la compra ventajosa de viviendas.

La extrema derecha como argumento electoral

Paralelamente al ascenso de Sánchez, surgía una nueva formación de discurso radical, pero apartada del populismo de izquierdas. Se trataba de Vox, que a finales de 2018 entraba en tromba en el Parlamento andaluz, y que en 2019 se convertiría en una voz relevante en el nuevo Parlamento español. Escindida del PP, Vox contaba con algunos de sus antiguos representantes, como Santiago Abascal o Alejo Vidal-Quadras, aunque este abandonara la formación en sus primeros compases. Pero también con dirigentes de sectores de la ultraderecha española con y sin vinculaciones antisemitas.

Desde aquel momento en el que la llegada del nuevo partido se hacía realidad en los distintos parlamentos regionales y en el nacional, la amenaza ultraderechista pasó a formar parte central del discurso de los partidos de izquierdas. Frenar a los antidemócratas adquiría la categoría de política pública y a la vez la función de mecanismo de control de cierto electorado. La política del miedo se convertía en una constante en los

[13] Benítez de Lugo, J. M. (2024), *Los desahucios instados por los "fondos buitre"*, Madrid, Dykinson.

distintos puntos del espectro ideológico y político. En ese marco, las dos elecciones generales celebradas en abril y noviembre de 2019 obligarían a los partidos de izquierda a ponerse de acuerdo, lo que condujo al primer gobierno de coalición desde la Segunda República.

Un hecho poco comentado es cómo el sistema político y burocrático logró contener, absorber y asimilar institucionalmente a la formación morada que había desafiado al sistema. Constituida como Unidas Podemos, integrada también por Izquierda Unida, y presente en casi todos los parlamentos y en algunos gobiernos regionales, la coalición recibiría la encomienda de hasta cuatro ministerios en 2019: el de Derechos Sociales, presidido por el vicepresidente Pablo Iglesias; el de Igualdad, por Irene Montero; el de Trabajo, por Yolanda Díaz; y el de Consumo, por Alberto Garzón. Con las carteras técnicas en manos de la tecnocracia europeísta, el nuevo equilibrio político parecía haber neutralizado el desafío antisistema lanzado en 2014. Los revolucionarios se habían transmutado en defensores acérrimos del Estado del bienestar, convirtiéndose en una izquierda gestora de los fondos estatales y sometida a los controles administrativos.

El reparto de poder gubernamental recordaba los acuerdos franquistas de los años cincuenta y sesenta, según los cuales la configuración gubernamental otorgaba las carteras «sociales» a ministros próximos a la Falange o al Movimiento Nacional, y las técnicas a los miembros del Opus Dei. Sin encontrar un paralelismo exacto con la configuración del Gobierno de izquierdas, el nuevo gobernante parecía haber encontrado un equilibrio al que denominó «el Gobierno más progresista de la historia».

Probablemente por ello el nuevo Ejecutivo se convirtió en un ente burocrático de dos almas no siempre sincronizadas.

La llegada de la pandemia y la concentración de competencias extraordinarias en el Gobierno obligó a suavizar las diferencias internas. Pero, a la salida de la mayor crisis vivida por el mundo en el último siglo, las heridas volverían a abrirse.

Solo la titular de Trabajo, Yolanda Díaz, que había hecho del diálogo su política principal, sobreviviría a los distintos relevos ministeriales y a la prolongación del Ejecutivo en el verano de 2023 tras la celebración de unas nuevas elecciones generales. El carácter finalista de la formación de Díaz, Sumar, clave para que el presidente Sánchez pudiera repetir en la Moncloa, parecía haber adquirido un irónico significado, pese a la obtención de hasta cinco ministerios gubernamentales. La ministra Díaz aprobó por un voto, en el año 2021, una nueva reforma laboral. Para ello, había logrado negociar con la patronal CEOE, en la que la exministra de Trabajo del PP, Fátima Báñez, ocupaba un puesto relevante. La nueva normativa parecía sintetizar los cambios impulsados por el PP y los del PSOE. Más allá de la furia parlamentaria parecía habitar un callado y discreto consenso. La Fundación FAES de Aznar, con su velado apoyo, confirmaba el carácter transversal de la reforma de la ministra de Trabajo.

Las políticas del nuevo Ejecutivo han logrado minimizar el coste de la crisis. El desempleo se aproxima a cifras de un dígito que esta vez, sin embargo, no se deben a ninguna burbuja de endeudamiento privado. El papel de la Unión Europea ha sido clave y funcional para el gobierno de izquierdas. Por una parte, destaca la hiperactividad del Banco Central Europeo, atento en la pandemia a seguir protegiendo la deuda pública. Y por otro lado, la Comisión Europea suspendió temporalmente el Pacto de Estabilidad y Crecimiento, normalizando los elevados ratios de déficits en los países que más sufren en las crisis.

La inflación provocada por la salida de la pandemia y por la guerra de Ucrania también ha logrado una resolución distinta a la de las etapas precedentes. La política fiscal, controlada por el Gobierno y votada en el Parlamento, ha sido más efectiva que la monetaria para frenar el ritmo de aumento de los precios. Las nuevas prestaciones sociales y las inversiones riman con los proyectos aprobados por la Unión Europea, como el Next Generation, respaldado por deuda común europea, que había sido considerada un anatema en la crisis anterior. El crecimiento económico resultante puede entenderse como el de una economía más resiliente y con mayor capacidad redistributiva y estabilizadora.

Todo esto ha conducido a que el Gobierno de izquierdas haya podido comandar una política que ha elevado los niveles de cohesión de la población española, aumentando el salario mínimo e introduciendo un ingreso mínimo vital. Pero haber hecho frente a la crisis de diferente manera no ha supuesto para la izquierda una victoria electoral significativa. Este Gobierno está llamado a una negociación continua con multitud de representantes parlamentarios, lo que, además, requiere una solución, aunque sea temporal, para el conflicto catalán. El Gobierno de Pedro Sánchez, bombardeado mediáticamente por unas fuerzas de derecha que lo describen como el capo de una banda criminal y por una red de jueces que parece haber abierto una causa general contra el Partido Socialista, seguirá pugnando por sobrevivir como último resistente de la epidemia ultraderechista en Europa. Los vestigios franquistas no nos abandonan: el «que te vote Txapote», uno de los mayores insultos lanzados contra el presidente, fue acuñado y difundido por uno de los hijos del historiador de la dictadura y exministro de Cultura Ricardo de la Cierva. Los rostros, las frases, o al menos, las formas de proceder siguen siendo las mismas.

España está sumida en una confrontación política como forma de vida, algo que ensordece los oídos de un público saturado por un mundo en guerras y constantes amenazas climáticas, virales y virtuales. Las soluciones parecen menos interesantes que los exabruptos. En estos tiempos de polarización, las fuerzas de siempre, los poderes fijos, se muestran a plena luz, seguros de ser necesarios para completar los gobiernos democráticos. El futuro, frecuente tema de conversación que se mantiene en presente, ha pasado a ser una incógnita que muchas veces es mejor ni nombrar. Pendientes de unos avances democráticos que se juzgan improbables, una nueva configuración de las élites es la gran favorita al frente del Gobierno, ya sea este de signo mayoritariamente progresista o conservador con bandas verdes.

Conclusiones: continuidad, espectáculo y cuentas pendientes entre claroscuros

España parece vivir, todavía, en el año 2004, cuando un atentado masivo provocó un vuelco electoral, un abrupto cambio de gobierno y una nueva forma de hacer política y oposición. Los choques entre partidos y frentes mediáticos, la posición polarizada con respecto a la memoria histórica, la corrupción, el papel creciente de los fondos de inversión en casi todos los sectores de la economía y los conflictos territoriales sin resolución siguen siendo puntos que centran y seguirán atrayendo la máxima atención de los espectadores. En cualquier proceso electoral, el ciudadano, con las redes sociales como irónica brújula, se verá obligado a elegir entre ultraderecha fascista o ruptura de la patria, entre la disolución de la democracia o la de las instituciones esenciales de nuestra historia. En medio de este proceso de ininterrumpida e intensiva alienación informativa y política no cabrá punto medio alguno.

Pero, más allá de este fresco tenebrista, de este ecosistema en el que el ruido es el mensaje, hay otros significados que pasan desapercibidos. España vive también en 1959, el año en el que un plan de estabilización y ajuste de la economía comenzó a abrirnos al exterior, suscitó alianzas de sangre con algunos de los países más poderosos y de las corporaciones dominantes, y lanzó la candidatura nacional para ser miembro del mercado común europeo, y con ello, acceder a la liga de Occidente. Dicha fecha marca en cierto modo la evolución económica y política del país hasta 1992, cuando, en medio de los fastos de Sevilla y Barcelona, la sociedad española se consideró avanzada y la democracia completa. Cuando la entrada en esa Europa que nos liberaría de nuestro guerracivilismo genético se había convertido ya en un baluarte seguro, o en una redención de un pasado que solo traía páginas amargas.

Los mitos de la apertura y el desarrollo, de la ruptura con una autarquía miserable y con un experimento republicano que ha quedado en el olvido, siguen inequívocamente vivos: el modelo español de sol y playa, construcción y turismo, persiste pese a sus modificaciones y parches correctores. El apego español a esta forma de producir ganancias tiene un fuerte trasfondo histórico y una serie de beneficiarios, entre los que se encuentran los empresarios y los políticos corruptos.

Que el producto interior bruto siga creciendo, algo fundamentalmente ligado a lo anterior, diluirá el cainismo que se juzga inherente a la cultura española, y permitirá la estabilidad de una nación que, en una eterna minoría de edad, necesita ser periódicamente salvada. Así ha sucedido con gobiernos del PP y del PSOE desde los años ochenta, incluyendo la coalición formada con los «jóvenes turcos» de Podemos hasta fechas recientes. Hay verdades que siguen sin cuestionarse y son las más invisibles las que ocultan las razones y los grupos de poder más inexpugnables.

Todo gobierno español que se precie tendrá numerosas hipotecas. Estará condicionado a hacer reformas en la línea solicitada por Bruselas; sus altos cargos de mayor perfil técnico habrán mantenido normalmente contacto con el ente comunitario y actuarán como delegados de unas políticas europeas que mantienen a un conjunto de países heterogéneos bajo una serie de reglas rígidas.

Parece difícil, con todo ello, renunciar a la tecnocracia, a esa red de altos cargos con títulos burocráticos del máximo nivel y afiliación o vinculación informal a uno u otro partido de la oferta partidista mayoritaria. Los experimentos económicos, los atrevimientos más allá de la ortodoxia reinante, producirían incertidumbre y podrían implicar un correctivo por parte de ese súper Estado, la Unión Europea, a la que hemos cedido buena parte de nuestras competencias. O de los fondos de inversión que tanto dinero han confiado a sectores clave de la economía patria. Si a ello sumamos la influencia que las grandes empresas pueden llegar a ejercer sobre el Ejecutivo, o sobre los diecisiete gobiernos autonómicos, podemos deducir que el margen de maniobra para los políticos elegidos sigue siendo reducido.

La salvación de España, renovada en 1959 tras la victoria militar de 1939, sigue exhibiéndose con distintos y nuevos ropajes. Ya lograda la integración europea, las nuevas condiciones geopolíticas exigen un mayor esfuerzo en materia de gasto público armamentístico para contribuir a la OTAN. Y la escalada de conflictos bélicos obligará a que este peón del tablero mundial se desviva por mantener sus escasas ventajas y prerrogativas. No conviene enfadar ni a Washington ni a Bruselas: el coste de nuestra deuda pública es una función de la confianza de lo que neutralmente se denomina mercados y que es, en realidad, una élite financiera nacional e internacionalizada.

Además, los mecánicos del Estado, aquellos que trabajan y dirigen las entrañas de la Administración, tienen una procedencia mayoritaria de las clases medias altas, y todavía son escasas las ayudas que los ciudadanos pueden percibir por preparar una oposición de élite, la que habilita para poder adoptar decisiones clave o asesorar en su implementación.

Los partidos políticos configuran sus estatutos con el afán de control para la durísima competencia electoral y con una persistente simpatía hacia grupos de poder de los que depende su situación financiera; y los medios de comunicación crecen entrampados en una deuda que las élites financieras suavizarán solo con ciertas condiciones y comportamientos. A lo que debemos añadir la proliferación de una serie de medios productores de mentiras que obtienen subvenciones por parte de las administraciones y financiación de las grandes empresas españolas, y que han logrado elevar aún más el nivel de agitación de la política.

Todo ello conduce a pensar que la separación de poderes es quimérica, que poco puede modificarse en esta sociedad del espectáculo que retumba con taquicardia en nuestros móviles. Los intentos más recientes de alterar el *statu quo* han concluido con la asimilación institucional de las fuerzas opositoras, perpetuamente pendientes de la siguiente convocatoria electoral, y con el agotamiento de las expectativas de cambio, ahora a cubierto y a la espera de tiempos mejores. Tal actitud ha llevado a muchos a una suerte de nihilismo: quienes mueven los hilos ya lo tienen todo decidido, por lo que nuestra historia está más que escrita y poco cabe hacer. Mejor dejar las cosas como están y ser los mejores posibles con nuestros seres más queridos.

La desconfianza social que generan estas actitudes perpetúa el mal que las causaron. Esta tentación de repliegue interior coincide con la tentación autoritaria que en el clima actual de incertidumbre y desastre se hace cada vez más frecuente.

Frente a todos estos obstáculos queda la esperanza, y, con ella, la vocación de la radicalidad democrática como método. Solo la sociedad, agrupada en movimientos, partidos alternativos, asociaciones de vecinos, sindicatos, así como otros colectivos y organizaciones, puede marcar la estela a seguir y forzar las costuras del estrecho sistema político más allá de cambios aparentes para asimilar y absorber a las redes protestatarias.

Así ha ocurrido a lo largo de la historia. La Segunda República fue ahogada por una rebelión aristocrática contagiada de los vientos fascistas europeos, pero, como se ha dicho con acierto[14], requirió de una guerra de tres años para convertirse en élite de gobierno. Los años cuarenta no fueron un páramo en España, y muchas rebeliones desde distintos sectores expresaron un malestar que una dictadura totalitaria se dedicó a ahogar. Los disturbios universitarios de 1956, la reconfiguración de las redes de la Iglesia, la nueva estrategia de los comunistas y las fisuras en la élite dominante obligaron al régimen a cambiar sus características superficiales para poder relanzar el crecimiento en los años sesenta. Pero aquellos cambios no fueron suficientes, pues los focos universitarios, industriales, sindicales y civiles siguieron resistiendo hasta que a finales de los años setenta se iniciara la transición hacia la democracia.

Dicha transición, que tuvo lugar bajo dos de las más graves crisis del capitalismo, puede observarse como un pacto elitista para renovar el sistema de dominación, pero muchos de sus elementos más sociales vinieron forzados por las huelgas, por las protestas, por la actividad de los partidos recientemente legalizados, por el protagonismo de las mujeres y sus distintas reivindicaciones y, en general, por la acción de las masas concienciadas de que su voz merecía ser escuchada.

La democracia española ha operado como una carcasa gracias a la cual las élites han maximizado beneficios y poder, como un mecanismo institucional que ha legitimado su desmedido afán de lucro. Pero las instituciones también han permitido una alternancia y participación política que ha logrado satisfacer algunas reivindicaciones antaño silenciadas. Buena parte de los cambios que hoy permiten que en España

[14] Sesma, Nicolás (2024), *Ni una ni grande ni libre: la dictadura franquista*, Barcelona, Crítica.

tengamos una sociedad más abierta son el resultado de protestas inicialmente ignoradas, de manifestaciones ahogadas con porrazos y de una insistencia que en un principio fue juzgada como utópica.

Cuando el sistema político no parece dar más de sí, son los colectivos sociales y las formas más y menos espontáneas de asociación las que pueden generar nuevas oportunidades. La historia española refleja la verdad de este hecho. En un tiempo en el que la crítica parece cansada de sí misma[15] y los problemas y las amenazas se acumulan, la respuesta de la gente se convierte en un imperativo, una responsabilidad cívica y casi una urgencia.

[15] Naredo, J. M. (2022), *La crítica agotada. Claves para un cambio de civilización*, Madrid, Siglo XXI.

Agradecimientos

Como ocurre en numerosas ocasiones, el trabajo que aquí concluye no es sino la versión escrita de una investigación que ha durado muchos años, y que comenzó cuando, a principios de la década anterior, empecé a dar mis primeros pasos como investigador en la Universidad.

Debo agradecer a muchos trabajadores de la Universidad de Málaga y de la Complutense de Madrid su apoyo en dos instituciones que me han permitido formarme (y también deformarme) como persona y como profesional. En especial, a la Unidad de Economía Aplicada, Pública y Política de la Facultad de Ciencias de la Información de la Complutense, que me dio la oportunidad de ser profesor ayudante doctor en 2021 y que ha creado un espacio diáfano de libertad en el que esta obra ha podido gestarse.

Publicar un libro que describa con nombre y apellidos la red de intereses que amenaza la democracia española puede resultar una fuente de problemas, preocupaciones y dudas desde su misma concepción. Para aquel momento embrionario pude contar con la siempre desinteresada y generosa ayuda de un editor y escritor de raza, Enrique Murillo. Lejos de elogiar mi idea inicial, pero al mismo tiempo fomentándola, contribuyó a esculpir un proyecto realista y ambicioso en el que la élite nacional no equivaliera a la madrileña, y en el que la perspectiva economicista no ensombreciera las demás, que tan necesarias son para aproximarnos a una realidad que es muy compleja.

Para este camino también he contado con expertos y profesionales de distintos ámbitos que me han dedicado horas para contarme de primera o segunda mano muchos acontecimientos y procesos clave que escapaban a mi completa comprensión. Querría destacar las eficaces gestiones de Juan José Boya, la ayuda de José Luis Martín Palacín (que se me puso una y mil veces al teléfono para explicarme fenómenos de gran complejidad administrativa y política), la de José Manuel Naredo (un maestro cuyas oportunas y expertas sugerencias incorporé al manuscrito final), Braulio Calleja (de recomendaciones necesarias sobre los medios de comunicación españoles), Manel Pérez (gran referencia para analizar el capitalismo catalán), Javier del Olmo (clave para entender el entramado empresarial vasco), Juan Torres López (que me lanzó a la escritura tras leer el primitivo índice inicial), Rafael Fraguas (que me insistió en confiar en mi instinto periodístico), Ramón Tijeras (uno de los periodistas más valientes e intrépidos que he leído), Raúl Heras (firma obligada para entender las élites de la democracia, y en parte culpable de que este libro haya nacido), Enrique Faes (iluminador en los primeros compases del trabajo), Victoriano Fernández (comprometido soldado del conocimiento y de la educación crítica), Ángeles García Portela (una historiadora y amiga que siempre me ha abierto sus puertas junto a su atento marido, Eladio), Inmaculada Amador (gran inspiración para tantas cosas) y Alejandro Romero Reche. Este último leyó el primer manuscrito y, pese a todo, siguió siendo un buen amigo mío.

Quiero dedicar un lugar especial a las personas más próximas y a los amigos que, durante años, me escucharon quejoso subir la montaña que creo haber culminado parcialmente. Les agradezco, sobre todo, que no me dieran ningún consejo, y que se limitaran a dejar que mis desahogos se reciclaran en más oxígeno mental. En este punto querría subrayar el papel de mi familia, que a tan difíciles pruebas se ha enfrentado durante estos últimos años. Con ellos, y con todos los aquí citados, y con los que se pasen por estas páginas, quedo profundamente en deuda.

Índice analítico